Die Aufträge

In allen Arbeitsaufträgen dieses Buches werdet ihr aufgefordert, etwas Bestimmtes zu tun. Hier könnt ihr nachlesen, was ihr jeweils genau machen sollt, wenn ihr den Arbeitsauftrag nicht sofort verstanden habt. Die Aufträge sind mit 🎲 gekennzeichnet. An den Würfeln neben den Aufgaben kannst du erkennen, wie schwierig eine Aufgabe ist: Bei Aufgaben mit 🎲 genügt es, wenn du dich erinnerst oder Informationen suchst. Bei Aufgaben mit 🎲 musst du selbst überlegen, um sie zu bearbeiten. Bei 🎲 werden neue Ideen von dir erwartet. Welche Erwartungen mit den Arbeitsaufträgen verbunden sind, findest du auf dieser Seite.

🎲 Analysiert
Materialien, Sachverhalte erschließen und strukturiert darstellen.

🎲 Berichtet
Ihr sollt eine Sache, einen Sachverhalt, ein Ereignis mit euren Worten darstellen.

🎲 Beschreibt
Ihr sollt einen Sachverhalt oder Materialien gut geordnet darstellen.

🎲 Besprecht
Im Klassengespräch sich zu einem Sachverhalt äußern.

🎲 Beurteilt
Hier sollt ihr einen Sachverhalt überprüfen und ein begründetes Sachurteil abgeben. Wichtig ist, dass ihr euer Urteil an nachvollziehbaren Maßstäben (Kriterien) begründet.

🎲 Diskutiert
Hier sollt ihr eure Meinung mit eurer Partnerin (eurem Partner) oder mit der Klasse austauschen und euren Standpunkt gut begründen.

🎲 Entwickelt
Ihr sollt für einen Sachverhalt, ein Problem einen Lösungsvorschlag, einen Gegenvorschlag formulieren.

🎲 Erarbeitet
Aus den Materialien sollt ihr einen Sachverhalt so untersuchen, dass ihr Zusammenhänge zwischen oder innerhalb der Materialien darstellen könnt.

🎲 Erklärt
Mithilfe verschiedener Informationen sollt ihr einen Sachverhalt im Zusammenhang so darstellen, dass Bedingungen, Ursachen, Gesetzmäßigkeiten oder Regeln verständlich werden.

🎲 Erläutert
Hier sollt ihr Sachverhalte an Beispielen oder Theorien verdeutlichen.

🎲 Ermittelt
Ihr sollt einen Sachverhalt durch eine Befragung oder aus Büchern oder anderen Informationsquellen herausfinden.

🎲 Erörtert
Ihr sollt euch mit einem Problem auseinandersetzen und zu einem begründeten Sach- und/oder Werturteil kommen.

🎲 Führt eine Umfrage durch ...
Ihr sollt z. B. Mitschüler, Eltern zu einem Sachverhalt befragen. Eure Umfrage müsst ihr gut vorbereiten. Zunächst müsst ihr einen Fragebogen entwerfen.

🎲 Interpretiert
Ihr sollt aus Texten Sinnzusammenhänge erschließen und über sie eine begründete Stellungnahme oder ein Werturteil abgeben.

🎲 Nehmt Stellung
Hier ist eure Meinung gefragt, ihr sollt anhand von Kriterien, Wertmaßstäben begründen, was ihr zu einer bestimmten Sache, Aussage meint, und ein eigenes Werturteil formulieren.

🎲 Recherchiert
Ihr sollt umfangreiche Informationen aus verschiedenen Informationsquellen sammeln und zusammenstellen – beispielsweise aus anderen Schulbüchern, aus einem Lexikon, aus Jugendbüchern, Büchern, Zeitschriften und aus dem Internet.

🎲 Vergleicht
Aus zwei oder mehreren Materialien (Texte, Bilder, Karten) sollt ihr Unterschiede und Gemeinsamkeiten erarbeiten. Das geht am besten, wenn ihr eure Beobachtungen in einer Tabelle notiert.

🎲 Wertet ... aus
Zunächst müsst ihr den Text genau lesen, dann solltet ihr euch wichtige Stichwörter notieren und die Argumente für und gegen eine Sache nennen und bewerten.

W0001087

Liebe Schülerin, lieber Schüler,

diese Doppelseite soll dir einen Einstieg zur Arbeit mit dem Buch geben.

KAPITEL 4

Armut und Reichtum

Ist jeder seines Glückes Schmied und für seinen Erfolg oder Misserfolg selbst verantwortlich oder muss der Staat dafür sorgen, dass im Ergebnis alle mehr oder weniger denselben Anteil am Wohlstand, an der sozialen Sicherung, an der Gesundheitsversorgung oder an der kulturellen Teilhabe, z. B. an der Bildung, besitzen? Während soziale Gleichheit genereren und beschichtert werden kann, ist soziale Gerechtigkeit eine Frage der Bewertung.

In diesem Kapitel kannst Du euch befassen mit
- den Erscheinungsformen sozialer Ungleichheit,
- gesellschaftlichen Teilhabechancen.

Was ihr sonst noch machen könnt ...
- Erscheinungsformen sozialer Ungleichheit ermittelt und, wenn es möglich ist, mit Fotos dokumentieren,
- Ausgabestellen kostenloser Lebensmittel für Bedürftige (s. Fotos) in einer Karte eures Schuleinzugsgebiets eintragen.

110
111

Auftakt

Die Auftaktseiten markieren jeweils den Beginn eines Kapitels. Auf diesen Seiten findest du erste Anregungen, dich mit einem Thema zu beschäftigen. Auf der rechten Seite bekommst du einen Überblick über die Kompetenzen, die du auf den Folgeseiten erwerben kannst.

Die amerikanische Debatte

M1 Schüler und Schülerinnen diskutieren Besser

diskutieren
Über politische Sachverhalte wird häufig heftig diskutiert. Das bedeutet, dass es gegensätzliche Standpunkte zu einem Thema gibt. In der sogenannten amerikanischen Debatte werden in Gruppen die Argumente – die dafür sowie die die dagegen sprechen – dargestellt und zwischen den Befürwortern/Befürworterinnen und Ablehnenden ausgetauscht.

Zeitbedarf:
Ungefähr 30 bis 40 Minuten zur Vorbereitung, etwa 15 bis 20 Minuten für die eigentliche Debatte, rund 15 bis 20 Minuten zur Auswertung.

- **kontrovers**
(lat.: contra = gegen, versus = gerichtet)
- **Plenum**
(aus der lateinischen Sprache = voll) Gesamtheit

M2 Checkliste für eine amerikanische Debatte

1. Schritt: Vorbereitung
- Formuliert eine strittige Frage, die mit „ja" oder „nein" zu beantworten ist (z. B.: Soll man mit 16 wählen dürfen?).
- Bildet zwei Gruppen. Die eine Gruppe trägt Pro-Argumente, die andere Kontra-Argumente zusammen.
- Notiert eure Argumente in Stichwörtern auf Karteikarten (für die anschließende Debatte).
- Jede Gruppe bestimmt mehrere Diskutierende, die sich an einem Tisch oder an zwei Tischen gegenübersitzen.

Spielleitung

Pro   Kontra

2. Schritt: Durchführung
- Die/der Diskussionsleiter/-in eröffnet die Debatte, indem sie/er einer Seite das Wort erteilt, um ihre Argumente vorzutragen.
- Nach Ablauf einer vorgegebenen Zeit (30 Sekunden bis eine Minute) ist die andere Seite an der Reihe. Dieser Wechsel wiederholt sich so lange, bis beide Seiten alle Argumente ausgetauscht haben.
- Die Diskussionsleiterin bzw. der Diskussionsleiter hat streng darauf zu achten, dass die Redezeiten eingehalten werden.

3. Schritt: Auswertung
Am Ende der Debatte findet eine Besprechung im Plenum * statt. Gemeinsam soll ausgewertet werden,
- wie sich die Teilnehmer/-innen in ihren Rollen fühlten,
- wie das Diskussionsklima war,
- welche Seite aus Sicht der Beobachter/-innen besonders überzeugend war und aus welchen Gründen (Argumente? Vortrag der Diskutierenden? usw.).

METHODE

136

Methode

Hier geht es um die Methoden des Faches Politische Bildung. Anhand eines Beispiels lernst du kennen, wie du das Wissen für dieses Fach erarbeiten kannst. Außerdem bekommst du Hilfestellungen, sodass du die Methoden auch praktisch anwenden kannst. Die Methoden des Faches Politische Bildung sind z. B. Erkundungen, Exkursionen oder Auswerten von Daten.

Schöne neue Medienwelt?

Das Internet eröffnet allen einen einfachen und nahezu unbeschränkten Zugang Informationen, Videos, Musik und Spielen. Immer wichtiger wird dieses Me auch für die schnelle Kommunikation zwischen Menschen aus der ganzen We zu Hause oder mobil mit einem Smartphone – man ist erreichbar und die große an Inhalten ist immer verfügbar. Diesen nahezu unendlichen Chancen stehen natürlich auch Risiken entgegen, die man bei der Nutzung beachten sollte.

Immer online? Jugendliche nutzen in ihrer Freizeit gerne Smartphones und Tablets.

M1 JIM-Studie 2015

Computer (98 %) und Internet (96 %) sind heute in nahezu allen Haushalten vorhanden, wobei der Laptop (88 %) den klassischen PC (75 %) inzwischen überholt hat und auch Tablet-PCs eine zunehmende Verbreitung erfahren (58 %). WLAN-Netzwerke * zur Nutzung des Internets im Haushalt sind dabei die Regel (95 %).
Der Anteil der Jugendlichen, die [...] das Internet nutzen, liegt aktuell bei 97 Prozent. Dabei spielen Alter oder Geschlecht keine Rolle, nur noch hinsichtlich der Nutzungshäufigkeit und der Nutzungsdauer gibt es Unterschiede. 80 Prozent der Zwölf- bis 19-Jährigen sind täglich online, weitere zwölf Prozent mehrmals pro Woche. Drei Prozent nutzen es nicht, die restlichen fünf Prozent zählen zu den eher

gelegentlichen Nutzern. Tägliche Nut sind bei den Jungen (82 %) etwas häufig zu finden als bei Mädchen (78 %), bei den Zwölf- bis 13-Jährigen mit 70 Pro zent deutlich seltener als bei den Voll jährigen (87 %). Hinsichtlich der Nut zungsdauer (Selbsteinschätzung der Jugendlichen) zeigt sich erneut ein Anstieg um eine Viertelstunde auf nu mehr 208 Minuten am Tag (2014: 192 Min., 2013: 179 Min.). Allerdings zeig sich hier zwischen den Altersgruppen ein deutlicher Nutzungsanstieg. Wäh rend die Zwölf- bis 13-Jährigen im Schnitt 156 Minuten online sind, steig dieser Wert bei den 18- bis 19-jährige auf 260 Minuten an (14–15 Jahre: 19 Min., 16–17 Jahre: 223 Min.).
Medienpädagogischer Forschungsverbund Süd west (mpfs), JIM-Studie 2015, S. 29 f.

* WLAN
WLAN ist die Abkürzung für den englischen Ausdruck Wireless Local Area Network und bedeutet so viel wie drahtloses lokales Netzwerk. Dies ermöglicht die Nutzung des Internets, ohne dass PCs, Laptops, Tablets über ein Kabel mit dem Netzwerk verbunden sind.

76

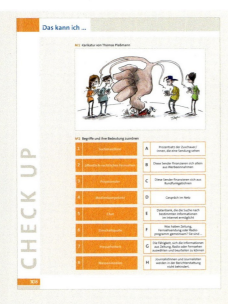

CHECK UP

Am Ende jedes Kapitels kannst du deine neu erworbenen Kompetenzen überprüfen und trainieren.

Anhang

Im Anhang des Buches findest du Arbeitstechniken sowie ein Lexikon. Hier kannst du verwendete Fachbegriffe noch einmal nachschlagen.

Themenseiten

Die Themenseiten beleuchten jeweils einen zentralen Aspekt innerhalb des Kapitels.
Einleitungstexte geben dir eine kurze Einführung in das Thema. Anschließend kannst du alleine oder in Gruppen das Thema mithilfe der Materialien und Arbeitsaufträge selbstständig erschließen. Würfelsymbole vor den Arbeitsaufträgen zeigen an, auf welchem Niveau sich die Aufgabe ungefähr befindet.

Die Webcodes weisen dich auf Internetseiten hin, auf denen du aktuelle und weitere interessante Informationen findest. Gib den Webcode auf der Internetseite www.cornelsen.de im Fenster oben rechts ein und klicke auf den Pfeil rechts.

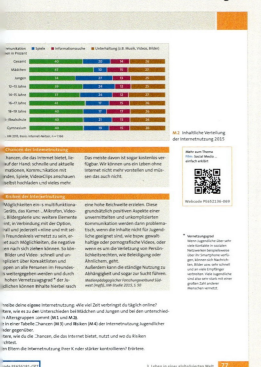

Kapitel 1

Leben in einem Rechtsstaat

Kapitel 2

Migration und Bevölkerung

Kapitel 3

Leben in einer globalisierten Welt

Kapitel 4

Armut und Reichtum

Fächerverbindendes Modul „Politik" für den Unterricht im gesellschaftswissenschaftlichen Fächerverbund, passend zu den Geschichts- bzw. Geografie-Modulen in den Cornelsen-Lehrwerken

- Entdecken und Verstehen Berlin-Brandenburg 7/8
  (ISBN 978-3-06-064483-4) und
- Forum Geschichte Berlin-Brandenburg 7/8
  (ISBN 978-3-06-064725-5) und
- Unsere Erde Berlin-Brandenburg 7/8
  (ISBN 978-3-06-064830-6)

Leben in einem Rechtsstaat

Unser Leben ist von Gesetzen und Verordnungen begleitet und in weiten Bereichen bestimmt. Das ist so selbstverständlich, dass wir es gar nicht merken, wenn wir uns zum Beispiel auf den Straßen bewegen. Auch Jugendliche müssen sich an die von den gewählten Abgeordneten im Bundestag oder im Abgeordnetenhaus bzw. Landtag beschlossenen Gesetze halten. Polizei und Gerichte sorgen für die Einhaltung der Gesetze.

In diesem Kapitel könnt ihr herausfinden,

- *welche Aufgaben der Rechtsstaat erfüllt,*
- *welche Rechte und Pflichten Jugendliche haben,*
- *wie die Jugendgerichtsbarkeit funktioniert.*

Was ihr sonst noch machen könnt ...

- *in den lokalen Medien Berichte über Gerichtsverfahren verfolgen und die Klasse darüber informieren.*

Fast alles rechtlich geregelt

M 1 Höchste Zeit!

Darf man gar nichts?

Auch der Alltag von Jugendlichen ist, ohne dass sie sich dessen immer bewusst sind, von zahlreichen Rechtsregeln (Gesetzen) bestimmt.

1762 veröffentlichte der Franzose Jean-Jacques Rousseau ein Buch mit dem Titel „Der Gesellschaftsvertrag". Der erste Satz des ersten Kapitels lautet (übersetzt): „Der Mensch wird frei geboren, und zugleich liegt er in Ketten." Dieser Satz ist heute noch aktuell. Mühelos könnte jeder von uns aufzählen, wie unser Leben durch Verbote und staatliche Bestimmungen geregelt und oft eingeschränkt wird. Das beginnt für Schülerinnen und Schüler schon auf dem Weg zur Schule, geht weiter im Bus, im Schulgebäude, in der Pause und endet noch nicht mit der Ankunft zu Hause (Schulgesetz, Verkehrsgesetze).

★ **Frustration**
Enttäuschung infolge eines (erzwungenen bzw. durch eine andere Person verursachten) Verzichts

M 2 Feiern und Ausgehen

„Die anderen dürfen aber auch bis nach 24 Uhr bleiben!" – Die Frustration★ von Jugendlichen ist groß, wenn Eltern ihnen zeitliche Grenzen setzen oder sogar eine „Ausgangssperre" verhängen. Mitunter dürfen die Freunde und Bekannten der Jugendlichen länger ausbleiben und der wöchentliche Kampf um ein längeres abendliches Fortbleiben scheint ununterbrochen programmiert zu sein. Jugendliche unter 14 Jahren dürfen grundsätzlich keine Diskotheken oder anderen Gaststätten ohne Begleitung eines Erwachsenen besuchen. Anerkannte Träger der Jugendhilfe (z. B. Jugendtreff) dürfen jedoch altersgerechte Tanzveranstaltungen anbieten, an denen auch unter 14-Jährige bis 22 Uhr teilnehmen dürfen.

Die Ausgehzeiten und Gaststättenaufenthalte von Jugendlichen sind genau geregelt. So dürfen sich Jugendliche unter 16 Jahren grundsätzlich nur in Begleitung eines Erwachsenen in einer Gaststätte aufhalten. Auch die Teilnahme an einer öffentlichen Tanzveranstaltung – sprich: der Besuch einer Diskothek – ist ohne eine Begleitperson nicht erlaubt. Jugendliche, die älter als 16 Jahre, aber noch unter 18 Jahren sind, dürfen eine Diskothek bis 24 Uhr besuchen. Möchten sie länger bleiben, benötigen sie eine erwachsene Begleitperson.

Dasselbe gilt für Kinobesuche: So dürfen sich unter 14-Jährige bis 20 Uhr, unter 16-Jährige bis 22 Uhr und unter 18-Jähri-ge bis 24 Uhr altersentsprechende Filme anschauen. Diese Zeitgrenzen gelten im Übrigen grundsätzlich für den Aufenthalt außer Haus. Das Ermessen liegt jedoch letztendlich bei den Eltern, wie lange ihre Kinder ausbleiben oder bei Freunden übernachten dürfen. Hierbei gilt, dass sie ihre Aufsichtspflicht nicht verletzen und für das Wohl der Kinder sorgen.

http://www.anwaltseiten24.de/rechtsgebiete/ familienrecht/rechte-von-jugendlichen.html (Zugriff: 25.8.2015)

M 3 Genussmittel: Alkopops* und Jugendschutz

Der Verkauf von Bier und Wein ist grundsätzlich erst ab 16 Jahren erlaubt und in § 9 des Jugendschutzgesetzes geregelt. Unter 16 Jahren sind der Erwerb und auch der Verzehr von derartigen Genussmitteln verboten. Die einzige Ausnahme besteht, wenn die Eltern in ihrer Begleitung den Verzehr von Bier und Wein erlauben – dies fällt dann in den Verantwortungsbereich ihrer Sorgfalts- und Aufsichtspflicht, welche sie nicht verletzen dürfen.

Tabakwaren dürfen Jugendliche unter 18 überhaupt nicht erwerben, selbstverständlich auch nicht an Automaten. Branntweinhaltige Getränke wie Liköre, Schnäpse und entsprechende Mixgetränke sind in Deutschland erst ab 18 Jahren erlaubt. In diese Gruppe fallen auch sogenannte „Alkopops"*.

Ab 16 Jahren dürfen Jugendliche Mischgetränke trinken, welche keine brannt-weinhaltigen Zusätze enthalten. Erlaubt sind z. B. Bier-Limonaden-Mischgetränke und Wein-Mischgetränke. Werden die Getränke mit Spirituosen* und hochprozentigem Alkohol angereichert (z. B. Longdrinks, Cocktails), so sind diese erst ab 18 Jahren erlaubt.

http://www.anwaltseiten 24.de/rechtsgebiete/ familienrecht/rechte-von-jugendlichen.html (Zugriff: 25.8.2015)

* **Alkopop**
Wortzusammensetzung aus „Alkohol" und „Pcp" (einem englischen Begriff für ein alkoholfreies Süßgetränk)

* **Spirituosen**
alkohaltige Getränke (z. B. Weinbrand und Liköre)

M 4 Na dann Prost!

1 Stellt anhand von **M 2** und **M 3** zusammen, was Jugendliche dürfen und was ihnen nicht erlaubt ist. Fertigt eine Tabelle an, in die ihr eure Ergebnisse für Jugendliche unter 16 und Jugendliche über 16 Jahren eintragt.

2 Habt ihr in den letzten vier Wochen gegen irgendwelche Schutzbestimmungen für Jugendliche verstoßen? Wenn ja, berichtet darüber.

3 Erkläre **M 1** mithilfe von **M 2**: Für wen wäre es „höchste Zeit"?

4 Erläutert euch gegenseitig, warum ihr die gesetzlichen Bestimmungen (vgl. Aufgabe 3) nicht eingehalten habt.

5 Nehmt Stellung zu **M 4**: Erlaubt oder nicht erlaubt? Begründet eure Antwort.

Hat man mit 18 mehr Rechte?

M 1 Hendrik – Ein Graffitisprayer

Hendrik ist vor vier Wochen vierzehn Jahre alt geworden. Zum Geburtstag hatte ihm sein Lieblingsonkel heimlich zusätzlich 30 Euro in die Hand gedrückt und gesagt: „Du hast sicher einen Extrawunsch, den nicht alle zu erfahren brauchen. Hier, kauf dir was!" Hendrik hatte tatsächlich einen Extrawunsch. Seit drei Monaten ist er unter die Graffitisprayer gegangen. Ihm gefallen die herrlich bunten Bilder auf den öden Hauswänden und den einfallslosen Vorortzügen. Die 30 Euro kann er gut für neue Spraydosen gebrauchen.

Heute will er seiner Freundin Sofia seine Kunst vorführen. Sie allerdings scheint nicht sehr begeistert zu sein. „Das ist doch verboten. Und was passiert, wenn uns jemand erwischt?", fragt sie. „Keine Sorge", erwidert Hendrik, „bis jetzt hat mich noch keiner gesehen. Außerdem, was kann schon groß passieren? Bestrafen kann mich keiner. Ich bin doch noch nicht volljährig. Ich bin erst vierzehn!"

M 3 „Ich kaufe mir mein erstes eigenes Rennrad!"

Leo strahlt. Er hatte Geburtstag. Allen hatte er erklärt, dass er sich als Geschenk Geld wünschen würde. Er möchte sich nämlich gerne einen großen Traum erfüllen und ein Rennrad kaufen. Zudem hat der 13-Jährige bereits ein halbes Jahr gespart und mit Zeitungsaustragen, Rasenmähen und Autowaschen in der Nachbarschaft schon die Hälfte des Kaufpreises für das Rad angespart. Nun ist es so weit: Mit dem Geburtstagsgeld hat er die Summe für den Kauf des Rades beisammen und er kauft sich ein Rennrad mit allen Extras. Vorsichtig und voller Stolz radelt er nach Hause und zeigt seinen Eltern sein neues Fahrrad.

Groß ist seine Enttäuschung, als sein Vater ihn entsetzt anschaut und lospoltert: „Das Fahrrad bringst du auf der Stelle zurück! Unsere Straßen sind viel zu gefährlich und du bist viel zu unvorsichtig. Ich erlaube es dir nicht und der Händler darf es dir auch gar nicht verkaufen."

M 2 Bürgerliches Gesetzbuch (BGB) § 110 („Taschengeldparagraf")

Ein von dem Minderjährigen ohne Zustimmung des gesetzlichen Vertreters geschlossener Vertrag gilt als von Anfang an wirksam, wenn der Minderjährige die vertragsmäßige Leistung mit Mitteln bewirkt, die ihm zu diesem Zweck oder zu freier Verfügung von dem Vertreter oder mit dessen Zustimmung von einem Dritten überlassen worden sind.

Gilt das Recht nur für Erwachsene?

„Das Grundgesetz gilt doch sowieso nur für Erwachsene. Eine Wohnung darf nicht durchsucht werden – aber meine Eltern können jederzeit in mein Zimmer kommen und herumschnüffeln. Wenn ich morgens, bevor ich zur Schule gehe, mein Zimmer abschließen würde – ich glaube, meine Eltern würden durchdrehen!" So reagierte ein Schüler der Klasse 8, als das Thema „Grundgesetz" im Unterricht behandelt wurde.

Tatsächlich kann man erst mit Erreichen der Volljährigkeit, also ab dem 18. Geburtstag, alle Rechte eines Staatsbürgers in Anspruch nehmen. Bis dahin sind in der Regel die Eltern für ihre Kinder verantwortlich. Mit zunehmendem Alter wird die Verantwortlichkeit der Eltern allerdings geringer und die eigene Verantwortung steigt.

Die Rechtsfähigkeit

Rechtsfähigkeit beinhaltet die Fähigkeit, Rechte und Pflichten zu übernehmen, weil man in der Lage ist, seine Handlungen und ihre Folgen zu beurteilen. Diese Fähigkeit ist abhängig vom Entwicklungsprozess der Heranwachsenden. Deshalb werden im Recht bestimmte Altersphasen unterschieden. Grundsätzlich beginnt die Rechtsfähigkeit mit der Geburt.

M 4 Überblick zu den Rechten einer Bürgerin /eines Bürgers in Deutschland

Lebensalter	Rechtsstellung	Gesetz
6 Jahre	Schulpflicht	Schulgesetz
7 Jahre	beschränkte Deliktsfähigkeit *	BGB
	beschränkte Geschäftsfähigkeit	BGB
14 Jahre	beschränkte Strafmündigkeit	Jugendgerichtsgesetz (JGG)
	Religionsmündigkeit	Gesetz über religiöse Kinder-erziehung
	Ende des Beschäftigungsverbots	Jugendarbeitsschutzgesetz
16 Jahre	Ehefähigkeit	Ehegesetz
	Eidesfähigkeit	Zivilprozessordnung (ZPO) Strafprozessordnung (StPO)
	Besuch von Gaststätten	Jugendschutzgesetz
18 Jahre	Volljährigkeit	BGB
	volle Deliktsfähigkeit	BGB
	volle Geschäftsfähigkeit	BGB
	Strafmündigkeit	JGG
	Ehemündigkeit	Ehegesetz
	aktives und passives Wahlrecht	Grundgesetz
	Pkw-Führerschein	Straßenverkehrszulassungsordnung (StVZO)
21 Jahre	volle Strafmündigkeit	JGG
25 Jahre	Befähigung zum Schöffen	Gerichtsverfassungsgesetz

* **Delikt**
(lat. Verfehlung) Der Begriff bezeichnet eine Straftat bzw. ungesetzliche Handlung.

* **Deliktsfähigkeit**
So wird die altersabhängige Verantwortung für das eigene Handeln genannt. Voll deliktsfähig ist eine Person in Deutschland erst mit 18 Jahren.

Die Geschäftsfähigkeit

Die Geschäftsfähigkeit ist das erste Recht, das Kinder aktiv ausüben dürfen. Allerdings wird sie zwischen dem siebenten und achtzehnten Lebensjahr beschränkt. Die meisten solcher Rechtsgeschäfte bedürfen der Einwilligung des gesetzlichen Vertreters – üblicherweise also der Einwilligung der Eltern. Eine wichtige Ausnahme bildet der Taschengeldparagraf.

Deliktsfähigkeit und Strafmündigkeit

Bis zum siebten Lebensjahr sind Kinder nicht deliktsfähig, d. h., sie können wegen ihres Alters rechtlich für ihre Handlungen nicht zur Verantwortung gezogen werden.
Bei der Strafmündigkeit geht es um die strafrechtliche Verantwortlichkeit – das Einstehen des Täters für eine Straftat vor der Öffentlichkeit, vor der Gesellschaft.

1 Wertet M 1 aus: Welcher „Tatbestand" liegt vor? Hat Hendrik Recht? Verwendet M 4.
2 Arbeitet heraus, ob Leo das Rennrad kaufen durfte (M 2, M 3).
3 Fertigt einen kurzen mündlichen Vortrag an, in dem ihr die Übersicht M 4 zusammenfasst.
4 Beurteilt mithilfe von M 4 folgende Fälle:
Zwei Jungen (13 und 14 Jahre) beschädigen beim Spielen eine Wippe auf dem Spielplatz.
Bea (17 Jahre) möchte in den Gemeinderat gewählt werden.
5 Nehmt Stellung zu der Aussage: „Das Grundgesetz gilt doch sowieso nur für Erwachsene."

Welche Aufgaben erfüllt der Rechtsstaat?

Festnahme nach Einbruch in Supermarkt

Polizisten des Abschnitts 35 nahmen in der vergangenen Nacht einen mutmaßlichen Einbrecher in Wedding fest. Kurz nach Mitternacht sah ein Zeuge in einem nicht geöffneten Supermarkt in der Holländerstraße einen Unbekannten und alarmierte die Polizei.   05.04.2016

Fahrrad geraubt

Ein Unbekannter hat vergangene Nacht in Mitte ein Fahrrad geraubt. Der 19-jährige Besitzer des Rades befuhr gegen 23.15 Uhr die Leipziger Straße, als er von einem Mann zunächst angesprochen und anschließend mit einem Messer bedroht wurde. Er übergab dem Täter das geforderte Fahrrad, der damit in Richtung Charlottenburg fuhr.   31.03.2016

Raser auf der Stadtautobahn gestoppt

Beamten der Autobahnpolizei ging in der vergangenen Nacht ein Raser in Neukölln ins Netz. Gegen 3.25 Uhr war der 49-Jährige mit einem Ford Mondeo deutlich zu schnell auf der BAB 113 in Richtung Schönefeld unterwegs. Bei erlaubten 80 km/h stellten die Beamten abzüglich der Toleranz eine Geschwindigkeitsüberschreitung von 62 km/h fest. 04.04.2016

M1 Polizeimeldungen über Straftaten

Der Polizeipräsident in Berlin, www.berlin.de/ polizei/polizeimeldungen (Zugriff: 5.4.2016)

M2 Artikel 103, Abs. 2 GG

„Eine Tat kann nur bestraft werden, wenn die Strafbarkeit gesetzlich bestimmt war, bevor die Tat begangen wurde."

[Der § 1 des Strafgesetzbuches hat denselben Wortlaut.]

---

* **Duell**
Austragung eines Konflikts zwischen zwei einander gegenüberstehenden Personen mithilfe einer Schusswaffe

---

Recht und Rechtsempfinden

Überall gibt es Vorschriften, Gebote, Verbote. Einige befolgt jeder geradezu automatisch, andere nur mit Widerstreben, manche sogar nur von Fall zu Fall.

Die meisten Menschen scheinen sich darüber einig zu sein, was Recht und was Unrecht ist. Dennoch deckt sich das, was in Gesetzen als Recht festgelegt ist, nicht immer mit unserem persönlichen Rechtsempfinden. Bestimmte Regeln werden weniger ernst genommen als andere: So empfinden es wohl die meisten Menschen nicht unbedingt als Unrecht, trotz Rotlichts an der Ampel über die Straße zu laufen, wenn gerade kein Fahrzeug kommt. Das Rechtsempfinden meldet sich in einem solchen Fall nur schwach oder gar nicht – obwohl diese Handlung gesetzlich verboten ist.

Ganz anders ist es, wenn uns persönlich etwas gestohlen wird. Wir sind erregt oder würden am liebsten die Sache selbst „in die Hand nehmen" und uns „auf eigene Faust" Recht verschaffen.

Aufgaben des Rechts

Die wichtigste Aufgabe des Rechts ist die Sicherung der gesellschaftlichen Ordnung und des sozialen Friedens. Das Recht sorgt dafür, dass alle Formen von Konflikten nach bestimmten Regeln ausgetragen werden müssen. In unserem heutigen Rechtsstaat zählt dazu vor allem das Verbot privater Gewaltanwendung. Bis auf den Fall von Notwehr ist der Gebrauch von Gewalt nur dem Staat erlaubt.

Niemand kann sich sein Recht, von dem er glaubt, es stehe ihm zu, selbst verschaffen. Duelle*, Blutrache oder Selbstjustiz sind verboten. Jeder muss sich zur Durchsetzung seiner Rechte immer an die dafür vorgesehenen staatlichen Stellen (Instanzen) wie Polizei und Gerichte wenden.

Recht im Rechtsstaat

Das Rechtsstaatsprinzip soll den Einzelnen vor staatlicher Willkür schützen. In einem Rechtsstaat beschließen gewählte Vertreter des Volkes die Gesetze. Staat-

M 3 Die vielfältigen Aufgaben des Rechts

Aufgaben des Rechts

Sicherung der Freiheit des Einzelnen, z. B. Meinungsfreiheit oder Religionsfreiheit

Regelung privater Rechtsbeziehungen, z. B. Kaufverträge, Mietrecht, Erbschaften

Sicherung des inneren Friedens, Gewaltmonopol des Staates: Konflikte werden nach den Vorschriften der Rechtsordnung beigelegt.

Gestaltung der sozialen Ordnung durch Rahmenvorschriften, Sozialgesetzgebung, Arbeitsschutzgesetze

Steuerung gesamtgesellschaftlicher Lebenszusammenhänge, z. B. Wirtschaft, Verkehr

liche Institutionen sorgen dafür, dass dem Recht Geltung verschafft wird. Dabei ist der Staat selbst an Gesetze gebunden. Ein Polizist, ein Richter oder ein Verwaltungsbeamter darf nur solche Maßnahmen anordnen, die ihm die Gesetze erlauben. Diese rechtsstaatlichen Grundsätze sind bei uns in der Verfassung, dem Grundgesetz (GG), festgelegt.

Grundsätze des Rechtsstaats

„Justitia" (siehe S. 8) ist das Symbol der Gerechtigkeit und wird mit verbundenen Augen dargestellt. Damit soll verdeutlicht werden, dass Richterinnen und Richter in einem Rechtsstaat „gerecht" (ohne Ansehen der Person bzw. ihrer gesellschaftlichen Stellung) urteilen müssen.
Gerechtigkeit vor Gericht soll durch drei wesentliche Grundsätze erreicht werden:
Rechtsgleichheit: „Alle Menschen sind vor dem Gesetz gleich" (Grundgesetz, Artikel 3, Abs. 1). Niemand darf bevorzugt oder benachteiligt werden.

Rechtssicherheit: Jeder Bürger muss sich auf die Gültigkeit des Rechts verlassen können und wissen, was erlaubt und was verboten ist. Gesetze sollen klar und widerspruchslos formuliert sein.
Verhältnismäßigkeit: Bei der Rechtsprechung müssen die Lebensumstände des Einzelnen berücksichtigt werden – z.B. die Einkommensverhältnisse bei der Festsetzung der Höhe von Geldstrafen. Ein leichtes Vergehen darf nicht so hoch bestraft werden wie ein schweres.

* **Gewaltmonopol**
gesetzliche Regelung, wonach der Staat bzw. seine Behörden als Einzige Zwang ausüben dürfen

M 4 Sachbeschädigung

1 Gebt mit eigenen Worten wieder, welche Aufgaben das Recht hat (Text, **M 3**).

2 Beschreibt an einem Beispiel den Unterschied zwischen persönlichem Rechtsempfinden und dem gesetzlich festgelegten Recht (Text).

3 Aus dem Polizeibericht (**M 1**): Erläutert, welche Verstöße gegen das Recht hier jeweils das Eingreifen der Polizei erforderlich machten.

4 Führt eine Umfrage durch: „Wo ist unser geltendes Recht ungerecht?"

M1 Der (mündliche) Kaufvertrag liegt im Bereich des Zivilrechts

M2 Bestimmung zum Jugendschutzgesetz

In jeder Gastwirtschaft muss ein Schild hängen, das auf das Jugendschutzgesetz hinweist. Das Verbot, Alkohol an Jugendliche unter 16 Jahren auszuschenken, ist Teil des öffentlichen Rechts.

Zwei Mal Recht?

Das Recht lässt sich in zwei große Bereiche einteilen: das öffentliche Recht und das Zivilrecht (auch „Privatrecht" genannt).

Im öffentlichen Recht stehen als Streitende zumeist der Staat und ein Bürger einander gegenüber. Auch staatliche Behörden müssen sich an bestehende Gesetze halten und können von Bürgern verklagt werden. Es geht dabei um den Ausgleich zwischen den Interessen des Einzelnen und dem Interesse der Gemeinschaft (Gemeinwohl).

Im Strafrecht, das zum öffentlichen Recht gehört, droht der Staat mit Strafe, wenn sich ein Mensch mit schädlichen Handlungen am Leben, an der Gesundheit oder am Besitz anderer vergeht. Bei jeder Straftat, die angezeigt wird, muss die Polizei Ermittlungen aufnehmen. Tatverdächtige werden von der Staatsanwaltschaft vor Gericht angeklagt. Das Strafgesetzbuch (StGB) und die Strafprozessordnung (StPO) enthalten dazu wichtige Regelungen.

Im Zivilrecht geht es um Streitfragen zwischen Privatpersonen (z. B. um Mietfragen). Privatpersonen sind vor Gericht gleichberechtigt. Ein unabhängiges Gericht entscheidet, wer von wem geschädigt wurde und wer welchen Schadenersatz zu leisten hat oder wie ein Vertrag auszulegen ist. Die Bestimmungen im Bürgerlichen Gesetzbuch (BGB) schützen besonders die schwächeren Vertragspartner.

M3 Öffentliches Recht und Zivilrecht		
Öffentliches Recht		**Zivilrecht**
Straftaten		Scheidung
Jugendschutz		Erbschaft
Straßenverkehr		Schulden
Baugenehmigung		Erfindungen
Steuer und Rente		Handel
...		...

Der Sinn der Strafe – früher und heute

Im Mittelalter gab es eine Vielzahl besonders grausamer Strafen – Beispiele hierfür waren: Erhängen, Enthaupten, Rädern, Vierteilen.

Körperteile wurden abgeschnitten, bei Meineid* wurde die Zunge herausgerissen. Als „milde Strafen" galten Prügel, das Abschneiden der Haare oder das Einbrennen von Zeichen in das Gesicht.

Damit verbanden sich der Gedanke der Vergeltung und die Absicht, alle anderen Menschen abzuschrecken. Es gehörte dazu, dass Hinrichtungen vor großen Zuschauermengen öffentlich stattfanden. Auch Kinder nahmen wie selbstverständlich an dem Spektakel dieser grausamen Vergeltungsmaßnahmen teil.

In der neueren Zeit hat sich das Denken gewandelt. In vielen Staaten gibt es nur noch Geld- und Freiheitsstrafen. Sogar die „lebenslängliche" Freiheitsstrafe dauert in Deutschland in der Regel nur noch 15 Jahre.

Die Strafe soll die Schuld einer Täterin oder eines Täters ausgleichen und helfen, mit der Schuld fertigzuwerden. Zudem soll die Strafe die Wiedereingliederung in die Gesellschaft fördern. Selbstverständlich behält die Strafe allgemein eine abschreckende Funktion. Jedoch ist aufgrund von Untersuchungen bekannt, dass durch härtere Strafen die Abschreckungswirkung nicht stärker wird.

Bemessung der Strafe

Für die Bemessung der Strafe spielen heute die Schwere der Schuld und die Umstände der Tat eine wichtige Rolle. Dabei werden die Beweggründe und Ziele des Täters bzw. der Täterin berücksichtigt. Eine Straftat aus Habgier wiegt schwerer als ein Gesetzesverstoß aufgrund einer tatsächlichen persönlichen Notsituation. Auch das Verhalten nach der Tat kann berücksichtigt werden. Die meisten Strafgesetze enthalten einen Spielraum für die im Einzelfall angemessene Strafe.

Anpassung des Strafrechts an die neuen Entwicklungen

Das Strafgesetzbuch muss immer wieder an moderne Entwicklungen angepasst werden. Umweltkriminalität, Computerkriminalität und Internetkriminalität sind relativ neue Erscheinungen, die der Gesetzgeber vor dreißig Jahren noch nicht kannte.

* Meineid
falscher Eid (vor einem Gericht o. Ä.)

M 4 Internetkriminalität – Täterinnen und Täter sind nur schwer zu fassen

1 Zeigt mithilfe des Textes auf, wie sich Zivilrecht und öffentliches Recht unterscheiden.

2 Sucht Artikel oder Schlagzeilen aus Zeitungen über Streitfälle vor Gericht. Ordnet die geschilderten Fälle den Bereichen öffentliches Recht oder Zivilrecht zu (M 3).

3 Erklärt anhand von M 3 wichtige Bereiche des öffentlichen Rechts und des Zivilrechts. Ergänzt weitere Beispiele.

4 Erläutert die Funktion von Strafe in verschiedenen Zeiten.

5 Diskutiert untereinander, welcher Strafzweck euch selbst wichtig ist.

6 Findet heraus, welche aktuellen Fälle zum Thema „Internetkriminalität" (M 4) bekannt sind. Berichtet der Klasse.

Jugendkriminalität

M 1 Karikatur: Plaßmann

Jugendliche als Straftäter

Jugendliche können genauso wie Erwachsene in allen Bereichen straffällig werden, das heißt, dass sie gegen geltende Gesetze verstoßen. Im Strafgesetzbuch (StGB) sind die Delikte genau beschrieben.

Besonders viel Aufmerksamkeit erhalten Medienberichte über Gewalttaten von Jugendlichen. Doch sie machen nur einen kleinen Teil der Straftaten aus.

M 2 Jugendkriminalität wird überschätzt

Kriminalstatistiken zeigen, dass junge Menschen in jeder Gesellschaft und zu allen Zeiten (insgesamt gesehen) sehr viel häufiger kriminell werden als Erwachsene. Jugendzeit ist die Zeit höchster Aktivität und des Erkundens von Grenzen. Allerdings unterscheiden sich die Zahlen je nach Art des Delikts*: So werden der Polizeilichen Kriminalstatistik (PKS) in Deutschland zufolge Körperverletzungsdelikte vor allem von 18- bis unter 21-Jährigen verübt, während bei der Wirtschaftskriminalität die Gruppe der 50- bis unter 60-Jährigen die höchsten Raten aufweist. [...]

Bei den von jungen Menschen typischerweise verübten Delikten handelt es sich mehrheitlich um leichtere Delikte, vor allem aus dem Bereich der Eigentums- und Vermögensdelikte. Das Deliktspektrum der Erwachsenen ist demgegenüber wesentlich breiter und schwerer als das junger Menschen. Erwachsene – und nicht Jugendliche – sind die typischen Täter des Drogen-, Waffen- und Menschenhandels und weiterer Spielarten der organisierten Kriminalität, der Gewalt in der Familie, der Korruption, der Wirtschafts- und Umweltkriminalität. Derartige Erwachsenendelikte sind allerdings schwerer zu entdecken und schwerer nachzuweisen. Insofern ergibt sich eine statistische Überrepräsentation junger Menschen auch als Folge der Unterrepräsentation von Erwachsenen. Jugendliche sind übrigens häufiger Opfer von Gewalt, insbesondere von innerfamiliärer Gewalt, als Täter von Gewalt. [...]

Wolfgang Heinz. Jugendkriminalität – Zahlen und Fakten, 12.5.2015, Bundeszentrale für politische Bildung, Wiesbaden, www.bpb.de/politik/innenpolitik/gansterlaeufer/203562/zahlen-und-fakten (Zugriff: 29.6.2016)

*****Delikt**
siehe Seite 13

M 3 Diebstahl und Schwarzfahren sind häufige Delikte

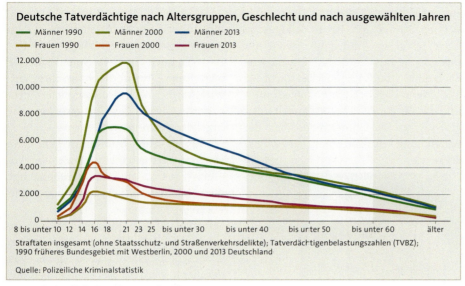

Deutsche Tatverdächtige nach Altersgruppen, Geschlecht und nach ausgewählten Jahren

— Männer 1990   — Männer 2000   — Männer 2013
— Frauen 1990   — Frauen 2000   — Frauen 2013

Straftaten insgesamt (ohne Staatsschutz- und Straßenverkehrsdelikte); Tatverdächtigenbelastungszahlen (TVBZ); 1990 früheres Bundesgebiet mit Westberlin, 2000 und 2013 Deutschland

Quelle: Polizeiliche Kriminalstatistik

M 4 Kriminalität im Altersverlauf

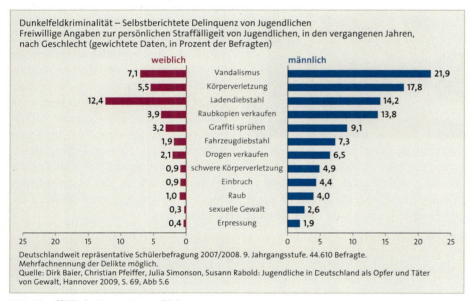

Dunkelfeldkriminalität – Selbstberichtete Delinquenz von Jugendlichen
Freiwillige Angaben zur persönlichen Straffälligkeit von Jugendlichen, in den vergangenen Jahren, nach Geschlecht (gewichtete Daten, in Prozent der Befragten)

weiblich		männlich
7,1	Vandalismus	21,9
5,5	Körperverletzung	17,8
12,4	Ladendiebstahl	14,2
3,9	Raubkopien verkaufen	13,8
3,2	Graffiti sprühen	9,1
1,9	Fahrzeugdiebstahl	7,3
2,1	Drogen verkaufen	6,5
0,9	schwere Körperverletzung	4,9
0,9	Einbruch	4,4
1,0	Raub	4,0
0,3	sexuelle Gewalt	2,6
0,4	Erpressung	1,9

Deutschlandweit repräsentative Schülerbefragung 2007/2008. 9. Jahrgangsstufe. 44.610 Befragte.
Mehrfachnennung der Delikte möglich.
Quelle: Dirk Baier, Christian Pfeiffer, Julia Simonson, Susann Rabold: Jugendliche in Deutschland als Opfer und Täter von Gewalt, Hannover 2009, S. 69, Abb 5.6

M 5 Straffälligkeit von Jugendlichen

★ **Tatverdächtige/-r**
Eine Person, die im Verdacht steht, Täter/-in oder Teilnehmer/-in einer Straftat zu sein. Polizei und Staatsanwaltschaft ermitteln dann, ob eine Straftat vorliegt.

★ **Delinquenz**
wenn eine Person eine Straftat verübt; Straffälligkeit

★ **Dunkelfeld**
Die bei der Polizei erfasste Kriminalität wird als Hellfeld bezeichnet. Die gesamte nicht erfasste Kriminalität wird dagegen als Dunkelfeld bezeichnet. Wie groß das Dunkelfeld ist, lässt sich nur schätzen, z. B. durch das Befragen von Tätern (vgl. M 5).

★ **Vandalismus**
Zerstörungswut, Lust am Zerstören. Der Begriff ist abgeleitet von dem ostgermanischen Volksstamm der Vandalen, der 455 n. Chr. Rom geplündert hat.

1 Interpretiert die Karikatur **M 1**.

2 Erklärt mit eigenen Worten, was man unter „Jugendkriminalität" versteht und welche Delikte sowie Täter/-innen häufig vorkommen (**M 2**, **M 3**).

3 „Immer mehr Jugendliche werden kriminell." – Überprüft diese Behauptung anhand von **M 2** und **M 4**.

4 Diskutiert, ob nach eurer Erfahrung die Aussagen von **M 5** zutreffen.

Die Jugendgerichtsbarkeit

Jugendliche vor Gericht

Was als Straftat gilt, ist im Strafgesetzbuch festgelegt und gilt sowohl für Jugendliche als auch für Erwachsene nach dem Grundsatz „gleiches Recht für alle". Wenn es jedoch zur Anklage kommt und die Tat vor Gericht verhandelt wird, gibt es große Unterschiede bei der Behandlung Jugendlicher gegenüber Erwachsenen.

M1 Arbeitsstunden im sozialen Dienst

Bis zur Vollendung ihres 14. Lebensjahres können Kinder überhaupt nicht vor Gericht gestellt werden. Sie sind strafunmündig. Für Jugendliche (14 bis 18 Jahre) gibt es eine spezielle Gerichtsbarkeit: die Jugendgerichte. Sie urteilen nach dem Jugendgerichtsgesetz (JGG).

Dies gilt auch für Heranwachsende (18 bis 21 Jahre), wenn diese von ihrer Entwicklung her noch als Jugendliche einzustufen sind oder ihre Tat eine typische Jugendverfehlung ist.

Bei jugendlichen Straftätern geht man von dem Leitgedanken „Erziehung vor Strafe" aus. Denn man berücksichtigt, dass Jugendliche sich noch in der Entwicklung befinden.

Selbstverständlich müssen sich auch Jugendliche an die Regeln und Gesetze der Gesellschaft halten. Das soll ihnen verdeutlicht werden. Demgegenüber soll aber beachtet werden, dass sich eine übermäßige Strafe entwicklungsschädigend auswirken kann. Die Richterin kann als Strafe Erziehungsmaßregeln, Zuchtmittel oder Jugendstrafen anordnen. Die Ableistung von unentgeltlichen Arbeitsstunden, beispielsweise in gemeinnützigen Einrichtungen, ist eine oft verhängte Maßnahme. Jugendliche können vor Gericht von der Jugendgerichtshilfe unterstützt werden – einer Abteilung innerhalb des Jugendamtes. Sie hilft den Jugendlichen, sich in der ungewohnten, fremden Umgebung eines Gerichts zurechtzufinden.

* Jugendarrest
kurzer Freiheitsentzug von wenigen Tagen bis zu maximal vier Wochen

M 2 Mögliche Verurteilungen bei jugendlichen Tätern		
Erziehungsmaßregeln	**Zuchtmittel**	**Jugendstrafen**
• Verpflichtung zu Arbeitsstunden oder zur Teilnahme an einem sozialen Trainingskurs	• Verwarnungen	• Freiheitsentzug von sechs Monaten bis zu fünf Jahren
• Anordnung eines Erziehungsbeistands oder einer Fürsorgeerziehung	• Auflagen, z. B. Wiedergutmachung des Schadens durch gemeinnützige Arbeit	• Höchststrafe von zehn Jahren Freiheitsentzug
• Weisungen für die Lebensführung, z. B. Annahme einer Arbeitsstelle oder Verbot des Besuchs bestimmter Gaststätten	• Jugendarrest * (Freizeitarrest) von maximal vier Wochen	

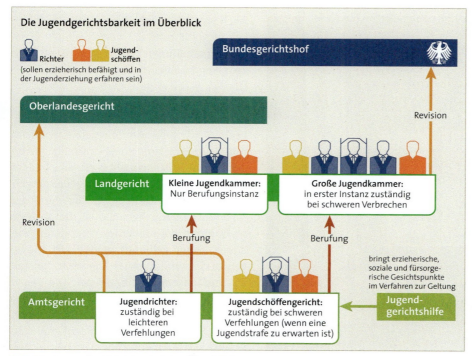

Die Jugendgerichtsbarkeit im Überblick

Richter

Jugend-schöffen

(sollen erzieherisch befähigt und in der Jugenderziehung erfahren sein)

Bundesgerichtshof

Oberlandesgericht

Revision

Revision

Landgericht

Kleine Jugendkammer: Nur Berufungsinstanz

Große Jugendkammer: in erster Instanz zuständig bei schweren Verbrechen

Berufung

Berufung

bringt erzieherische, soziale und fürsorgerische Gesichtspunkte im Verfahren zur Geltung

Amtsgericht

Jugendrichter: zuständig bei leichteren Verfehlungen

Jugendschöffengericht: zuständig bei schweren Verfehlungen (wenn eine Jugendstrafe zu erwarten ist)

Jugend-gerichtshilfe

M 3 Die Jugendgerichtsbarkeit im Überblick

M 4 Teen Court – Jugendliche richten über Jugendliche

In mehreren Bundesländern gibt es Modellprojekte, in denen Schüler über Schüler urteilen. Der mit drei Schülerinnen/ Schülern besetzte Teen Court bekommt seine Fälle von der Staatsanwaltschaft zugewiesen. Voraussetzung dafür ist, dass der/die Beschuldigte geständig ist, der Sachverhalt vollständig aufgeklärt wurde und der/die Beschuldigte sowie die Erziehungsberechtigten zustimmen. Das Projekt ist eine erzieherische Maßnahme. Man geht davon aus, dass Jugendliche im Gespräch mit Gleichaltrigen eher das Unrecht ihrer Tat einsehen, weil Gleichaltrige besser miteinander reden können. Das scheint sich zu bestätigen, denn die Rückfallquote liegt bei nur etwa sieben Prozent.

Im Teen Court spricht das Schülergremium mit dem/der Beschuldigten über die begangene Straftat und vereinbart anschließend eine erzieherische Maßnahme. Das kann z. B. das Schreiben eines Aufsatzes im Zusammenhang mit der Tat sein oder der befristete Entzug des Handys oder auch die Ableistung gemeinnütziger Arbeit sowie die Entschuldigung beim Opfer. Wenn der/die Beschuldigte die ihm/ihr auferlegte Maßnahme innerhalb einer bestimmten Frist ableistet, stellt die Staatsanwaltschaft das Verfahren ein.

M 5 Die Berliner Jugendrichterin Kirsten Heisig schrieb 2010 in einem Buch:

[...] Aus den bisherigen Ausführungen ergibt sich, [...] dass die Schwierigkeiten der Täter innerhalb ihres Lebenslaufes meistens früh angelegt und auch erkennbar sind, hierauf jedoch nicht nachhaltig reagiert wird. Es ist offensichtlich, dass die mangelnde Bildung eine der Hauptursachen für die Entstehung von Jugendkriminalität darstellt und die Schuldistanz* konsequent zu bekämpfen ist. [...] *Das Ende der Geduld: Konsequent gegen jugendliche Gewalttäter,* S. 100

* **Schuldistanz**
Abstand zur Schule; zeigt sich z. B. durch häufiges Fehlen

1 Berichtet, wie über jugendliche Straftäterinnen und Straftäter gerichtet wird und welche Strafen sie gegebenenfalls zu erwarten haben (**M 1** bis **M 3**).

2 Erläutert, nach welchem Grundsatz die Jugendgerichtsbarkeit verfährt.

3 Diskutiert die Aussage der Richterin Heisig (**M 5**).

4 Arbeitet in Gruppen: Recherchiert je einen Medienbericht über einen jugendlichen Straftäter oder eine Straftäterin und spielt eine Teen-Court-Sitzung nach. Führt ein Gespräch über die Tat und die Erziehungsmaßnahme.

In der Jugendstrafanstalt

Auch wenn das Jugendgerichtsgesetz für jugendliche Straftäter verschiedene Erziehungsmaßnahmen bevorzugt, führt oft doch kein Weg an einer Jugendstrafe vorbei.

Endstation Jugendstrafanstalt

Reichen z.B. wegen der Schwere der begangenen Tat Erziehungsmaßregeln oder Zuchtmittel zur Erziehung eines straffällig gewordenen Jugendlichen nicht mehr aus, hat das Jugendgericht Jugendstrafe zu verhängen. Auch die Jugendstrafe hat die Erziehung des Jugendlichen zum Ziel. Sie ist die härteste Maßnahme, die nur unter besonderen Voraussetzungen verhängt werden darf. Die Jugendstrafe wird in einer Jugendstrafanstalt als Freiheitsentzug abgeleistet. Die Dauer der Jugendstrafe kann von sechs Monaten bis zu fünf Jahren betragen. Für Verbrechen, für die das allgemeine Strafrecht mehr als zehn Jahre Freiheitsstrafe vorsieht – beispielsweise für Mord –, beträgt sie ausnahmsweise bis zu zehn Jahren. Das Gericht muss die Strafe aber immer so bemessen, dass eine erzieherische Wirkung auf den Jugendlichen noch möglich ist. In der Jugendstrafanstalt haben die jugendlichen Straftäter die Chance, einen Beruf zu erlernen oder ihre Schulbildung abzuschließen, um die Eingliederung in den Alltag nach der Haft zu erleichtern.

M1 Blick in eine Zelle in der Jugendstrafanstalt Plötzensee

M 2 Tagesablauf in einer JVA * – aus Sicht eines Betroffenen	
Wecken: 06.45 Uhr	Um 06.45 Uhr geht ein ganz normaler Tag in der JVA los, und zwar – wie draußen auch – mit Aufstehen, Kaffeekochen, Zähneputzen, Waschen und Radio hören. Um 07.00 Uhr wird die Tür aufgeschlossen und das Frühstück wird ausgeteilt.
Arbeitsbeginn: 07.30 Uhr	07.30 Uhr ist Arbeitsbeginn. Die Ausnahmen sind Küchen- und Kammerarbeiter, die fangen schon um 06.00 Uhr an. Haben die Arbeiter die einzelnen Häuser verlassen, ihre Arbeitsplätze erreicht, dann ist für sogenannte „Nichtarbeiter" Einschluss. Das heißt, die Türen sind wieder verschlossen.
Mittagessen: 11.20 Uhr	11.20 Uhr ist die Zeit, wo das Mittagessen verteilt wird. Immer ein Thema in jeder JVA: Man kann ja leider nicht selbst bestimmen, was man essen will, man bekommt es einfach vorgesetzt.
Arbeiterfreistunde: 15.15 Uhr	In der Regel ist um 15.15 Uhr Feierabend. Um 15.45 Uhr findet schon die sogenannte „Arbeiterfreistunde" statt – eine Stunde hinaus an die frische Luft. Nach genau einer Stunde ist diese tägliche Freude aber auch schon wieder vorbei.
Abendbrot: 17.00 Uhr	Um 17.00 Uhr gibt es Abendbrot. In der Zeit von 15.15 Uhr bis 19.00 Uhr muss man alles erledigen, d. h. Duschen, Sport, Freizeitgruppen, soziales Training, eventuell Kochen usw. Auch vollzugsinterne Dinge gehören dazu, wie: Gespräche mit dem sozialen Dienst, Termine mit der Suchtberatung. Und ganz wichtig: Man muss in der Zeit von 15.30 Uhr bis 18.30 Uhr auch seine sozialen Bindungen aufrechterhalten, mit dem Telefon. Denn nur zu dieser Zeit darf man telefonieren.

M 3 Ein Bericht über die Berliner Jugendstrafanstalt

Interview mit dem SPD-Politiker Tom Schreiber, der die Jugendstrafanstalt (JSA) Plötzensee besucht hat.

Hat das Justizvollzugspersonal die Chance, den Jugendlichen bei der Resozialisierung zu helfen?

Die Angebote für die Resozialisierung* in der JSA sind immens. So werden die Jugendlichen im offenen Vollzug besonders pädagogisch betreut, um Rückfälle zu vermeiden. Dabei geht es auch um Perspektiven, eine Ausbildung und später Arbeit. Es gibt zusätzlich ein Beratungszentrum, in der unter anderem Berufs-, Schuldner- und Suchtberatungen stattfinden, auch in Kooperation mit der Agentur für Arbeit. Man kann dort seinen Schulabschluss ablegen und nachholen oder in einer der 20 Werkstätten eine Ausbildung absolvieren. Ich finde es wichtig, dass Anti-Gewalt-Arbeit gemacht wird, damit die jungen Häftlinge lernen, mit Konflikten umzugehen. Was dort geleistet wird, verdient Respekt und Anerkennung.

Wie sind die baulichen Zustände?

Die JSA hat einen Investitionsbedarf im zweistelligen Millionen-Bereich – sicherlich über 25 Millionen Euro. Als sie 1987 gebaut wurde, war sie sicherlich modern, aber heute, nach über 28 Jahren, muss investiert werden. Dies geschieht Stück für Stück.

Gibt es Versuche von außen, von Dealern oder Menschen aus der organisierten Kriminalität, auf die Inhaftierten Einfluss zu nehmen?

Es wird in der JSA genauso gehandelt und versucht, Einfluss auf Insassen zu nehmen, wie in der JVA Moabit. Die Familien und Angehörigen halten, soweit es geht, Kontakt zu ihren Verwandten in der Haft. Das Grundproblem ist nicht gelöst, wenn man dort resozialisiert werden soll, aber nach der Entlassung in die gleichen kriminellen Strukturen zurückkehrt. Gerade bei den bekannten Familienclans stellt dies ein großes Problem dar.

Matthias Steube: Ein Tag in der Berliner Jugendstrafanstalt, Berliner Morgenpost, 22.10.2015, www.morgenpost.de/berlin/article2063169943/ Ein-Tag-in-der-Berliner-Jugendstrafanstalt.html (Zugriff: 30.10.2015)

M 4 Die Jugendstrafanstalt Plötzensee von außen

> * **JVA**
> bedeutet Justizvollzugsanstalt, umgangssprachlich: Gefängnis

> * **Resozialisierung**
> Durch Erziehung sollen die Straftäter lernen, sich an die geltenden Regeln zu halten. Nach der Strafe sollen sie sich wieder in die Gesellschaft eingliedern können.

Geschlossener Vollzug	Offener Vollzug
Anstalten sind besonders gesichert, um die Flucht von Gefangenen zu verhindern.	Anstalten sind nicht oder weniger gesichert und die Insassen haben mehr Bewegungsfreiheit sowie größere Eigenverantwortung.
Bewegungsfreiheit der Gefangenen innerhalb der Anstalt ist eingeschränkt (Arbeit nur innerhalb der Anstalt, die Freizeit wird in der Zelle oder im Gemeinschaftsraum verbracht).	Einige Gefangene arbeiten tagsüber als Freigänger in einem Betrieb außerhalb der Anstalt und kehren abends in die Vollzugsanstalt zurück.
Besuchs- und Schriftverkehr wird überwacht.	

M 5 Offener und geschlossener Vollzug

1 Erklärt die Zielsetzung und die Methoden im Jugendstrafvollzug (Text, M 1 – M 5).

2 Hinter Gittern: Betrachtet M 1 und lest M 2 – erschließt, was das für einen Jugendlichen bedeuten mag.

3 Knüpft Kontakte zu einer Jugendstrafanstalt in eurer Nähe. Wie wird dort gearbeitet? Welche Erfahrungen werden gemacht? Vergleicht mit den Materialien auf dieser Doppelseite.

4 Diskutiert in der Klasse: Welche Maßnahmen des Jugendstrafvollzugs haben eurer Ansicht nach die größten Chancen auf Erfolg?

METHODE

Überall Paragrafen

Unser Zusammenleben ist geregelt – durch Gesetze und andere rechtliche Bestimmungen. „Überall Paragrafen" ist oft zu hören. Aber ginge es auch ohne sie?

Wenn die Rechtsverhältnisse schriftlich festgelegt sind, kann jeder Einzelne viel leichter einschätzen, was er tun kann oder lieber lassen sollte.

Schon der babylonische König Hammurabi ließ im 18. Jahrhundert v. Chr. seine Gesetze in eine Basaltsäule meißeln, die öffentlich aufgestellt wurde. Jede Gesetzesregel enthielt ein konkretes Vergehen (Straftat) und die dafür vorgesehene Strafe.

Unsere Gesetzesregeln sind hingegen häufig nur schwer zu verstehen. Sie sind sehr allgemein formuliert, weil sie auf viele verschiedene Einzelfälle angewendet werden müssen. Bestimmte Ausdrücke haben im Gesetz oft eine festgelegte Bedeutung, die man kennen muss, um den Text richtig zu verstehen. Wenn man aber seine Rechte kennen will, lohnt sich ein Blick in das Gesetz.

Gesetzestexte auswerten

1. Art und Inhalt des Textes klären

Stellt fest, ob es sich z. B. um einen Verfassungstext, ein Gesetz oder eine Verordnung handelt. Klärt unbekannte Begriffe und sucht die Schlüsselwörter. Fasst zusammen, worum es im Text geht.

2. Regelungsbereich und Regelungsabsicht klären

Untersucht, für welche Bereiche die Bestimmung gilt (z. B. Straßenverkehr, Jugendschutz, Verbraucherschutz) und was mit ihr bewirkt werden soll (z. B. Schutz, Strafandrohung).

3. Bestimmung auf einen Fall anwenden

Versucht festzustellen, ob die Bestimmung auf einen Fall anzuwenden ist und was sich daraus für Betroffene ergibt.

4. Beurteilung

Erörtert, ob die Regelung aus eurer Sicht gerecht (ungerecht) bzw. zu hart (zu milde) ist. Ist sie einleuchtend und passt sie auf den Einzelfall?

Fall 1: „Wir haben nur etwas gegessen ..."

Lars und Tim verstehen die Welt nicht mehr. Sie wollten im „Mambo" doch nur ein oder zwei Bier trinken und eine Currywurst mit Pommes essen. Es war auch erst gegen 20 Uhr. Sie wussten wohl, dass zur Gaststätte auch eine Nachtbar gehörte, aber damit hatten sie nichts im Sinn. Und dann – Polizeikontrolle. „Wir haben nur etwas gegessen und getrunken. Auf unserer letzten Klassenfahrt waren wir so spät auch noch in einer Gaststätte." „Wie alt?" – „Fünfzehn." Gibt es Ärger?

---

§ 4 (Gaststätten)

(1) Der Aufenthalt in Gaststätten darf Kindern und Jugendlichen unter 16 Jahren nur gestattet werden, wenn eine personensorgeberechtigte oder erziehungsbeauftragte Person sie begleitet oder wenn sie in der Zeit zwischen 5 Uhr und 23 Uhr eine Mahlzeit oder ein Getränk einnehmen. Jugendlichen ab 16 Jahren darf der Aufenthalt in Gaststätten ohne Begleitung einer personensorgeberechtigten oder erziehungsbeauftragten Person in der Zeit von 24 Uhr und 5 Uhr morgens nicht gestattet werden.

(3) Der Aufenthalt in Gaststätten, die als Nachtbar oder Nachtclub geführt werden, und in vergleichbaren Vergnügungsbetrieben darf Kindern und Jugendlichen nicht gestattet werden.

Aus dem Jugendschutzgesetz (Fassung 2016)

So kannst du den Gesetzestext auswerten

Zu 1. Art und Inhalt des Textes

Textsorte: Es handelt sich um ein Gesetz.

Schlüsselwörter: Schutz, Jugend, Gaststätten, 16 Jahre, erziehungsbeauftragte Person, Mahlzeit, Getränk, 24 Uhr, Nachtbar.

Sachverhalt: Es geht um den Aufenthalt von Kindern und Jugendlichen in Gaststätten, der nur unter bestimmten Bedingungen erlaubt ist. Kinder sollen vor Gefahren geschützt werden, die sich durch den Aufenthalt dort ergeben können.

Zu 2. Regelungsbereich und Regelungsabsicht

Regelungsbereich: Die Bestimmung regelt den Aufenthalt von Kindern sowie Jugendlichen in Gaststätten und ist zu deren Schutz gedacht.

Zu 3. Anwendung der Bestimmung

Das Jugendschutzgesetz passt auf den Fall 1 „Wir haben nur etwas gegessen …". Nach § 4 Absatz 3 durften sie sich nicht in der Gaststätte aufhalten sowie keine Speisen und Getränke erhalten.

Umtausch möglich?

Fall 2: „Da haben Sie aber auch Pech …"

Frau Engelbrecht kaufte sich vor einem halben Jahr eine neue Digitalkamera. Die Kamera wurde schon zweimal eingeschickt, weil sie keine scharfen Bilder macht. „Da haben Sie aber auch Pech", meinte der Herr vom Kundenservice, „dann müssen wir sie halt noch mal nach Bielefeld schicken." Frau Engelbrecht kennt ihre Rechte und schlägt etwas anderes vor.

§ 437 Rechte des Käufers bei Mängeln

Ist die Sache mangelhaft, kann der Käufer, wenn die Voraussetzungen der folgenden Vorschriften vorliegen und soweit nicht ein anderes bestimmt ist,
1. nach § 439 Nacherfüllung verlangen,
2. nach den §§ 440, 323 und 326 Abs. 5 von dem Vertrag zurücktreten oder nach § 441 den Kaufpreis mindern und
3. nach den §§ 440, 280, 281, 283 und 311a Schadenersatz oder nach § 284 Ersatz vergeblicher Aufwendungen verlangen.

Verbraucherrechte nach dem Bürgerlichen Gesetzbuch (2016)

---

1 Untersucht den Fall von Frau Engelbrecht (Fall 2) mithilfe der Arbeitsschritte und § 437 BGB.
2 Bearbeitet Schritt 4 zum Fall von Lars und Tim (Fall 1).

Methodische Hinweise

Mit einer Fallanalyse kann man an einem konkreten Beispiel die Auswirkungen von Handlungen untersuchen und dabei feststellen, welche rechtlichen Folgen das untersuchte Handeln hat. Dabei muss man Schritt für Schritt vorgehen und die einzelnen Handlungsabläufe nacheinander untersuchen und sie dann mit den rechtlichen Vorschriften in Beziehung setzen, zum Beispiel mit den Bestimmungen des Strafgesetzbuches und des Jugendgerichtsgesetzes.

Folgende Fragen sind sinnvoll:

Zu den Personen

1. Wer waren die Täter oder Täterinnen?
2. Wie alt waren die Täter oder Täterinnen?
3. Wer war das Opfer?
4. Wie alt war das Opfer?

Zur Tat

5. Was ist genau passiert?
6. In welcher Reihenfolge ist die Tat abgelaufen?
7. Welche Personen haben wann was gemacht?

Zu den rechtlichen Folgen

8. Welche Bestimmungen treffen auf die Täter/die Täterinnen und das Tatgeschehen zu? (Strafgesetzbuch, Jugendgerichtsgesetz vgl. S. 20)
9. Welche Strafe oder Maßnahme ist von einem Gericht zu erwarten?

M 1 Polizeibericht A

Am Montag wurde ein 13-jähriger Junge von fünf Jugendlichen zum Diebstahl gezwungen. Wie ein Polizeisprecher gestern mitteilte, hatten sie das Kind vor einem Supermarkt zunächst getreten und geschlagen. Anschließend nötigten sie den 13-Jährigen, in dem Geschäft Zigaretten zu stehlen. Dieser wandte sich jedoch an eine Verkäuferin, die daraufhin die Polizei alarmierte. Eine 14-Jährige sowie die vier männlichen Jugendlichen im Alter von 15 bis 18 Jahren wurden festgenommen und anschließend ihren Eltern übergeben.

M 2 Polizeibericht B

Drei Schüler einer 8. und 9. Klasse im Alter von 13–16 Jahren traten gestern Abend die verschlossene Tür eines Bauzaunes, der um den Kirchturm der Marien-Kirche gezogen war, auf und kletterten auf den eingerüsteten Turm. Karl J., 13, Emil O., 14, und Fritz K., 16, öffneten in der Glockenstube ein Fenster und kletterten auf das Gerüst. Unter Gejohle warfen sie Steine aus der Fassade des Turmes nach unten. Zum Glück wurde keine der unten vorbeigehenden Personen getroffen. Erschrockene Passanten verständigten die Polizei, die die drei Schüler festnahm und verhörte. Fritz K. ist der Polizei bereits bekannt. Die Eltern der drei Schüler konnten sich nicht erklären, warum ihre Kinder so handelten.

Beispiel für eine Fallanalyse von M 1

zu 1 u. 2: Fünf Jugendliche im Alter von 14–18 Jahren, darunter ein 14-jähriges Mädchen.

zu 3 u. 4: ein 13-jähriger Junge

zu 5–7: Die Täter/-in haben den 13-jährigen Jungen

a) getreten und geschlagen und

b) dann genötigt, in einem Laden Zigaretten zu stehlen.

c) Der Junge hat es aber nicht getan, sondern sich an eine Verkäuferin gewandt, die die Polizei benachrichtigte.

d) Die Jugendlichen wurden festgenommen und ihren Eltern übergeben.

Was die einzelnen jugendlichen Täter jeweils gemacht haben, steht nicht im Polizeibericht.

zu 8: Auf a) trifft Körperverletzung, § 223 Strafgesetzbuch (StGB) zu.

Auf b) trifft Nötigung § 240 StGB zu.

Die Jugendlichen haben also eine Anklage wegen Körperverletzung und Nötigung zu erwarten. Da die Täter/-in zwischen 14 und 18 Jahren alt waren, wird der Fall vor dem Jugendgericht verhandelt (vgl. S. 20), bei dem 18-Jährigen muss das Gericht entscheiden, ob Jugendrecht oder Erwachsenenrecht angewandt wird.

zu 9: Über die Täter/-in steht nichts Genaues im Polizeibericht. Sofern sie Ersttäter waren, werden sie wahrscheinlich mit einem „Zuchtmittel" bestraft. Sie werden verwarnt und bekommen Auflagen, z. B. eine bestimmte Anzahl von Stunden gemeinnütziger Arbeit abzuleisten. Sollte einer der Täter bzw. die Täterin oder alle bereits vorher aufgefallen sein, könnte das Gericht auch Jugendarrest verhängen.

Aus dem Strafgesetzbuch

§ 223 Körperverletzung

(1) Wer eine andere Person körperlich misshandelt oder an der Gesundheit schädigt, wird mit Freiheitsstrafe bis zu fünf Jahren oder mit Geldstrafe bestraft.

(2) Der Versuch ist strafbar. [...]

§ 229 Fahrlässige Körperverletzung

Wer durch Fahrlässigkeit die Körperverletzung einer anderen Person verursacht, wird mit Freiheitsstrafe bis zu drei Jahren oder mit Geldstrafe bestraft.

§ 240 Nötigung

(1) Wer einen Menschen rechtswidrig mit Gewalt oder durch Drohung mit einem empfindlichen Übel zu einer Handlung, Duldung oder Unterlassung nötigt, wird mit Freiheitsstrafe bis zu drei Jahren oder mit Geldstrafe bestraft.

(2) Rechtswidrig ist die Tat, wenn die Anwendung der Gewalt oder die Androhung des Übels zu dem angestrebten Zweck als verwerflich anzusehen ist.

(3) Der Versuch ist strafbar.

§ 253 Erpressung

(1) Wer einen Menschen rechtswidrig mit Gewalt oder durch Drohung mit einem empfindlichen Übel zu einer Handlung, Duldung oder Unterlassung nötigt und dadurch dem Vermögen des Genötigten oder eines anderen Nachteil zufügt, um sich oder einen Dritten zu Unrecht zu bereichern, wird mit Freiheitsstrafe bis zu fünf Jahren oder mit Geldstrafe bestraft. [...]

(3) Der Versuch ist strafbar.

§ 303 Sachbeschädigung

(1) Wer rechtswidrig eine fremde Sache beschädigt oder zerstört, wird mit Freiheitsstrafe bis zu zwei Jahren oder mit Geldstrafe bestraft.

§ 315 b Gefährliche Eingriffe in den Straßenverkehr

(1) Wer die Sicherheit des Straßenverkehrs dadurch beeinträchtigt, dass er

1. Anlagen oder Fahrzeuge zerstört, beschädigt oder beseitigt,

2. Hindernisse bereitet oder

3. einen ähnlichen, ebenso gefährlichen Eingriff vornimmt und dadurch Leib oder Leben eines anderen Menschen oder fremde Sachen von bedeutendem Wert gefährdet, wird mit Freiheitsstrafe bis zu fünf Jahren oder mit Geldstrafe bestraft.

(2) Der Versuch ist strafbar.

1 Lest **M 1** genau und vollzieht mithilfe der Schritte 1–9 der methodischen Hinweise die beispielhafte Lösung nach.

2 Lest nun **M 2** und schreibt zu **M 2** eine Fallanalyse mithilfe der methodischen Hinweise.

Artikel 97 Grundgesetz

(1) Die Richter sind unabhängig und nur dem Gesetz unterworfen.

(2) Die hauptamtlichen und planmäßig endgültig angestellten Richter können wider ihren Willen nur kraft richterlicher Entscheidung [...] vor Ablauf ihrer Amtszeit entlassen [...] oder an eine andere Stelle [...] versetzt werden.

M1 Gerichtsverhandlung im Amtsgericht Tiergarten in Berlin

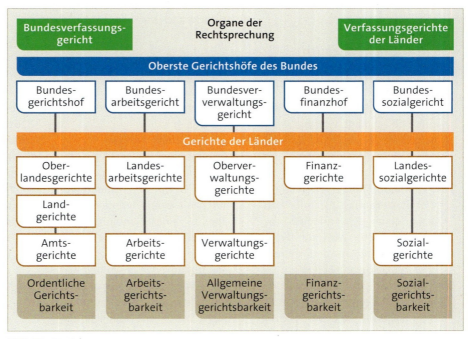

M2 Die Gerichte

Richterinnen und Richter

Wenn es zu einem Streitfall oder zu einer Straftat gekommen ist, liegt die Rechtsprechung, also die Auslegung und Anwendung der Gesetze, bei den Gerichten und dort wiederum bei den Richterinnen und Richtern. Ihre Aufgabe ist es, Recht zu sprechen.

Aufgabe und Aufbau der Gerichte

Gerichte müssen in jedem Einzelfall darüber entscheiden, was recht ist. Dazu gehört, dass genau erforscht wird, was geschehen ist. Im Amtsdeutsch heißt das: „Klärung des Sachverhalts". Erst danach werden die infrage kommenden Paragrafen angewendet.

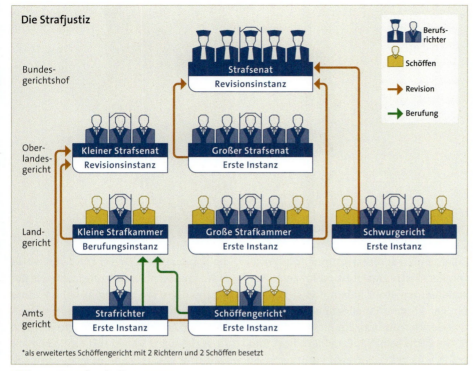

Die Strafjustiz

Berufs-richter

Schöffen

→ Revision

→ Berufung

Bundes-gerichtshof

Strafsenat
Revisionsinstanz

Ober-landes-gericht

Kleiner Strafsenat
Revisionsinstanz

Großer Strafsenat
Erste Instanz

Land-gericht

Kleine Strafkammer
Berufungsinstanz

Große Strafkammer
Erste Instanz

Schwurgericht
Erste Instanz

Amts-gericht

Strafrichter
Erste Instanz

Schöffengericht*
Erste Instanz

*als erweitertes Schöffengericht mit 2 Richtern und 2 Schöffen besetzt

M 3 Der Weg durch die Instanzen

Vor den ordentlichen Gerichten werden Strafrechtsfälle und Streitigkeiten aus dem Bereich des Privatrechts behandelt. Weil viele Rechtsgebiete ein ganz spezielles Wissen erfordern, gibt es für bestimmte Sachgebiete besondere Gerichte, für die sich Juristen in hohem Maße spezialisiert haben. Dazu gehören z.B. Verfassungs-, Verwaltungs-, Finanz-, Sozial- und Arbeitsgerichte.

Die Unabhängigkeit des Rechtswesens kann nur garantiert sein, wenn die Unabhängigkeit der Richterinnen und Richter besonders geschützt ist. Bei uns in Deutschland ist das ausdrücklich im Grundgesetz formuliert (Art. 97).

Der Weg durch die Instanzen

Die Gerichtsbarkeit ist in einzelne Stufen gegliedert – die „Instanzen". Für jeden Rechtsfall gibt es eine Eingangsinstanz oder „erste Instanz", in der das Gerichtsverfahren begonnen wird.

Nach Abschluss des Rechtsverfahrens besteht für die beteiligten „Parteien" die Möglichkeit, gegen das Urteil vorzugehen (Rechtsmittel einzulegen): in die Berufung zu gehen oder Revision einzulegen.

Wenn das Recht der Europäischen Union* betroffen ist, ist der Europäische Gerichtshof die letzte Instanz.

* **Europäische Union** siehe Seite 54

1 Beschreibt die Situation vor Gericht (**M 1**).
2 Stellt dar, wie die Unabhängigkeit der Richter/-innen rechtlich besonders geschützt ist.
3 Erkläre den Aufbau unseres Gerichtswesens und die Notwendigkeit der besonderen Gerichtsbarkeit (Text, **M 2**).
4 Erläutere den Weg durch die Instanzen, a) wenn Berufung gegen ein Urteil eingelegt wird und b) wenn Revision eingelegt wird. Erklärt den Unterschied (**M 3**, Text).
5 Diskutiert, warum die Unabhängigkeit der Richter/-innen ein wichtiger Teil des Rechtsstaates ist.

Zivilverfahren und Strafverfahren

M1 Im Gerichtssaal

Zivilprozesse

Zu einem Zivilprozess kommt es in privaten Rechtsstreitigkeiten, wenn zwei Personen einen Streit haben und sich nicht einigen können. Einer oder beide müssen das Gericht anrufen. Ein Richter klärt die Sache nicht selbst auf, sondern hört und prüft, was beide Parteien vorbringen. Es wird dann ein Urteil gefällt oder ein Vergleich vermittelt.

Strafprozesse

Im Strafprozess erhebt die Staatsanwaltschaft gegen einen Bürger Anklage, der mutmaßlich Gesetze des Staates gebrochen hat. Den Staat vertritt vor Gericht der Staatsanwalt. Dieser trägt vor, worin er welche Rechtsverletzung sieht, wie der Beschuldigte sie begangen habe könnte und welche Strafe er für angemessen hält. Der Angeklagte hat das Recht, sich zu verteidigen, wobei ihn ein Rechtsanwalt unterstützt. Kann er sich einen solchen finanziell nicht leisten, wird ihm ein Pflichtverteidiger von Staats wegen zugeteilt.

Der Richter untersucht den Tathergang und entscheidet, ob und wodurch sich der Angeklagte strafbar gemacht hat. Er fällt dann ein Urteil oder stellt das Verfahren ein.

Artikel 103 Grundgesetz [Grundrechte des Angeklagten]

(1) Vor Gericht hat jedermann Anspruch auf rechtliches Gehör.
(2) Eine Tat kann nur bestraft werden, wenn die Strafbarkeit gesetzlich bestimmt war, bevor die Tat begangen wurde.
(3) Niemand darf wegen derselben Tat aufgrund der allgemeinen Strafgesetze mehrmals bestraft werden.

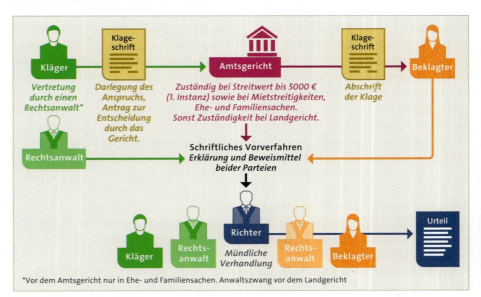

M2 Der Gang eines Zivilprozesses

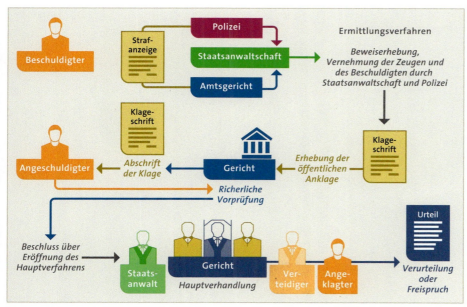

Der eigentliche
Strafprozess hat
folgende Phasen:

– Das Gericht lässt die
  Sache aufrufen.
– Der Staatsanwalt ver-
  liest die Anklage.
– Der Beschuldigte kann
  sich zur Sache äußern.
– Das Gericht führt die
  Beweisaufnahme durch.
– Staatsanwalt und Ver-
  teidiger stellen ihre
  Schlussanträge.
– Der Angeklagte hat das
  Schlusswort.
– Das Gericht zieht sich
  zur Beratung zurück.
– Das Gericht spricht das
  Urteil.

M3 Der Gang eines Strafverfahrens durch die Instanzen

Grundsätze des Verfahrensrechts

Vor Gericht gelten bestimmte Verfahrensvorschriften, nach denen der Prozess ablaufen muss. Einige allgemeine Grundsätze gelten übereinstimmend für die meisten Prozessordnungen:

– **Grundsatz des rechtlichen Gehörs:** Vor Gericht besteht der Anspruch, gehört zu werden. Dieser Grundsatz ist als Grundrecht garantiert.
– **Öffentlichkeitsprinzip:** Auch an der Verhandlung unbeteiligte Personen dürfen an dem Prozess teilnehmen. In besonderen Fällen (z.B. Schutz von Zeugen, aber auch des Angeklagten) kann die Öffentlichkeit ausgeschlossen werden.
– **Unmittelbarkeitsprinzip:** Verhandlung und Beweisaufnahme müssen unmittelbar vor dem Gericht stattfinden, welches das Urteil zu fällen hat.
– **Mündlichkeitsprinzip:** Vor dem Gericht muss mündlich verhandelt werden und nur das mündlich Verhandelte darf Grundlage der Entscheidung sein.

Lediglich im **Zivilprozess** gilt das

– **Verhandlungsprinzip:** Die Parteien können bestimmen, welche Tatsachen sie dem Gericht im Rechtsstreit zur Entscheidung unterbreiten.

Nur im **Strafprozess** gelten:

– **Untersuchungsprinzip:** Hier hat das Gericht die für die Entscheidung des Rechtsstreits wichtigen Tatsachen von Amts wegen zu ermitteln.
– Offizialprinzip: Danach sind nur staatliche Organe, insbesondere die Polizei und die Staatsanwaltschaft, befugt, Straftäter/Straftäterinnen zu verfolgen.

1 Gebt in euren Worten wieder, was man unter einer „Prozessordnung" versteht.

2 Erläutert, welche Personen während des in M1 dargestellten Prozesses im Gerichtssaal anwesend sind. Handelt es sich um ein Zivil- oder Strafverfahren? Begründet eure Antwort.

3 a Bildet Expertengruppen und beschäftigt euch mit Zivil- oder Strafprozessen: Beteiligte, Ablauf, Prozessgrundsätze (M2, M3, Text).

b Stellt die Ergebnisse der Klasse vor und sammelt an der Tafel oder auf einem Lernplakat die Gemeinsamkeiten und Unterschiede beider Prozessarten.

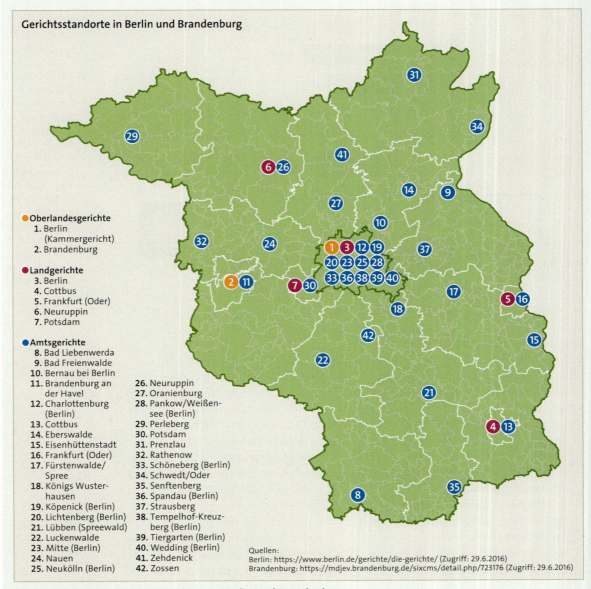

Gerichtsstandorte in Berlin und Brandenburg

● **Oberlandesgerichte**
1. Berlin (Kammergericht)
2. Brandenburg

● **Landgerichte**
3. Berlin
4. Cottbus
5. Frankfurt (Oder)
6. Neuruppin
7. Potsdam

● **Amtsgerichte**
8. Bad Liebenwerda
9. Bad Freienwalde
10. Bernau bei Berlin
11. Brandenburg an der Havel
12. Charlottenburg (Berlin)
13. Cottbus
14. Eberswalde
15. Eisenhüttenstadt
16. Frankfurt (Oder)
17. Fürstenwalde/ Spree
18. Königs Wusterhausen
19. Köpenick (Berlin)
20. Lichtenberg (Berlin)
21. Lübben (Spreewald)
22. Luckenwalde
23. Mitte (Berlin)
24. Nauen
25. Neukölln (Berlin)
26. Neuruppin
27. Oranienburg
28. Pankow/Weißensee (Berlin)
29. Perleberg
30. Potsdam
31. Prenzlau
32. Rathenow
33. Schöneberg (Berlin)
34. Schwedt/Oder
35. Senftenberg
36. Spandau (Berlin)
37. Strausberg
38. Tempelhof-Kreuzberg (Berlin)
39. Tiergarten (Berlin)
40. Wedding (Berlin)
41. Zehdenick
42. Zossen

Quellen:
Berlin: https://www.berlin.de/gerichte/die-gerichte/ (Zugriff: 29.6.2016)
Brandenburg: https://mdjev.brandenburg.de/sixcms/detail.php/723176 (Zugriff: 29.6.2016)

M1 Karte der Amtsgerichtsstandorte in Berlin und Brandenburg

Vorbereitung eines Gerichtsbesuchs

Schulklassen dürfen nicht alle Gerichte besuchen. Recherchiert vor Ort oder im Internet unter diesen Stichworten: Informationen Teilnahme Schulklassen Gerichtsverhandlung.
So erfahrt ihr, welche Gerichte ihr besuchen könnt. Kümmert euch mehrere Wochen vor dem geplanten Gerichtsbesuch um den Termin, denn ihr müsst den Besuch eurer Klasse anmelden!

Wichtig: Bei Gericht wird jede Person kontrolliert und muss sich durch einen Personalausweis, Reisepass oder Schülerausweis ausweisen. Wie in der Schule ist das Mitführen gefährlicher Gegenstände (z. B. Messer, Gassprays) verboten. Handys sind erlaubt, dürfen aber im Verhandlungssaal nicht benutzt werden.

METHODE

M 2 Checkliste: Eine Gerichtsverhandlung besuchen

Schritt 1: Kontaktaufnahme
Wenn eure Lehrerin oder euer Lehrer einen Termin für einen Gerichtsbesuch vereinbart, wird sich herausstellen, ob es sich um ein Zivilverfahren oder einen Strafprozess handelt. Nach der Verhandlung sollte die Richterin oder der Richter etwas Zeit für ein Gespräch haben.

Schritt 2: Inhaltliche Vorbereitung
Macht euch mit den Besonderheiten und den Unterschieden von Zivil- und Strafprozessen vertraut (siehe S. 30/31).

Schritt 3: Aufgabenverteilung für die Beobachtung im Gericht
Besprecht, was ihr während der Gerichtsverhandlung beobachten wollt. Erarbeitet Beobachtungsaufträge für jede Gruppe. Einige Vorschläge:
Gruppe 1 achtet genau darauf, welche Aufgaben der Richter bzw. die Richterin erfüllt und wie sich der Angeklagte bzw. Kläger und der Beklagte verhalten.
Gruppe 2 protokolliert den Prozessverlauf und vergleicht mit dem im Unterricht erarbeiteten Ablaufschema.
Gruppe 3 macht sich Notizen zum verhandelten Fall. Welches Vergehen bzw. welcher Streitfall liegt vor? Wie hat sich das Geschehen abgespielt?

Gruppe 4 beobachtet den Verteidiger und bei einem Strafprozess auch den Staatsanwalt. Wie wird argumentiert?
Gruppe 5 könnte den Sitzplan im Gericht festhalten. Da im Gerichtssaal das Fotografieren verboten ist, müsst ihr eine Zeichnung anfertigen.

Schritt 4: Durchführung
Jede Gruppe nimmt Block, Stift und Schreibunterlage in den Gerichtssaal mit und protokolliert, was für die gestellte Aufgabe wichtig ist.
Während der Verhandlung müssen sich Besucher absolut ruhig verhalten. Ihr dürft nicht lachen, klatschen, pfeifen, Zwischenfragen stellen oder euch laut unterhalten. Bei Störungen müsst ihr sofort den Saal verlassen. Notiert auch, wenn euch etwas auffällt oder unklar bleibt. Vielleicht könnt ihr nach der Verhandlung den Richter bzw. die Richterin befragen.

Schritt 5: Auswertung
Die Gruppensprecher berichten über ihre Beobachtungen. Schildert euch gegenseitig eure Beobachtungen und Empfindungen (z. B.: War die Verhandlung eher emotional, eher förmlich ...?).
Diskutiert in der Klasse das Urteil. Habt ihr es als gerecht empfunden? Was hättet ihr vielleicht anders beurteilt? Begründet eure Ansichten.

1 Führt mithilfe von **M 2** den Besuch einer Gerichtsverhandlung durch.

Der Täter-Opfer-Ausgleich – eine Erziehungsmaßregel

Der Täter-Opfer-Ausgleich (TOA) ist eine der im Jugendgerichtsgesetz genannten möglichen Erziehungsmaßregeln.

Nach der Zielvorstellung des Täter-Opfer-Ausgleichs soll der Täter oder die Täterin über die persönliche Begegnung mit dem Opfer erkennen, was mit der Tat angerichtet wurde. Aber auch für das Opfer kann diese Begegnung eine positive Funktion haben. Viele Menschen, die z.B. Opfer einer Gewalttat wurden, plagen sich nach dem Schrecken der an ihnen verübten Tat mit Angst- und Ohnmachtsgefühlen. Die Auseinandersetzung mit den Tätern im Rahmen des Täter-Opfer-Ausgleichs kann ihnen helfen, das Geschehene besser zu verarbeiten. Die Teilnahme an einem Täter-Opfer-Ausgleich muss freiwillig sein. Zudem werden die Täter und Täterinnen daraufhin überprüft, ob sie bereit sind, sich ernsthaft auf einen Dialog mit dem Opfer einzulassen.

M1 Ablauf des Täter-Opfer-Ausgleichs

1. Mitteilung an die Arbeitsgruppe durch beschuldigte Person, Opfer oder Polizei, Staatsanwaltschaft bzw. das Gericht.
2. Kontaktaufnahme der Täter-Opfer-Ausgleich-Mitarbeiter/-innen zu den Beteiligten.
3. Einzelgespräche mit der beschuldigten Person und dem Opfer.
4. Gemeinsames Ausgleichsgespräch im Beisein der Vermittler/-innen, es sei denn, eine Begegnung beider erscheint nicht möglich.
5. Aktives und eigenverantwortliches Aushandeln der Wiedergutmachung von beschuldigter Person und Opfer im Ausgleichsgespräch.
6. Abschlussmitteilung an die Staatsanwaltschaft, Amtsanwaltschaft, Gerichte über das Ergebnis der Verhandlungen, sofern die Tat strafrechtlich verfolgt wird. Die Teilnahme am Täter-Opfer-Ausgleich kann zur Strafmilderung bis hin zur Verfahrenseinstellung führen.

Senatsverwaltung für Justiz und Verbraucherschutz, Berlin; Soziale Dienste der Justiz, Flyer: Täter-Opfer-Ausgleich, Stand: 1.12.2015, www.berlin.de/sen/justiz/soziale-dienste-der-justiz/spezialisierte-angebote/taeter-opfer-ausgleich/ (Zugriff: 29.6.2016)

M2 Versöhnung als Ziel?

M 3 Erfahrungen mit dem Täter-Opfer-Ausgleich

Simon K. (Beschuldigter): „Es war dann die Körperverletzung passiert. [...] Nachdem ich dann auch von der Polizei vorgeladen worden bin, dachte ich mir, irgendwas musst du machen, weil du wolltest das ja gar nicht! [...] Das war ein Angebot vom Vermittler, dass der gesagt hat, wir setzen uns da alle zusammen, du kannst da reden. Und erst mal habe ich total Angst gehabt davor. Naja, ich bin ja nun mal der Schuldige, ich sitze da ja auf dem heißen Stuhl irgendwie. Aber es war alles total freiwillig und ich fand, das kann mir nur helfen. Ich bin ja echt nicht so 'n Schlägertyp. [...] Ich wollte mich halt auch entschuldigen für die Sache."

Nora Z. (Geschädigte): „Für mich war danach dieser Mann sozusagen die Inkarnation der Unsicherheit, der Bedrohung. [...] Ich habe als Ergebnis des TOA, dass ich froh bin, dass ich den Täter kennengelernt habe. [...] Dass ich so ein bisschen weiß, wie er lebt, und dass es eigentlich eben kein Gewalttäter ist. Da bin ich schon froh drüber. [...] Damit dieser Phantom-Charakter verlorengeht! Dass es für das Opfer die Möglichkeit gibt, sich den Täter genau anzugucken. Einfach, um festzustellen: Das ist auch nur ein Mensch und nicht irgendein Monster! Aber auch ein Schonraum, dem Beschuldigten auch mal ordentlich die Meinung zu sagen."

Norbert F. (Beschuldigter): Vor Gericht muss ich jedes Wort auf die Goldwaage legen, mir jedes Wort überlegen, bevor ich es ausspreche. Weil ja alles gegen mich verwendet werden kann. Beim Vermittlungsgespräch konnte ich wirklich das sagen, was ich denke. Auch wenn ich mal was falsch ausgedrückt habe. Da wurde einem dann auch nicht das Wort im Munde rumgedreht und man hat nicht mit dem Rücken an der Wand gestanden. Man hat wirklich das sagen können, was man denkt.

Klaus S. (Geschädigter): „Vor Gericht wäre wahrscheinlich nie rausgekommen, warum er das jetzt gemacht hat. Da wäre festgestellt worden, dass er das gemacht hat, dass er mir die Nase gebrochen hat. Ob das nun vorsätzlich, fahrlässig oder in Notwehr war, das hätte sich vielleicht noch vor Gericht klären lassen. Und danach wäre auch die Strafe ausgefallen. Da hätte ich nie gewusst, warum er das getan hat! Bei dem Gespräch, als wir beide da waren, hat es sich ein bisschen abgezeichnet, warum. [...] Jedenfalls kenne ich jetzt ein paar Gründe, warum das so gekommen ist."

Tatausgleich und Konsens e. V., Mainz, www.taeter-opfer-ausgleich.de (Zugriff: 29.6.2016)

---

§ 46a StGB

Hat der Täter

1. in dem Bemühen, einen Ausgleich mit dem Verletzten zu erreichen (Täter-Opfer-Ausgleich), seine Tat ganz oder zum überwiegenden Teil wiedergutgemacht oder deren Wiedergutmachung ernsthaft erstrebt oder

2. in einem Fall, in welchem die Schadenswiedergutmachung von ihm erhebliche persönliche Leistungen oder persönlichen Verzicht erfordert hat, das Opfer ganz oder zum überwiegenden Teil entschädigt, so kann das Gericht die Strafe nach § 49 Abs. 1 mildern oder, wenn keine höhere Strafe als Freiheitsstrafe bis zu einem Jahr oder Geldstrafe bis zu 360 Tagessätzen verwirkt ist, von Strafe absehen.

---

1 Erkläre die Funktion des Täter-Opfer-Ausgleichs im Strafgesetzbuch anhand des § 46a StGB.

2 Beschreibt die wesentlichen Elemente des Täter-Opfer-Ausgleichs.

3 Sammelt Erfahrungen, die mit dem Täter-Opfer-Ausgleich von Beteiligten gemacht wurden (M 3).

4 Erläutert, warum der Täter-Opfer-Ausgleich in der Regel nur bei Bagatelldelikten wie Diebstahl oder leichter Körperverletzung angewendet wird (§ 46 a StGB, Text).

5 Bewertet anhand der Äußerungen der Opfer in M 3 diese Erziehungsmaßregel.

M1 Die Jugendgerichtsbarkeit im Überblick

Überfall auf Kreissparkasse

Immer mehr Schüler schwänzen den Unterricht

Mit Tempo 120 durch die Innenstadt

Umgehungsstraße in Neustadt Bürgerinitiative zieht vor Gericht

Bauherr verklagt Architekt

Zahl der Scheidungen gesunken

Gericht verurteilt 50-jährigen Mann zu Unterhaltszahlungen

Heftiger Streit um Mieterhöhung endet vor Gericht

M2 Zeitungsschlagzeilen

Überblick zu den Rechten einer Bürgerin /eines Bürgers in Deutschland

Lebensalter	Rechtsstellung
6 Jahre	
7 Jahre	
14 Jahre	
16 Jahre	
18 Jahre	
21 Jahre	

Eidesfähigkeit

Wahlrecht

Strafmündigkeit

leichte und geeignete Arbeiten sind stundenweise erlaubt

Beginn der Schulpflicht

Rechtsfähigkeit

Religionsmündigkeit

beschränkte Geschäftsfähigkeit, bedingte Deliktsfähigkeit

M 3 Wann gilt was?

M 4 Im Kaufhaus

Lars, 12, Benni, 14, und Lea, 13, streifen durch das Erdgeschoss des Kaufhauses „Kauflos". Als die Verkäuferin wegschaut, nimmt Lea einen Nagellack und steckt ihn ein. Lars greift sich ein T-Shirt und lässt es in einer Tüte verschwinden. Schnell verlassen sie das Kaufhaus; am Ausgang werden sie vor der Tür von einem Security-Mitarbeiter aufgehalten. Er informiert eine Kaufhaus-Angestellte, die wiederum die Polizei ruft.

M 5 § 242 (StGB) Diebstahl

(1) Wer eine fremde bewegliche Sache einem anderen in der Absicht wegnimmt, die Sache sich oder einem Dritten rechtswidrig zuzueignen, wird mit Freiheitsstrafe bis zu fünf Jahren oder mit Geldstrafe bestraft.
(2) Der Versuch ist strafbar.

Sachkompetenz

1 Beschreibt mit **M 1** den Aufbau der Jugendgerichtsbarkeit.
2 Ordnet die Überschriften in **M 2** den Bereichen öffentliches Recht und Zivilrecht zu.
3 Nennt wichtige Aufgaben der Rechtsordnung.
4 Untersucht **M 3** und notiert in eure Arbeitsmappe die Rechte und Pflichten in der richtigen Zuordnung zum Alter.

Methodenkompetenz

6 Bereitet einen Besuch einer Gerichtsverhandlung vor.

Urteilskompetenz

7 Beurteilt mithilfe von **M 4** und **M 5**, welche Strafe ein Richter bzw. eine Richterin für die Jugendlichen aus dem Fall in **M 4** anwenden könnte. Benutzt dazu die Übersicht **M 2** auf der Seite 20. Wer geht auf jeden Fall straffrei aus?

KAPITEL 2

Migration und Bevölkerung

Die Bevölkerungsentwicklung in Deutschland ist seit Jahrzehnten geprägt durch eine sinkende Zahl an Neugeborenen und einen anhaltenden Zuzug von Menschen, die in Deutschland ihre Zukunft sehen. Ebenso lange dauert inzwischen die Diskussion über die Frage, ob Deutschland ein Einwanderungsland sei. In Deutschland leben schon lange Menschen, die aus anderen Ländern kamen. Manche sind selbst eingewandert oder als Kinder mit ihren Eltern gekommen. Einige wollen für immer bleiben, andere kehren in ihre Heimat zurück. Und viele, die kamen, haben mittlerweile einen deutschen Pass.

In diesem Kapitel könnt ihr herausfinden,
- wie die Gesellschaft Deutschlands zusammengesetzt ist,
- welche Bedeutung die Zuwanderung für Deutschland hat,
- wie die Zuwanderungspolitik gestaltet werden kann.

◄ Flüchtlinge aus verschiedenen Herkunftsländern bei ihrer Ankunft am Hauptbahnhof in München, 5.9.2015

In den letzten Jahren sind viele Menschen auf der Flucht nach Deutschland gekommen. Hier erzählen drei von ihnen ihre Geschichte.

M 1 Flüchtlinge* auf ihrem gefährlichen Weg über das Mittelmeer

* **Asyl**
Zuflucht für politisch Verfolgte. Nach Artikel 16a Grundgesetz hat jeder Mensch die Möglichkeit, in Deutschland einen Antrag auf Asyl zu stellen. Jedoch nur politisch Verfolgte haben Aussichten, dass ihr Antrag auch Erfolg hat.

* **Bürgerkrieg in Syrien**
Seit März 2011 herrscht in Syrien Bürgerkrieg, der bereits Hunderttausenden Menschen das Leben gekostet hat. Millionen sind geflohen und haben in anderen Ländern, meist in der Region, Schutz gesucht.

* **Flüchtlinge**
Menschen, die ihre Heimat verlassen müssen. Gründe dafür können Kriege, politische oder religiöse Verfolgung sein. Aber auch infolge von Hungersnöten oder wirtschaftlicher Not sind Menschen auf der Flucht.

* **Schleuser**
Ein Mensch, der gegen Geld Flüchtlinge illegal von einem Land in ein anderes bringt. Eine andere Bezeichnung lautet Schlepper.

M 2 Doaa aus Syrien

Bevor der Bürgerkrieg in Syrien* sie zur Flucht zwang, war die 19-jährige Doaa eine ehrgeizige Schülerin. Dann floh sie mit ihrer Familie nach Ägypten. Ohne Arbeitserlaubnis lebte sie dort am Rande der Gesellschaft.

Gemeinsam mit ihrem Verlobten Bassem beschlossen sie, Sicherheit in Europa zu suchen, um sich dort ein gemeinsames Leben aufzubauen. Bassem gab sein ganzes Erspartes, 5000 Dollar, den Schmugglern, die sie auf ein überfülltes Fischerboot zwängten.

Doch nach drei Tagen auf See glaubte sie nicht mehr an eine sichere Ankunft und sagte zu Bassem: „Wir werden alle ertrinken." Am vierten Tag kam ein verrostetes Boot auf sie zu. Die Passagiere weigerten sich, in das seeuntaugliche Boot zu wechseln, woraufhin die wütenden Schmuggler ein Loch in das Fischerboot rammten und lachten. Innerhalb von Minuten kenterte und sank das Boot. Die 300 Menschen, die unter Deck gefangen waren, hatten keine Chance zu überleben. Bassem fand einen Rettungsring für Doaa, die nicht schwimmen kann. In der folgenden Nacht verloren viele Überlebende die Kräfte und den Mut. Auch Bassem verließen kurz darauf die Kräfte und Doaa musste mit ansehen, wie er starb. Am vierten Tag im Meer sah Doaa ein Handelsschiff. Zwei Stunden schrie sie um Hilfe, bis die Suchscheinwerfer des Schiffes sie fanden. Über Italien fand Doaa schließlich den Weg nach Deutschland. Dort hat sie einen Antrag auf Asyl* gestellt.

https://www.uno-fluechtlingshilfe.de/fluechtlinge/fluechtlinge-erzaehlen/doaa-aus-syrien. html, verändert und gekürzt (Zugriff: 12.8.2016)

M3 Fasil aus Äthiopien

Fasil T. ist 19 Jahre alt und in Äthiopien aufgewachsen. Er hat seine Heimat verlassen, um dem Militärdienst dort zu entgehen. Im Juli sei er vom Sudan aus nach Europa aufgebrochen. „Ich gab einem Schleuser * 1500 US-Dollar. Die Reise führte dann mit einem Laster nach Ägypten und mit einem Pkw nach Libyen." Dort sei er von Polizisten, die Geld erpressen wollten, ins Gefängnis gesteckt worden. „Meine Mutter hat mich aber freigekauft", sagt Fasil. Auf einem Holzboot sei er dann übers Mittelmeer gefahren, zusammen mit 150 anderen Flüchtlingen. Noch auf See seien die Flüchtlinge an die italienischen Behörden übergeben worden. Fasil fuhr nach Deutschland, wo er vor ein paar Wochen eingetroffen sei. Fasil hofft auf eine Wohnung. „Ich will Deutsch lernen und arbeiten."

http://www.fnp.de/lokales/frankfurt/Zwei-Fluechtlinge-aus-Afrika-erzaehlen-ndash-stell-vertretend-fuer-Tausende;art675,1058997, 1.10.2014 (Zugriff: 12.8.2016)

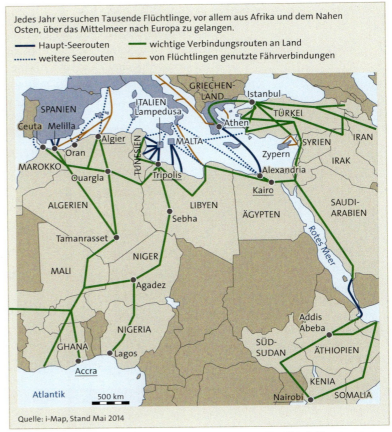

Jedes Jahr versuchen Tausende Flüchtlinge, vor allem aus Afrika und dem Nahen Osten, über das Mittelmeer nach Europa zu gelangen.

—— Haupt-Seerouten   —— wichtige Verbindungsrouten an Land
······ weitere Seerouten   —— von Flüchtlingen genutzte Fährverbindungen

Quelle: i-Map, Stand Mai 2014

M5 Flüchtlingsrouten nach Europa

* **Boko Haram**
Boko Haram ist eine islamistische terroristische Gruppierung im Norden Nigerias. Sie setzt sich für die Einführung des islamischen Rechts (Scharia) in ganz Nigeria und das Verbot westlicher Bildung ein.

M4 Joy aus Nigeria

„Wir mussten fliehen, weil wir Christen sind und die islamistische Terrorgruppe ‚Boko Haram'* verfolgt Menschen christlichen Glaubens in Nigeria. Ich bin Friseuse und mein Mann ist KFZ-Mechaniker. Unsere Flucht nach Deutschland war sehr, sehr hart, besonders weil ich schwanger war. Wir waren eben in Garmisch-Partenkirchen angekommen, da kamen unsere Zwillinge zur Welt. Unser Traum ist es, in Frieden hier mit unseren Kindern leben zu können."

http://www.huffingtonpost.de/veronika-rusch/ schau-mir-ins-gesicht-20-beruhrende-schicksale-von-fluechtlingen_b_6660326.html#, Veronika Rusch, 12.2.2015 (Zugriff: 5.12.2016)

---

1 Lies dir die drei Geschichten von Doaa, Fasil und Joy durch und verfolge auf der Karte (M5) ihre Fluchtroute.

2 Beschreibe die Gründe, warum die drei Menschen ihre Heimat verlassen haben.

3 Erläutere, welche Hoffnungen sich mit der Flucht nach Europa verbinden.

4 Gibt es in deiner Nähe eine Flüchtlingsunterkunft? Versucht über die Schule Kontakt mit Flüchtlingen aufzunehmen und recherchiert ihre Geschichte.

5 Erörtere Möglichkeiten, um zu verhindern, dass Flüchtlinge die gefährliche Reise über das Mittelmeer in Angriff nehmen.

Keinem Menschen fällt es leicht, seine Heimat zu verlassen. Dort leben seine Familie, seine Freunde, dort ist man aufgewachsen, man spricht die Sprache und ist in seiner vertrauten Umgebung und Kultur. In vielen Teilen der Welt ist die Not aber so groß, dass Menschen gezwungen sind, in eine andere Region oder sogar in ein anderes Land zu fliehen. Ende 2015 waren weltweit über 65 Millionen Menschen auf der Flucht.

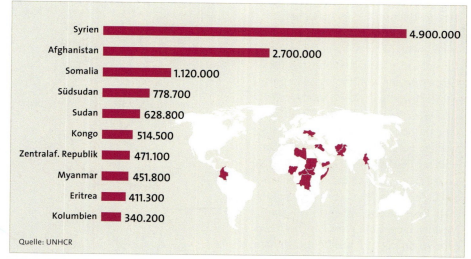

Land	Zahl
Syrien	4.900.000
Afghanistan	2.700.000
Somalia	1.120.000
Südsudan	778.700
Sudan	628.800
Kongo	514.500
Zentralaf. Republik	471.100
Myanmar	451.800
Eritrea	411.300
Kolumbien	340.200

Quelle: UNHCR

M2 Zahl der Flüchtlinge 2015 weltweit nach Herkunftsländern

M1 Push- und Pull-Faktoren

Push-Faktoren

Das sind Gründe, die Menschen dazu bringen, ihre Heimat zu verlassen. Häufig sind das politische Gründe wie Unterdrückung oder Krieg. Es gibt aber auch wirtschaftliche Gründe wie Arbeitslosigkeit, Armut oder Hunger. Die Zerstörung der Heimat durch Dürren, Flutkatastrophen, Erdrutsche oder Unwetter gehört ebenfalls zu diesen Faktoren.

Pull-Faktoren

Dazu gehören alle Aspekte, die Menschen dazu bringen, in eine andere Region oder ein anderes Land auszuwandern. Bessere Lebensbedingungen wie Sicherheit, Arbeitsplätze, die Möglichkeit auf Schulbildung oder die Aussicht, mit Familienmitgliedern zusammenzuleben, sind wichtige Gründe.

M3 Flüchtlinge weltweit

Menschen fliehen aus Not, weil sie Gefahren, Katastrophen oder Armut entgehen wollen. Viele Menschen fliehen, weil in ihrem Heimatland Krieg herrscht. Sie fürchten um ihr Leben und das Leben ihrer Kinder.

Sie fliehen, weil sie in Sicherheit und Frieden leben wollen. Andere Menschen werden in ihrer Heimat wegen ihrer Nationalität, ihrer Zugehörigkeit zu einer bestimmten Religion oder wegen ihrer politischen Ansichten verfolgt. Wieder andere fliehen, weil schwere Naturkatastrophen ihr Heimatland unbewohnbar gemacht haben oder wegen der schlechten wirtschaftlichen Verhältnisse in ihrer Heimat. In vielen Ländern fehlen jegliche Bildungsmöglichkeiten. So gehen 13 Millionen Kinder wegen der Konflikte im Nahen Osten und in Nordafrika nicht zur Schule.

Manche Menschen fliehen alleine, manche mit ihren Familien. Und viele tausend Kinder und Jugendliche machen sich sogar ohne ihre Eltern auf den Weg in ein sicheres Land. Menschen, die bei sich zu Hause von Feindseligkeiten und Kriegen bedroht sind, versuchen oft, in anderen Gegenden ihres Landes zu leben. Häufig gibt es aber im eigenen Land keinen sicheren Ort. Deshalb verlassen viele Flüchtlinge ihr Land.

Wieso leben viele Menschen in Flüchtlingslagern?

Ein großer Teil der Flüchtlinge findet Aufnahme in einem Flüchtlingslager eines Nachbarstaates. Im Libanon oder auch in der Türkei gibt es beispielsweise große Lager für Bürgerkriegsflüchtlinge aus Syrien. In den Lagern ist das Leben schwer. Die Menschen leben in Zelten, sie haben keine Arbeit, die Kinder können nicht in die Schule gehen.

Warum kommen die Menschen nach Europa?

Es gibt keine Aussicht auf ein besseres Leben in den überfüllten Flüchtlingslagern. Darum machen sich viele Menschen auf den Weg nach Europa. Sie hoffen, dort mit ihren Familien in Sicherheit leben zu können.

Um mit dem Flugzeug nach Europa zu fliegen, brauchen Nicht-Europäer in den meisten Fällen ein Visum, eine Einreisegenehmigung. Es ist aber sehr schwer für Flüchtlinge, solche Visa zu bekommen.

Deshalb bleibt den Menschen, die nach Europa wollen, oft nur die Möglichkeit, ohne vorherige Erlaubnis in ein europäisches Land zu fliehen. Dafür brauchen sie oft die Hilfe von Schleusern.

https://www.hanisauland.de/spezial/flucht-flüchtlinge/flucht-kapitel-1-fluechtlinge-weltweit.html (Zugriff: 11.8.2016)

M 4 Warum Menschen zu uns kommen

Adama aus dem Senegal: „Im Senegal können viele Menschen nicht so leben, wie sie wollen. Mehr will ich dazu nicht sagen. In Deutschland will ich ein freies Leben führen, hier habe ich das Gefühl, dass ich glücklich werden kann. Ich mag die deutsche Stabilität, die Ordnung. Davon war ich sehr überrascht, vorher kannte ich Deutschland nur durch den Fußball."

Beauty aus Nigeria: „Ich bin mit meinem Sohn David aus Nigeria gekommen. Mein Mann wurde in Italien von uns getrennt, ich weiß nicht, wie es ihm geht und wo er jetzt ist. In Nigeria ist Krieg, Boko Haram verfolgt die Menschen, tötet einfach so. Ich hoffe, dass wir in Deutschland Hilfe bekommen. Und irgendwann möchte ich gern wieder arbeiten. In Nigeria habe ich Haare geflochten, so etwas würde ich gern wieder machen."

www.huffingtonpost.de/2015/07/31/hier-erzahlen-fluechtlinge-warum-sie-wirklich-in-deutschland-sind_n_7910200.html (Zugriff: 12.8.2016)

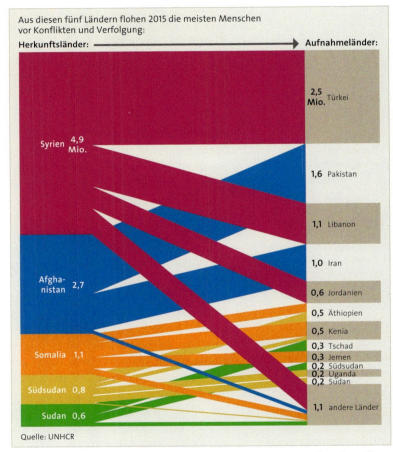

M 5 Diese Länder nahmen 2015 die meisten Flüchtlinge weltweit auf

1 Nennt mithilfe von **M 2** und **M 5** die Länder, aus denen weltweit die meisten Flüchtlinge kommen.

2 Beschreibt Gründe, warum Menschen ihre Heimat verlassen (Push-Faktoren). (**M 1**, **M 3**)

3 Besprecht in der Klasse, was sich Adama und Beauty in Deutschland erhoffen (Pull-Faktoren). (**M 1**, **M 4**)

4 Viele Menschen hier denken, dass Europa besonders viele Flüchtlinge in den letzten Jahren aufgenommen hat. Überprüft mithilfe von **M 5** diese Behauptung.

5 Erörtert Vor- und Nachteile einer Flucht nach Europa für Menschen aus Ländern Afrikas oder dem Nahen Osten.

M1 Menschenrechte (Beispiele)

> **Artikel 1**
> Alle Menschen sind frei und gleich an Würde und Rechten geboren. Sie sind mit Vernunft und Gewissen begabt und sollen einander im Geiste der Brüderlichkeit begegnen.

> **Artikel 2**
> Jeder hat Anspruch auf alle in dieser Erklärung verkündeten Rechte und Freiheiten, ohne irgendeinen Unterschied, etwa nach Rasse, Hautfarbe, Geschlecht, Sprache, Religion, politischer oder sonstiger Anschauung, nationaler oder sozialer Herkunft, Vermögen, Geburt oder sonstigem Stand.

> **Artikel 3**
> Jeder hat das Recht auf Leben, Freiheit und Sicherheit der Person.

> **Artikel 14**
> Jeder hat das Recht, in anderen Ländern vor Verfolgung Asyl zu suchen und zu genießen.

> **Artikel 20**
> Alle Menschen haben das Recht, sich friedlich zu versammeln und zu Vereinigungen zusammenzuschließen.

Vereinte Nationen: Resolution der Generalversammlung, 217 A(III), Allgemeine Erklärung der Menschenrechte, 10.12.1948

★ **Grundrechte**
ein anderes Wort für Menschenrechte

★ **Kinderrechte**
Am 20. November 1989 wurde von den Vereinten Nationen die Kinderrechtskonvention verabschiedet. Dadurch wurde hervorgehoben, dass Kinder einen besonderen Schutz brauchen, um aufzuwachsen und sich entwickeln zu können.

★ **Vereinte Nationen**
Sie wurden 1945 von 50 Staaten gegründet. Heute gehören den Vereinten Nationen fast alle Staaten (193) an. Sicherung des Weltfriedens und Einhaltung der Menschenrechte sind zwei wichtige Aufgaben der Organisation. Außerdem kümmert sie sich um Wirtschafts- und Entwicklungsfragen von Ländern und sucht globale Lösungen für weltweite Umweltthemen wie den Klimawandel. Auf Englisch heißen die Vereinten Nationen United Nations Organization, abgekürzt UN oder UNO.

Menschenrechte in der Verfassung

Menschenrechte gelten für jeden, egal welche Staatsangehörigkeit er besitzt. Diese Rechte stehen jedem Menschen von Geburt an zu. Die Vereinten Nationen★ haben sie nach dem Völkermord an den europäischen Juden und den massenhaften Menschenrechtsverletzungen, die während des Zweiten Weltkriegs geschahen, beschlossen. Eine Arbeitsgruppe der UNO schrieb den Entwurf der „Allgemeinen Erklärung der Menschenrechte", die am 10. Dezember 1948 von der Generalversammlung verabschiedet wurde. Damit war zum ersten Mal in der Geschichte ein allgemeiner Katalog von Rechten zusammengestellt worden.

Die Menschenrechte sind ein Ideal, an das sich die Staaten halten sollen. Sie sollen sie in ihre eigenen Verfassungen übernehmen. In Deutschland stehen diese Grundrechte★ im Grundgesetz. Das Bundesverfassungsgericht wacht über diese Rechte.

In Europa gilt außerdem die europäische Menschenrechtskonvention. Auch diese Rechte sind für jeden einklagbar, denn es gibt den Europäischen Gerichtshof für Menschenrechte.

Die Anfänge – das Beispiel Frankreich

Bis 1789 regierten in Frankreich, wie in weiten Teilen Europas, absolute Herrscher. Als die Unzufriedenheit bei den Bürgern Frankreichs wuchs, kam es zur Revolution und zur Abschaffung der Monarchie. Als erster Schritt zu einer Verfassung wurde von der verfassungsgebenden Nationalversammlung die Erklärung der Menschen- und Bürgerrechte verabschiedet. Diese garantierte allen Bürgern das Recht auf Freiheit, Eigentum, Sicherheit und Widerstand gegen Unterdrückung. Außerdem wurden rechtsstaatliche Prinzipien, Religions-, Meinungs- und Pressefreiheit sowie Volkssouveränität und Gewaltenteilung garantiert. Dies sollte dem absolutistischen Machtanspruch des Königs entgegenwirken, der seine Stellung als von Gott gegeben ableitete. Von nun an galt: „Von ihrer Geburt an sind und bleiben die Menschen frei und an Rechten einander gleich."

[...] Die Allgemeine Erklärung der Menschenrechte war zunächst „nur" eine Absichtserklärung, kein bindendes Gesetz, jedoch war sie eines der größten Versprechen, das seit Menschengedenken formuliert worden ist. Und es dauerte nicht lange, bis sie in vielen Staaten in nationales Recht überging. Gleichheit und Freiheit, bürgerliche, politische, wirtschaftliche und soziale Rechte: Für so vieles von dem, was wir heute in großer Differenzierung vorfinden, wurde 1948 das Fundament geschaffen. Die Geschichte der Allgemeinen Menschenrechte ist für mich deshalb auch eine Geschichte der politischen Willenskraft des Menschen. [...] Wir sind es Menschen [...] schuldig, an einem Tag wie heute zu fragen: Warum hat der politische Wille in den letzten 65 Jahren immer wieder versagt, wo fehlte er ganz [...]? Warum haben einzelne Staaten, warum hat die internationale Gemeinschaft trotz aller Absichtserklärungen Gewaltorgien, Genozide * und Giftanschläge nicht verhindern können? Worte und Taten liegen beim Thema Menschenrechte zu oft noch zu weit auseinander. [...] Überall dort, wo die Würde des Menschen verletzt wird, wo Ungerechtigkeit, Verfolgung, Gewalt, Demütigung Leib und Seele des Menschen abschnüren oder gar zerstören, überall dort wer-

M 3 Auch Kinderrechte * sind Menschenrechte

den die Menschenrechte Hoffnung und Sehnsuchtsort. [...] „Die Menschenrechte sind universell * – oder sie sind nicht."

Auszüge aus der Rede des Bundespräsidenten Joachim Gauck, Matinee aus Anlass des 65. Jahrestages der Allgemeinen Erklärung der Menschenrechte, Schloss Bellevue, 6.12.2013, Berlin, www.bundespraesident.de/SharedDocs/Reden/DE/Joachim-Gauck/Reden/2013/12/131206-Menschenrechte.html, Zugriff: 20.12.2016, gekürzt

* **Genozid**
  Völkermord

* **universell**
  umfassend

---

1 Beschreibe, wie es zur Formulierung der Menschenrechte in Frankreich kam.

2 Recherchiert in Gruppen die Allgemeine Erklärung der Menschenrechte und wählt die eurer Meinung nach wichtigsten drei Artikel aus (vgl. M 1). Begründet eure Auswahl.

3 „Eigentlich brauchen wir keine Kinderrechte, Menschenrechte gelten doch für alle." Nehmt zu dieser Aussage Stellung.

4 Beurteilt, worin der Bundespräsident Widersprüche bei der Durchsetzung der Menschenrechte sieht (M 2).

5 Interpretiere den letzten Satz der Rede des Bundespräsidenten (M 2).

Angekommen in Deutschland beginnt für viele Schutzsuchende ein langer Zeitraum mit Anträgen und dem Warten auf deren Erledigung. Das kann manchmal mehrere Jahre dauern, bis geprüft ist, ob diese Menschen in Deutschland bleiben dürfen oder nicht.

M1 Bundesamt für Migration und Flüchtlinge (BAMF)

Drittland
Das sind die Länder, über die Menschen zu uns kommen. Also nicht das Herkunfts- und nicht das Zielland. Man unterscheidet sichere Dritt- länder, das sind eigentlich die meisten europäischen Staaten, v. a. unsere Nach- barstaaten, und unsichere Drittländer.

Abschiebung
Ist ein Asylantrag unberech- tigt oder wird er abgelehnt, droht den Antragstellern eine Ausweisung in das Her- kunftsland.

M2 Asylbewerber

Auch jenseits humanitärer Hilfsaktionen fliehen Menschen auf eigene Faust nach Deutschland und beantragen Asyl. Das Bundesamt für Migration und Flüchtlin- ge (BAMF) bearbeitet ihre Anträge indivi- duell. Sie müssen schildern, wie und wa- rum sie verfolgt werden. Das BAMF ent- scheidet dann, ob ein Bewerber asylbe- rechtigt ist, ob er den Flüchtlingsstatus erhält oder ob ihm beides verweigert wird. Bis die Entscheidung gefällt ist, dürfen die Menschen nur in Heimen wohnen und in den ersten neun Mona- ten nicht arbeiten. Bis ein Asylantrag ge- nehmigt oder abgelehnt ist, vergehen in der Regel zwischen sechs Monate und zwei Jahre. Bei einer Ablehnung droht dem Antragsteller die Abschiebung. *

Asylberechtigte
Das Recht auf Asyl ist in Artikel 16a des Grundgesetzes geregelt. Asyl steht allen Menschen zu, die politisch verfolgt wer- den. Das bedeutet, dass sie von ihrem Staat wegen ihrer politischen Überzeu- gung so stark ausgegrenzt werden, dass ihre Menschenwürde verletzt ist. Allge- meine Notsituationen wie Armut oder Bürgerkrieg berechtigen hingegen nicht zu Asyl. Wenn der Asylantrag genehmigt ist, können Asylberechtigte aus den Hei- men ausziehen und auch arbeiten.

M3 Flüchtlinge

Als Flüchtlinge werden nicht nur poli- tisch Verfolgte anerkannt, sondern auch Menschen, denen wegen ihrer Herkunft, Religion oder Zugehörigkeit zu einer be- stimmten sozialen Gruppe in ihrem Hei- matland Gefahr droht. Anders als bei Asylberechtigten muss diese Gefahr nicht vom Staat ausgehen, sondern kann auch von Parteien oder Organisationen stammen. Auch die Einreise über ein Drittland * ist kein Problem. Wird ein Mensch in Deutschland als Flüchtling aufgenommen, hat er sofort die Erlaub- nis zu arbeiten.

Unbegleiteter minderjähriger Flüchtling
Ob sie nach deutschem Recht „Flüchtlin- ge" sind, weil sie von ihrem Staat ver- folgt werden und hierbleiben dürfen, muss geklärt werden. In jedem Fall sol- len Jugendliche besonderen Schutz be- kommen: durch das Jugendamt, durch Betreuer und einen Vormund. Standard ist das Kinder- und Jugendhilfegesetz.

M 4 Subsidiärer Schutz

Für diejenigen, die weder als Flüchtling anerkannt werden noch Asyl erhalten, gibt es noch die Möglichkeit des subsidiären (vorübergehenden) Schutzes. Dieser Aufenthaltsstatus wird Menschen gewährt, wenn ihnen im Heimatland Folter, Todesstrafe oder große Gefahr durch einen bewaffneten Konflikt drohen. Dann gilt ein Abschiebungsverbot und der Betroffene darf trotzdem eine Zeit lang in Deutschland bleiben.

M2–M4: nach: Anita Edenhofner, http://www.br.de/fernsehen/ard-alpha/sendungen/punkt/syrien-fluechtling-asylbewerber-100.html (Zugriff: 14.8.2016)

M 5 Mohammad hat Heimweh

Mohammad ist 17 Jahre alt und lebt in einer Flüchtlingsunterkunft in der Nähe von Stuttgart. Er ist einer dieser unbegleiteten Flüchtlinge, die in Deutschland Asyl beantragt haben. Wie er genau aus seinem Dorf im Osten Afghanistans★ nach Deutschland gelangt ist, will er uns lieber nicht berichten. Auch aus Angst um seine Mutter, die noch dort lebt. Sie ist 48 Jahre alt. „Für Afghanistan ist das sehr alt." Sie verdient sich etwas Geld mit selbstgewebten Teppichen. Weil sie krank ist, macht er sich große Sorgen um sie. Vielleicht wird er sie nie wiedersehen. Denn zurück nach Afghanistan kann Mohammad nicht. Er ist sich sicher, dass er sofort getötet würde. Vor einem Jahr ist er aus seiner Heimat geflohen, weil dort seit Jahren ein Bürgerkrieg tobt und weil junge Menschen kaum Chancen auf eine Zukunft haben. „In der Schule war ich nie." So konnte er bis zu seiner Ankunft in Deutschland weder schreiben noch lesen, spricht aber drei verschiedene afghanische Sprachen und ein wenig Englisch. Eine deutsche Familie kümmert sich um ihn, kann ihm sein Heimweh aber kaum lindern. Wie es mit ihm weitergeht? Sein Asylantrag ist in Bearbeitung, solange ist er in Deutschland geduldet★. „Jetzt muss ich erstmal gut Deutsch lernen und vielleicht ist der Krieg irgendwann vorbei, dann möchte ich eigentlich wieder in mein Dorf zurück."

★ **Afghanistan**
Ein Land in Südasien in dem seit Jahrzehnten ein Krieg zwischen verfeindeten Volksgruppen tobt. Dieser Krieg hat das Land zu einem der ärmsten der Welt gemacht.

★ **Duldung**
Das ist eine „vorübergehende Aussetzung der Abschiebung" von ausreisepflichtigen Ausländern und Ausländerinnen. Das kann an einer Erkrankung des Antragstellers liegen oder weil bei einer Abschiebung unzumutbare Gefahren drohen.

---

1   Beschreibe, was man unter Asylrecht in Deutschland versteht (M 2).

2   Gebt in euren Worten wieder, worin sich Asylberechtigte und Flüchtlinge unterscheiden. (M 2, M 3)

3   Erkläre, warum minderjährige unbegleitete Flüchtlinge besonders geschützt werden. (M 3)

4   Erläutere, warum abgelehnte Asylbewerber/-innen oder nicht anerkannte Flüchtlinge trotzdem oftmals nicht in ihre Heimat abgeschoben werden können (M 4).

5   Afghanistan ist ein armes, streng islamisch geprägtes Land in Südasien. Versetzt euch in Mohammad (M 5): Welche Unterschiede zu seiner eigenen Familie dürften Mohammad bei der deutschen Familie, die sich um ihn kümmert, am meisten aufgefallen sein?

In Deutschland leben etwas mehr als 80 Millionen Menschen: Frauen und Männer, Kinder und ältere Menschen. Viele davon sind hier geboren und deutsche Staatsbürger oder Staatsbürgerinnen, genau wie ihre Eltern. Andere sind aus anderen Ländern zugewandert oder Nachkommen von Zugewanderten. Auch sie haben teilweise die deutsche Staatsbürgerschaft. Alle zusammen bilden sie die Gesellschaft in Deutschland.

Mehr zum Thema
Film: Demografischer
Wandel ... einfach erklärt

Webcode PE652136-169

M1 Jugendliche in Deutschland

* Migration
Migration bedeutet eine dauerhafte Verlegung des Wohnsitzes über eine Grenze hinweg. Touristen bezeichnet man nicht als Migranten, auch wenn sie eine Zeit lang im Ausland leben.

* Bevölkerung mit Migrationshintergrund
Der Begriff umfasst nach der Festlegung durch das Statistische Bundesamt:
– alle nach 1949 auf das heutige Gebiet der Bundesrepublik Zugewanderten
– alle in Deutschland geborenen Ausländer
– alle in Deutschland als Deutsche geborene mit zumindest einem nach 1949 zugewanderten oder als Ausländer in Deutschland geborenen Elternteil

* Emigration
Auswanderung

* Immigration
Einwanderung

M2 Altersstruktur der Bevölkerung in Deutschland

Seit den 1970er-Jahren sinkt in Deutschland die Geburtenrate. Das hat damit zu tun, dass viel mehr Frauen als zuvor gut ausgebildet und berufstätig sind. Auch das veränderte Rollenbild von Frauen und Familien sowie die Einführung der Pille zur Verhinderung ungewollter Schwangerschaften spielen eine Rolle. Gleichzeitig steigt aufgrund besserer Ernährung und medizinischer Versorgung die Lebenserwartung. Zwischen 1960 und 2013 verkleinerte sich der Anteil der unter 20-Jährigen an der Bevölkerung von 28,4 auf 18,1 Prozent. Parallel stieg der Anteil der Personen, die 60 Jahre und älter waren, von 17,4 auf 27,1 Prozent.

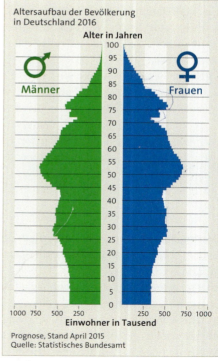

Altersaufbau der Bevölkerung in Deutschland 2016

Alter in Jahren

Männer

Frauen

Einwohner in Tausend

Prognose, Stand April 2015
Quelle: Statistisches Bundesamt

M3 Alterspyramide 2016

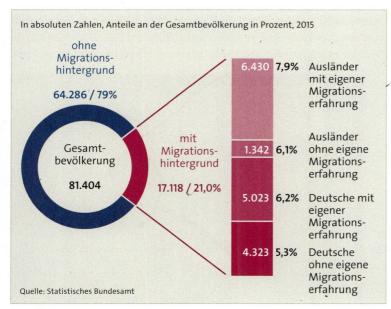

In absoluten Zahlen, Anteile an der Gesamtbevölkerung in Prozent, 2015

ohne Migrationshintergrund

64.286 / 79%

Gesamtbevölkerung
81.404

mit Migrationshintergrund

17.118 / 21,0%

6.430	7,9%	Ausländer mit eigener Migrationserfahrung
1.342	6,1%	Ausländer ohne eigene Migrationserfahrung
5.023	6,2%	Deutsche mit eigener Migrationserfahrung
4.323	5,3%	Deutsche ohne eigene Migrationserfahrung

Quelle: Statistisches Bundesamt

M 4 Bevölkerung mit Migrationshintergrund

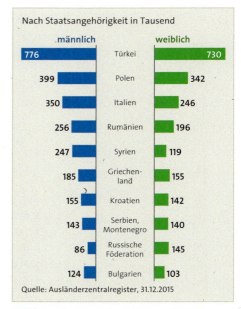

Nach Staatsangehörigkeit in Tausend

männlich		weiblich
776	Türkei	730
399	Polen	342
350	Italien	246
256	Rumänien	196
247	Syrien	119
185	Griechenland	155
155	Kroatien	142
143	Serbien, Montenegro	140
86	Russische Föderation	145
124	Bulgarien	103

Quelle: Ausländerzentralregister, 31.12.2015

M 5 Ausländische Bevölkerung 2015

M 6 Zuwanderung nach Deutschland

Seit den 1950er-Jahren findet nach Deutschland Zuwanderung statt. Benötigte man nach dem Zweiten Weltkrieg zum Wiederaufbau und für die Wirtschaft Arbeitskräfte, sogenannte Gastarbeiter, die man in Italien, Spanien, Griechenland, Portugal und später auch in der Türkei angeworben hatte, so zogen seit den 1980er-Jahren vermehrt die Familien der ersten Zuwanderergeneration nach.

In den 1990er-Jahren kamen vor allem aus den Ländern des ehemaligen Jugoslawiens * Bürgerkriegsflüchtlinge, aber auch Menschen aus Osteuropa, häufig mit deutschen Vorfahren, die hier eine neue Heimat fanden. In den letzten Jahren kommen Menschen aus Afrika und dem Nahen Osten, vor allem aus Syrien, nach Deutschland, die hier Schutz vor Krieg und Unterdrückung suchen.

Da in Deutschland weniger Kinder geboren werden, als Menschen sterben, wäre der Bevölkerungssaldo ohne Zuwanderung negativ und die Bevölkerung würde um etwa 200 000 Personen im Jahr abnehmen.

* **Jugoslawien**
Ehemaliger Staat (1918 bis 1991/92) in Südosteuropa. Nach seinem Zerfall kam es zu Bürgerkriegen, die einen Flüchtlingsstrom auslösten. Heute bestehen diese Nachfolgestaaten: Bosnien-Herzegowina, Kroatien, Mazedonien, Montenegro, Slowenien und Serbien. Um die Republik Kosovo wird noch heute gestritten. Serbien beansprucht das Gebiet, das sich für unabhängig erklärt hat. 112 Staaten haben den Staat Kosovo anerkannt.

1 Beschreibe die Altersstruktur der Bevölkerung (M 2, M 3).

2 „Deutschland wird immer älter." Erkläre diese Aussage.

3 Ermittelt, wie die Bevölkerung in Deutschland sich im Hinblick auf den Migrationshintergrund zusammensetzt (M 4, M 5, M 6).

4 Macht eine Umfrage in eurer Klasse: Wer hat einen Migrationshintergrund, wer vielleicht selbst Migrationserfahrung? Vergleicht eure Ergebnisse mit den Zahlen aus M 4 und M 5.

5 „Deutschland braucht Zuwanderung." Diskutiert ausgehend von den Materialien diese Aussage.

Sie kamen als Arbeitskräfte nach Deutschland. Viele von ihnen blieben. Damals nannte man sie „Gastarbeiter". Man dachte, es seien Zuwanderer auf Zeit. Heute sind viele von ihnen und ihre Nachkommen Teil der deutschen Gesellschaft und hier verwurzelt.

M 1 Der millionste „Gastarbeiter" (Armando Rodrigues) bekam 1964 als Geschenk ein Moped

Auch in der DDR gab es „Gastarbeiter". Sie hießen dort Vertragsarbeiter und stammten überwiegend aus Vietnam, Mosambik, Kuba und Angola. Ihr Aufenthalt war befristet, der Familiennachzug verboten.

* Mauerbau
1961 wurden die Grenzanlagen von der DDR so verstärkt, dass eine Flucht von Ost nach West nahezu unmöglich wurde. In Berlin selbst wurde zwischen dem Ostteil und dem Westen eine Mauer errichtet, die den Bevölkerungsverlust stoppen sollte.

M 2 Die Anfänge in der Bundesrepublik Deutschland

Mit dem Wirtschaftswunder der Bundesrepublik wurden immer mehr Arbeitnehmer gesucht, die auf dem inländischen Markt nicht mehr zu finden waren. Und so schloss die Bundesrepublik am 20. Dezember 1955 mit Italien das erste Anwerbeabkommen ab. Es folgten Abkommen mit Griechenland und Spanien (1960), der Türkei (1961), Marokko (1963), Portugal (1964), Tunesien (1965) und dem ehemaligen Jugoslawien (1968). Als mit dem Mauerbau* der Zustrom von ostdeutschen Arbeitskräften endete, war die Anwerbung noch dringlicher. 1964 wurde der millionste Gastarbeiter feierlich vom damaligen Bundesinnenminister begrüßt.

Sowohl die Bundesrepublik Deutschland als auch die „Gastarbeiter" gingen dabei von einem befristeten Aufenthalt aus.

Die meisten machten sich mit wenigen Informationen über das Land im Norden auf den Weg nach Deutschland.

Von den Behörden den Unternehmen zugewiesen, erlebten die Gastarbeiter einen ersten Schock: Einfache Holzbaracken in der Nähe ihrer Arbeitsstellen waren für die fast durchweg männlichen Arbeiter bereitgestellt worden. Sprachprobleme, die fremde Umgebung, die zum Teil ungewohnte Arbeit sowie die aufeinandertreffenden unterschiedlichen Mentalitäten galt es zu meistern. Mit Lehrfilmen versuchte man, den Gastarbeitern die deutschen Lebensgewohnheiten nahezubringen. Das Heimweh blieb.

Gabriele Trost/Malte Linde, www.planet-wissen. de/geschichte/deutsche_geschichte/geschichte_ der_gastarbeiter/index.html, gekürzt (Zugriff: 13.8.2016)

1 Versetzt euch in die Situation der frühen „Gastarbeiter". Schreibt eine kleine Szene, in der ihr Alltagsprobleme der Menschen nachspielt.

2 Recherchiert im Internet die Lebensgeschichte von Armando Rodrigues de Sá, Neven Subotic, Yared Dibaba , Wladimir Kaminer, Cem Özdemir oder anderen Prominenten, die ihr kennt, und gestaltet ein Plakat, das ihr eurer Klasse vorstellt.

3 „Wir riefen Arbeitskräfte, und es kamen Menschen." Erörtert das Zitat des Autors Max Frisch über Eingewanderte.

Deutschland ist heute eine multikulturelle Gesellschaft* und nicht mehr mit dem Land zu vergleichen, das es in den 1950er/60er-Jahren war. Viele Zuwanderer und Zuwanderinnen haben das Leben hier mit ihrer Kultur bereichert.

* **multikulturelle Gesellschaft** aus vielen verschiedenen Kulturen bestehende Gesellschaft

M 3 Die Gegenwart

1973 führte die sich abzeichnende Wirtschafts- und Energiekrise zum Anwerbestopp. Das „Gastarbeiterproblem" war damit aber keinesfalls gelöst: Zwar sank die Zahl ausländischer Arbeitnehmer, aber die Zahl der in Deutschland lebenden Ausländer und Ausländerinnen stieg an.

Der Anwerbestopp wurde zum eigentlichen Beginn des Daueraufenthaltes der ausländischen Arbeitnehmer. Viele holten jetzt ihre Familien nach und begannen, sich auf eine längere Zeit in der Fremde einzurichten. Die Verbindungen zur Heimat verringerten sich nach und nach, vor allem bei den Kindern, der zweiten Generation.

Zuwanderer und Zuwanderinnen schaffen Arbeitsplätze.

Ein großer Teil der ausländischen Arbeitnehmer und Arbeitnehmerinnen ist mit Familien und Nachkommen in Deutschland geblieben. Viele sind inzwischen deutsche Staatsbürger geworden. Es gibt bemerkenswerte Karrieren in allen Bereichen der Kultur, Wirtschaft, Politik und des Sports.

M 4 Mesut Özil

Mesut Özil ist ein sehr bekannter Fußballprofi. Heute spielt er in England, davor war er in Spanien und in Deutschland. Geboren wurde er 1988 in Gelsenkirchen. Die Stadt liegt im Ruhrgebiet. Hier ging er auch zur Schule, die er mit der mittleren Reife abschloss. Auch sein Vater wuchs schon in Gelsenkirchen auf, denn Mesuts Großeltern und sein damals zweijähriger Vater zogen einst aus einer kleinen türkischen Stadt hierher. Seit dem Jahr 2006 spielte Mesut Özil für Schalke 04 in der Bundesliga. Damals war es nicht möglich, eine doppelte Staatsbürgerschaft – also in diesem Fall die deutsche und türkische – zu besitzen. Er legte mit 18 Jahren seine türkische Staatsangehörigkeit ab, um eingebürgert zu werden. Zur häufig gestellten Frage seiner nationalen Identität sagte Özil 2012: „Ich habe in meinem Leben mehr Zeit in Spanien als in der Türkei verbracht – bin ich dann ein deutsch-türkischer Spanier oder ein spanischer Deutsch-Türke? Warum denken wir immer so in Grenzen? Ich will als Fußballer gemessen werden – und Fußball ist international, das hat nichts mit den Wurzeln der Familie zu tun."

4 Beschreibe anhand von **M 3**, wie aus „Gastarbeitern" Mitbürger wurden.

5 Erörtert, ob die Lebensgeschichte von Mesut Özil (**M 4**) im Vergleich zu anderen Deutschen mit Migrationshintergrund typisch ist.

6 **a** Recherchiert in eurer Umgebung. Befragt Menschen mit Migrationshintergrund nach ihrer Lebensgeschichte. Wann kam die Familie nach Deutschland? Wie heimisch fühlen sie sich heute in Deutschland? Wo sehen sie immer noch Schwierigkeiten?

 b Stellt eure Ergebnisse in einem Kurzvortrag der Klasse vor.

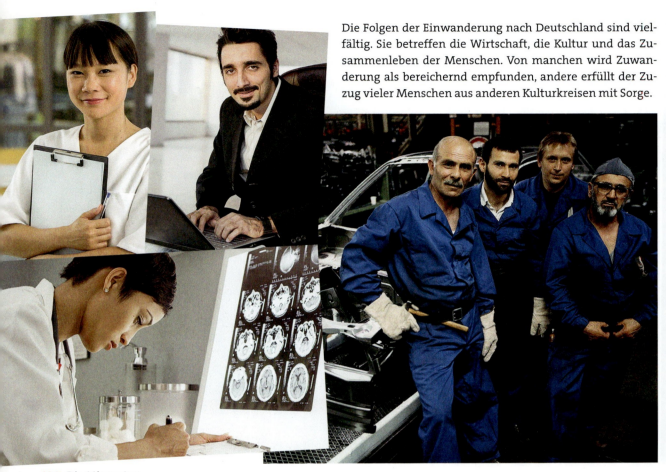

Die Folgen der Einwanderung nach Deutschland sind vielfältig. Sie betreffen die Wirtschaft, die Kultur und das Zusammenleben der Menschen. Von manchen wird Zuwanderung als bereichernd empfunden, andere erfüllt der Zuzug vieler Menschen aus anderen Kulturkreisen mit Sorge.

M 1 Die Migranten bedeuten auch materiell für Deutschland einen Gewinn.

★ **profitabel**
gewinnbringend

★ **Sozialabgaben**
Dazu gehören Beiträge zur gesetzlichen Kranken-, Renten- und Arbeitslosenversicherung.

M 2 Profitabel für das Land

Eine der billigsten Phrasen an deutschen Stammtischen lautet: Ausländer kommen uns teuer zu stehen. Nun liegen Zahlen auf dem Tisch, die das Gegenteil beweisen. Als Einwanderungsland ist Deutschland ein profitables★ Unternehmen. Unterm Strich zahlen Ausländer mehr Steuern und Sozialabgaben★, als sie jemals kassieren werden. Zudem werden sie als Arbeitskräfte dringend benötigt. Für die Zukunft lässt sich aus diesen Zahlen errechnen, wie unsere Einwanderungspolitik verändert werden müsste, damit sie sich noch mehr rentiert. Der Nettogewinn durch jeden, der sich hier niederlässt, ist umso höher, je besser qualifiziert der Migrant ist. Klassische Einwanderungsländer wie Australien oder Kanada haben das längst begriffen.

Sie haben im Kampf um die besten Köpfe deswegen einen großen Vorsprung. Es spricht vieles dafür, die Einwanderung stärker zu kanalisieren und noch mehr Engagement zu entwickeln, damit kluge Nachwuchskräfte aus anderen Ländern sich für ein Studium oder eine Ausbildung in Deutschland entscheiden und im Anschluss daran auch hier heimisch werden. Das hat mit Multikulti-Fantasien wenig zu tun, sondern entspricht vielmehr unseren ureigenen ökonomischen Interessen. Einwanderung rechnet sich. Für die Staats- und Sozialkassen zahlt es sich aus, die Grenzen zu öffnen.

*Armin Käfer, http://www.stuttgarter-zeitung.de/
inhalt.folgen-von-zuwanderung-profitabel-fuer-
das-land.844e3b66-61a9-4ae0-bf2a-3d8a-
82b189a5.html (Zugriff: 13.8.2016)*

M3 Einstellungen gegenüber Zugewanderten

Manche Menschen denken, wer schlechte Erfahrungen mit Zugewanderten gemacht hat, entwickelt negative Einstellungen ihnen gegenüber. Angst, ihretwegen den Arbeitsplatz oder die Wohnung zu verlieren, oder die Sorge um die eigene Kultur oder Religion werden als Gründe angeführt. Wieder andere fühlen sich von der Politik oder der Gesellschaft ungerecht behandelt. Diese Punkte können alle eine Rolle spielen. Eine Studie aus dem Jahr 2016 zeigt: Wer mit seinem eigenen Leben unzufrieden ist, überträgt seine Frustration * auf andere und eben auch auf Zuwandernde, vielleicht auch, weil die Erfolge anderer einen eigenen Misserfolg noch schmerzlicher offenbaren.

* Frustration
Enttäuschung

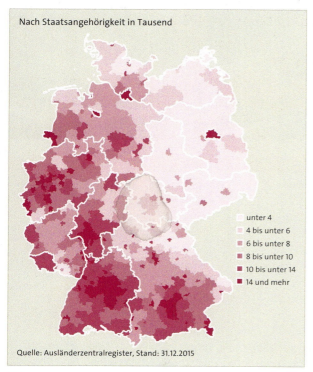

Nach Staatsangehörigkeit in Tausend

unter 4
4 bis unter 6
6 bis unter 8
8 bis unter 10
10 bis unter 14
14 und mehr

Quelle: Ausländerzentralregister, Stand: 31.12.2015

M4 Anteil der ausländischen Bevölkerung an der Gesamtbevölkerung 2015

je Bundesland, pro 100.000 Einwohner

Schleswig-Holstein 3,6
Mecklenburg-Vorpommern 15,6
Hamburg 3,6
Bremen 1,7
Berlin 14,3
Niedersachsen 6,9
Brandenburg 17,9
Sachsen-Anhalt 15,4
Nordrhein-Westfalen 5,1
Sachsen 12,6
Rheinland-Pfalz 4,3
Hessen 1,4
Thüringen 3,2
Saarland 1,2
Baden-Württemberg 3,0
Bayern 3,9

Quelle: Daten: dpa / Bundesinnenministerium / Destatis

M5 Erfasste fremdenfeindliche Straftaten 2015

1 Vervollständigt den Satzanfang: Zuwanderung bedeutet für mich ...

2 Tauscht euch mit eurem Nachbarn über eure Erfahrungen mit Zuwanderern bzw. Einheimischen aus. Stellt eure Erfahrungen der Klasse vor.

3 Benenne positive Folgen der Zuwanderung für Deutschland (M2).

4 a Beschreibe die Verteilung der ausländischen Bevölkerung in Deutschland (M4).

 b Vergleiche dann deine Ergebnisse mit der Karte **M5**.

 c Erläutere Ursachen der Fremdenfeindlichkeit. Beachte dabei auch die Aussagen von **M3**.

5 Nehmt Stellung, ob Zuwanderung mehr positive oder mehr negative Folgen für die Gesellschaft in Deutschland hat.

Zuwanderinnen und Zuwanderer kommen aus unterschiedlichen Gründen nach Deutschland oder sind bereits Kinder oder Enkel von Zugewanderten. Deswegen ist ihr rechtlicher Status jeweils ein ganz anderer. Manche haben lediglich eine Duldung, andere eine befristete oder unbefristete Aufenthaltsgenehmigung und andere sind deutsche Staatsbürger.

M1 Deutsch-türkische Flagge

* Europäische Union (EU)
Die EU ist eine Gemeinschaft von europäischen Staaten. Die meisten Länder Europas sind Mitglied der EU – so auch Deutschland. Alle Länder wollen gemeinsam für Wohlstand und Frieden sorgen. 19 Staaten haben sogar eine gemeinsame Währung – der Euro. Zwischen vielen EU-Ländern gibt es keine Grenzkontrollen mehr.

M2 PASS Auf, lass dich einbürgern!

Wer kann eingebürgert werden?
- Sie sind älter als 16 Jahre.
- Sie halten sich mindestens acht Jahre rechtmäßig und gewöhnlich in Deutschland auf. Soweit Sie einen deutschen Realschulabschluss oder das deutsche Abitur besitzen, genügt bereits ein Aufenthalt von sechs Jahren.
- Sie können Ihren Lebensunterhalt ohne Inanspruchnahme von Sozialleistung sichern beziehungsweise besuchen eine Schule, machen eine Ausbildung oder studieren.
- Sie haben keine gravierenden Straftaten begangen.
- Sie verfügen über gute Deutschkenntnisse und Kenntnisse der Rechts- und Gesellschaftsordnung in Deutschland.
- Sie vertreten die Werte und Ziele der freiheitlich-demokratischen Grundordnung des Grundgesetzes.
- Sie sind bereit, Ihre bisherige Staatsangehörigkeit aufzugeben (wird nicht verlangt bei Staatsangehörigen eines Mitgliedstaates der Europäischen Union* und bei einigen weiteren Staaten).

Warum sollten Sie sich einbürgern lassen
- Sie können mitbestimmen, wer in Deutschland regiert.
  Sie dürfen wählen und auch gewählt werden.
- Sie haben freien Zugang zu allen Berufen.
- Sie genießen gleichberechtigten Schutz in allen Systemen der sozialen Sicherung.
- Sie genießen Reisefreiheit innerhalb der Europäischen Union.
- Sie können leichter eine Arbeit in anderen Ländern der Europäischen Union aufnehmen.
- Sie genießen Reise- und Visumserleichterungen für viele außereuropäische Staaten.
- Sie benötigen keine Aufenthaltserlaubnis mehr und müssen wegen der Passausstellung nicht zu ausländischen Konsulaten oder Botschaften.

www.stuttgart.de/einbuergerung (Zugriff: 2.11.2016)

M 3 Staatsbürgerschaftsrecht

Deutscher ist oder kann werden, wer einen deutschen Elternteil besitzt.

Wenn ein Elternteil seit mindestens acht Jahren in Deutschland lebt und ein unbefristetes Aufenthaltsrecht genießt, erwirbt das Kind die deutsche Staatsangehörigkeit.

Einbürgerung: Wer eingebürgert werden, also die deutsche Staatsangehörigkeit annehmen möchte, muss acht Jahre in Deutschland leben, ausreichende Deutschkenntnisse nachweisen und einen Einbürgerungstest bestehen.

nach: http://www.spiegel.de/politik/deutschland/deutschtuerken-doppelte-staatsbuergerschaft-das-sind-die-fakten-a-1106363.html (Zugriff: 14.12.2016)

Nimmt ein deutscher Staatsbürger eine weitere Staatsangehörigkeit an, verliert er in der Regel seine deutsche Staatsangehörigkeit. Trotzdem ist Mehrstaatlichkeit Alltag in Deutschland. Denn Kinder, die einen deutschen und einen ausländischen Elternteil haben, erwerben in der Regel per Geburtsrecht beide Staatsangehörigkeiten – und können diese auch behalten. Gleiches gilt auch für Kinder ausländischer Eltern, die seit mindestens acht Jahren in Deutschland leben.

Ausnahmen gelten zudem für die Staaten der Europäischen Union und die Schweiz – nicht aber für die Türkei.

Wenn Türken sich in Deutschland einbürgern lassen wollen, dabei aber ihren türkischen Pass behalten möchten, müssen sie nachweisen, dass ihnen durch die Aufgabe der türkischen Staatsangehörigkeit in der Türkei unzumutbare Nachteile entstehen würden. 2011 wurde zum bislang ersten und einzigen Mal festgehalten, wie viele Deutsche mindestens einen weiteren Pass hatten – zum Stichtag waren das demnach knapp 4,3 Millionen Personen. Deutschtürken mit zwei Pässen dürfen sowohl in Deutschland als auch in der Türkei wählen. Türken ohne deutschen Pass dürfen anders als EU-Bürger nicht einmal an Kommunalwahlen teilnehmen.

M 4 Einbürgerungen 2015

Bisherige Staatsangehörigkeit	Anzahl
Einbürgerungen insgesamt	107 317
Türkei	19 695
Polen	5 957
Ukraine	4 168
Kosovo	3 822
Irak	3 450
Italien	3 406
Kroatien	3 328
Griechenland	3 058
Rumänien	3 001
Afghanistan	2 572

Einbürgerungsstatistik, Statistisches Bundesamt

1 Beschreibe, welche Voraussetzungen es für eine Einbürgerung gibt (M 2, M 3).

2 Erläutere, welche Vorteile eine Einbürgerung mit sich bringen kann (M 2). Gibt es auch Nachteile?

3 Nicht-EU-Ausländer haben in Deutschland auch bei Kommunalwahlen kein Wahlrecht. Erörtere, ob alle Menschen, die in Deutschland länger als sechs Monate leben, bei Kommunal-, Landtags- oder Bundestagswahlen wahlberechtigt sein sollten.

* **Karikatur,**
Von italienisch caricare (überladen, übertreiben), ist eine komische, übertriebene Darstellung, meist mit politischem Hintergrund. Den Zeichner einer Karikatur nennt man Karikaturist.

Karikaturen* begegnen dir in Zeitungen, Magazinen und im Internet. Manchmal sind sie lustig, manchmal auch eher bissig und böse, wieder andere stimmen vor allem nachdenklich. Wie ein Kommentar dienen sie der Meinungsäußerung, das heißt, der Karikaturist oder die Karikaturistin will mit der Karikatur auf ein – oftmals politisches – Problem aufmerksam machen und bewertet dieses mit seiner Darstellung. Um dich mit einer Karikatur auseinandersetzen zu können, ist es wichtig, dass du sie zunächst auswertest. Wie das geht, erfährst du im Folgenden.

Wie gehst du vor?

Beachte, dass du in drei getrennten Schritten vorgehen musst: Auf die (1) **Beschreibung** der Karikatur folgt ihre (2) **Deutung**, im Anschluss deine (3) **eigene Meinung**. Erst wenn du beschrieben hast, was dargestellt ist, kannst du auch die Aussage der Karikatur deuten. Dies ist vor allem deshalb wichtig, weil manche Karikaturen in ihrer Darstellung nicht ganz eindeutig sind. Du musst also zunächst klären, was du auf der Karikatur erkennst – nur so kann ein anderer im Zweifel nachvollziehen, warum und wie du zu einer bestimmten Deutung gelangst. Und erst danach beziehst du selbst Stellung zur Aussage der Karikatur.

Schritt 1: Die Karikatur beschreiben – was ist dargestellt?
- Wie lautet der Titel der Karikatur?
- Quelle der Karikatur: Wann, wo und von wem wurde sie veröffentlicht?
- Was wird dargestellt?
- Wie ist die Karikatur aufgebaut (z. B. Personenanordnung)?
- Was fällt dir (insgesamt) besonders auf?
- Welche Details sind besonders auffällig (z. B. Mimik und Gestik der Personen, Aussehen ...)?
- Gibt es eine Überschrift oder weitere Textelemente (z. B. Gedanken- oder Sprechblasen)?

Hinweis: Achte auf Details, verliere dich aber nicht in unwichtigen Einzelheiten.

Schritt 2: Die Karikatur deuten – welche Aussage hat sie?
- Auf welches Problem will die Karikatur aufmerksam machen?
- Welche Wirkung entsteht durch die Gestaltung der Karikatur?
- Was ist ihre (wichtigste) Botschaft?
- Was sind ihre zentralen Aussagen?

Hinweis: Achte darauf, dass du auch wirklich deutest und die Aussage der Karikatur herausstellst.

Schritt 3: Die Karikatur bewerten – wie stehst du zu ihrer Aussage?
- Stimmst du mit der Meinung des Karikaturisten oder der Karikaturistin überein? Ja, nein, zum Teil? Du musst deine Auffassung begründen!
- Erscheinen dir die Darstellung und Gestaltung übertrieben oder gerechtfertigt?
- Hat der Zeichner oder die Zeichnerin vielleicht wichtige Gesichtspunkte des Problems außer Acht gelassen?

Hinweis: Hier ist deine *eigene* Meinung gefragt, die du auch – mit Bezug auf die Karikatur – zum Ausdruck bringen musst.

M1 Karikatur von Gerhard Mester

M2 Ich werde Karikaturist!

Eine Karikatur zu zeichnen ist nicht einfach. Ohne etwas künstlerisches Talent und eine Portion Kreativität wird es dir kaum gelingen, eine ansprechende Karikatur zu zeichnen. Zudem soll die Karikatur ja auf ein bestimmtes Problem hinweisen und deine Meinung zu diesem Problem vermitteln. Probiere es einfach mal aus, vielleicht entdeckst du auch ein dir bisher unbekanntes Talent! Themen aus dem Bereich „Zusammenleben in sozialen Gruppen", die sich für eine Karikatur eignen, könnten beispielsweise sein:

- Der Klassenkasper
- Die Mitläufer
- Ein Rollenkonflikt
- Immer diese Eltern!
- Was wollt ihr denn alle von mir?
- Ich bin ich!
- Me, myself and I
- Ich, ich, ich – und wir?
- …

1 Analysiere die Karikatur (**M1**).

2 **a** Zeichnet selbst Karikaturen, die ein zu diesem Kapitel passendes Thema bzw. Problem aufgreifen. (**M2**)

   b Stellt eure Karikaturen im Klassenzimmer aus.

   c Analysiert eine ausgewählte Karikatur eurer Mitschüler/-innen.

Viele Politikbereiche lassen sich heute nicht mehr im nationalen Rahmen regeln, sondern bedürfen europäischer Lösungen. Dazu gehört auch die Zuwanderungspolitik. Einerseits herrscht zwischen den meisten Staaten der Europäischen Union Freizügigkeit. Das heißt, dass es so gut wie keine Grenzkontrollen gibt. Andererseits kommen Einwanderer vor allem an den Außengrenzen an und hier insbesondere in Südeuropa. Aus diesen Gründen sind gemeinsame Lösungen aller Mitgliedstaaten nötig.

M1 Karikatur von Marcus Gottfried

M2 Dublin-Verordnung – was ist das?

Die Dublin-Verordnung regelt, welcher Staat für die Bearbeitung eines Asylantrags innerhalb der EU* zuständig ist. So soll sichergestellt werden, dass ein Antrag innerhalb der EU nur einmal geprüft werden muss. Ein Flüchtling muss in dem Staat um Asyl bitten, in dem er den EU-Raum erstmals betreten hat. Dies geschieht besonders häufig an den EU-Außengrenzen, etwa in Italien oder Griechenland. [...]
Tut er dies nicht und stellt den Antrag beispielsweise in Deutschland, kann er in den Staat der ersten Einreise zurückgeschickt werden – auch zwangsweise.

* Europäische Union (EU) siehe Seite 54

M3 Wo liegen die Probleme?

Besonders Mittelmeerstaaten wie Griechenland und Italien haben derzeit ohnehin eine sehr große Zahl an Flüchtlingen zu bewältigen und sind damit zunehmend überfordert: Die Erstunterkünfte sind überfüllt, es herrschen unzumutbare Bedingungen, Antragsverfahren verlaufen schleppend. Teilweise werden Ankommende ganz ohne Verfahren zurückgeschickt. Die Flüchtlinge selbst versuchen [...] weiter nach Norden zu gelangen. Deutschland kann, da es in der Mitte Europas liegt, [...] viele Flüchtlinge abweisen, weil sie aus sicheren Drittstaaten kommen.

M 4 Wie könnte eine Alternative aussehen?

In absoluten Zahlen beantragen EU-weit die meisten Flüchtlinge in Deutschland Asyl. [...]

Schon seit Jahren wird in der EU über eine Aussetzung oder Veränderung des Dublin-Verfahrens diskutiert. Bislang jedoch ohne Erfolg. Zuletzt machte die deutsche Regierung einen Vorstoß, die Flüchtlinge mittels Quoten*, gemessen unter anderem an der Einwohnerzahl, gerechter zu verteilen. Viele EU-Staaten sperrten sich jedoch gegen eine solche Quote, da sie dann mehr Flüchtlinge auf-

nehmen müssten. Länder wie Italien, aber auch Deutschland würden durch diese Quote wohl entlastet. Schon Anfang vergangenen Jahres stellte der Sachverständigenrat deutscher Stiftungen für Integration und Migration ein Konzept vor, wie man die Flüchtlinge gemessen an der Einwohnerzahl und auch an Wirtschaftskraft und Arbeitslosenquote „fair" verteilen kann.

M2–M4: nach: Almut Cieschinger, www.spiegel.de/politik/ausland/fluechtlinge-so-funktioniert-die-dublin-verordnung-a-1029803.html (Zugriff: 9.12.2016)

* **Quote**
Anteil, von Sachen oder Personen, wenn aufgeteilt wird

M 5 Zuwanderungspolitik der EU

Bislang gibt es keine einheitliche europäische Zuwanderungspolitik. Jedes Mitgliedsland entscheidet selbst, wie viele Menschen aus Drittstaaten es einreisen

lassen möchte. Dabei hat die Zuwanderung mit dem Ziel der Familienzusammenführung Vorrang.

M 6 Kanada möchte vor allem qualifizierte Einwanderinnen und Einwanderer

Die kanadische Einwanderungspolitik wendet sich – abgesehen von Flüchtlingen und Familiennachzug – vor allem an qualifizierte Arbeitskräfte. Die Qualifikation wird per Test und Punktesystem überprüft. Sprachkenntnisse und Bildungsgrad sind entscheidend, wer legal einwandern möchte, muss mindestens 67 von 100 Punkten erreichen. Wer schwere Verbrechen begangen oder ernsthafte finanzielle oder gesundheitliche Probleme hat, ist aus dem Rennen. Zusätzlich gelten aber auch noch Zielvorgaben, die Quoten ähneln. Die Regierung in Ottawa legt fest, wie viele qualifizierte Arbeitskräfte pro Jahr ins Land kom-

men dürfen und aus welcher Weltregion diese stammen sollen.

www.3sat.de/page/?source=/nano/gesellschaft/181156/index.html (Zugriff: 14.8.2016)

1 Interpretiere die Karikatur **M 1**.
2 Beschreibe das Dublin-Verfahren in eigenen Worten (**M 2**).
3 Begründe ausgehend von **M 4** und **M 5**, warum es keine europäische Quotenlösung in der Flüchtlingsfrage gibt.
4 Wie soll Zuwanderung in Zukunft gestaltet werden? Bewerte die Einwanderungspolitik Kanadas. Ist dies ein Vorbild für Europa?

M1 Themenkarten zur Bevölkerung, Zuwanderung und Integration

1 Ursachen von Zuwanderung
- Push-Faktoren
- Pull-Faktoren

2 Zusammensetzung der Bevölkerung
- Migrationshintergrund
- Altersstruktur

3 Folgen der Zuwanderung für Deutschland
- Steuern und Sozialabgaben
- Einstellungen gegenüber Zuwanderern
- Multikulturelle Gesellschaft

4 Integration
- Integrationskurse
- Bildung
- Sport

5 Integrationspolitik
- Staatsbürgerschaftsrecht
- Dublin-Verordnung (EU)

M2 Piktogramme zu Push- und Pull-Faktoren

2050: Was vom Osten übrig bleibt...

M3 Karikatur
Klaus Stuttmann

M4 Syrischer Flüchtling ist jetzt Bademeister

Aiham Shalghin (24) hat die Ärmel seines Stadtwerke-Tübingen-T-Shirts hochgekrempelt, steht mit ernstem Blick am Beckenrand und beobachtet das Gewusel im Wasser. Der Syrer ist Bademeister im Freibad, wo er in diesem Sommer wie gerufen kommt: Viele Flüchtlinge kommen zum Baden und brauchen Hilfe und Erklärungen. „Die Leute aus den arabischen Ländern kennen die Regeln für Deutschland nicht", sagt Shalghin. Er musse etwa erklären, dass es verboten ist, vom seitlichen Beckenrand zu springen. Langsam hielten sich die Neulinge an die Vorschriften – für Shalghin ein Erfolg in seinem ersten Job in Deutschland.

Die Freizügigkeit in den Bädern sei für manche Neuankömmlinge ungewohnt, sagt er. „Viele Flüchtlinge kommen aus Dörfern und waren nie in einem gemischten Schwimmbad." In Damaskus, wo er auch schon als Bademeister gearbeitet und Wasserball gespielt hat, seien Frauen und Männer allerdings gemeinsam schwimmen gegangen – manche Frauen auch im Bikini.

Shalghin profitiert von dem Job in Festanstellung. Sein Deutsch ist wegen der Gespräche mit Kollegen und Badegästen besser geworden – nur „Sprungbrett" komme ihm noch schwer über die Lippen. „Es ist ein großes Problem, dass viele Flüchtlinge nur zu Hause sitzen und viel trinken. Sie werden traurig und denken an die Heimat." Er hatte sich bei den Stadtwerken beworben und hat weitere Pläne: Er will sein Studium der Rechtswissenschaften fortsetzen.

www.rp-online.de/panorama/deutschland/syrischer-fluechtling-ist-jetzt-bademeister-in-tuebingen-aid-1.6161901 (Zugriff: 14.8.2016)

Sachkompetenz

1 Wähle eine Themenkarte (M1) aus und halte einen Kurzvortrag.
2 Beschreibe die Piktogramme und ordne ihnen Push- und Pull-Faktoren zu.

Methodenkompetenz

3 Analysiere die Karikatur M3. Formuliere ihre zentrale Aussage in einem Satz.
4 Erläutere anhand von M4, vor welchen Aufgaben Zugewanderte und die Stadtverwaltung Tübingen bei der Integration stehen.

Urteilskompetenz

5 Bewerte den Vorschlag, dass jährlich nicht mehr als 200.000 Menschen nach Deutschland zuwandern dürfen.

KAPITEL 3

Leben in einer globalisierten Welt

Die Überschrift dieses Kapitels bringt die Zusammengehörigkeit aller Menschen zum Ausdruck. Unser Leben auf der Erde vollzieht sich mehr denn je in gegenseitiger Abhängigkeit voneinander. Menschen verschiedener Herkunft, Kultur und Religion prägen dabei eine vielfältige Gesellschaft, die anhaltend Veränderungen unterliegt.
Wirtschaft und Kommunikation kennen kaum Grenzen. Der Welthandel hat ungeahnte Ausmaße erreicht. Zu den weltweiten Gefährdungen zählen Umweltbelastung, Klimawandel und die Begrenztheit von Rohstoffen.

In diesem Kapitel könnt ihr herausfinden, welche
- Berührungspunkte die globalisierte Welt in eurem Alltag hat,
- Notwendigkeit der Umwelt- und Klimaschutz hat,
- Möglichkeiten und Gefahren mit neuen Formen der Kommunikation verknüpft sind.

Was ihr sonst noch machen könnt ...
- Euren Meinungs- und Informationsaustausch mithilfe neuer Medien nach zeitlichem Umfang und Inhalten erfassen.
- Herausfinden, was mit dem Begriff „globales Dorf" verbunden wird.

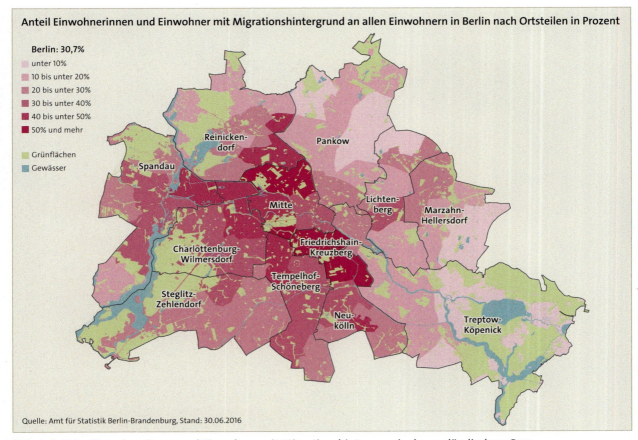

Anteil Einwohnerinnen und Einwohner mit Migrationshintergrund an allen Einwohnern in Berlin nach Ortsteilen in Prozent

Berlin: 30,7%
- unter 10%
- 10 bis unter 20%
- 20 bis unter 30%
- 30 bis unter 40%
- 40 bis unter 50%
- 50% und mehr

- Grünflächen
- Gewässer

Reinicken-dorf · Pankow · Spandau · Lichten-berg · Mitte · Marzahn-Hellersdorf · Charlottenburg-Wilmersdorf · Friedrichshain-Kreuzberg · Tempelhof-Schöneberg · Steglitz-Zehlendorf · Neu-kölln · Treptow-Köpenick

Quelle: Amt für Statistik Berlin-Brandenburg, Stand: 30.06.2016

M1 Anteil der Einwohnerinnen und Einwohner mit Migrationshintergrund oder ausländischem Pass

* **Migrationshintergrund**
  siehe Seite 48

* **Zuwanderung/Zuwanderer**
  In Deutschland wird der Begriff für Familien verwendet, die dauerhaft eingewandert sind und deren Kinder oft die deutsche Staatsbürgerschaft besitzen. Andere Begriffe für Zugewanderte sind Eingewanderte oder Immigranten.

Vielfalt der Nationen

Fast jeder fünfte Mensch in Deutschland hat einen Migrationshintergrund* – insgesamt sind das rund 15,7 Millionen Menschen. Vor allen Dingen in großen Städten leben zahlreiche Menschen aus vielen Nationen und machen das Stadtbild vielfältiger.

Mehr als eine halbe Million Ausländerinnen und Ausländer leben allein in Berlin. Ihr Anteil an der Bevölkerung beträgt damit rund 15 Prozent. Die ausländische Bevölkerung kommt aus fast 190 Staaten. Knapp drei Viertel davon sind Europäerinnen und Europäer. Aus asiatischen Ländern stammen fast 15 Prozent, aus Amerika 5,6, aus Afrika 3,7. Den kleinsten Anteil bilden Menschen aus Australien und Ozeanien mit 0,5 Prozent.

Werden allerdings auch Menschen berücksichtigt, die einen Migrationshinter-grund aufweisen, steigt die Anzahl in Berlin auf fast eine Million und umfasst mehr als 30,7 Prozent der gesamten Bevölkerung.

Brandenburg wächst

Nach vielen Jahren des Bevölkerungs-rückgangs steigt die Einwohnerzahl Brandenburgs seit 2014 wieder an. Der Bevölkerungszuwachs kommt ausschließlich durch Zuwanderung* zustande. Wanderungsgewinne ergeben sich durch Zuzüge aus Berlin. Den größten Anteil bilden Menschen mit ausländischer Staatsbürgerschaft. In Brandenburg leben rund 90.000 Ausländerinnen und Ausländer. Damit beträgt ihr Anteil an der Gesamtbevölkerung etwa 3,6 Prozent. Insgesamt leben rund 128.000 Menschen mit einem Migrationshintergrund in Brandenburg – das sind fünf Prozent der Bevölkerung.

Frage: „Was sollte man Ihrer Meinung nach tun, um gut in Deutschland integriert zu sein?"
Telefonische Befragung von 1.201 türkeistämmigen Personen ab 16 Jahren zwischen November 2015 und Februar 2016, teils in Deutscher, teils in türkischer Sprache; Angaben in Prozent

Sprache lernen	91
Gesetze beachten	84
Kleidung anpassen	33
Staatsangehörigkeit anstreben	32

Quelle: TNS Emnid in: Spiegel-Online: Infografik der Woche, 26.08.2016, www.spiegel.de/politik/deutschland/was-gute-integration-in-deutschland-bedeutet-infografik-der-woche-a-1109430.html, Zugriff 6.12.2016

M2 Deutsch-türkische Sicht auf gute Integration

M3 Integration braucht ein gemeinsames Ziel

Die Wissenschaftlerin Franziska Woellert hat über Integration* geforscht. Hier Auszüge aus einem Interview mit der Wochenzeitung Die Zeit:

Zeit online: Frau Woellert, Sie haben herausgefunden, dass Menschen mit Migrationshintergrund den einheimischen Deutschen immer ähnlicher werden: Sie leben häufiger allein, gründen seltener Familien und haben weniger Kinder – kann man das als Integration bezeichnen?

Franziska Woellert: Integration kann man unterschiedlich definieren und eine Annäherung an Lebensweisen ist zumindest ein Indiz* dafür, dass sich eine Gesellschaft nicht komplett in zwei verschiedene Teile teilt. Wir haben aber vor allem die sozioökonomische* Integration gemessen, also Indikatoren* wie Bildungsstand, Erwerbstätigkeit und auch den Anteil von Menschen in Vertrauensberufen wie Polizisten, Erzieher, Ärzte […]

Zeit: Was müsste sich ändern? Was wären konkrete Maßnahmen?

Woellert: Kinder aus Migrantenfamilien müssten früh in die Kita und dort Deutsch lernen und mit positiven Rollenbildern konfrontiert werden. […]

Zeit online: Sie schreiben in der Studie, die Integrationssituation habe sich allein aufgrund der wirtschaftlichen Lage verbessert.

Woellert: Eine gute Arbeitsmarktlage ist der beste Motor für Integration. Aber das ist natürlich nicht von Dauer, sobald sich für die Hochqualifizierten neue Chancen auftun, in anderen Ländern oder in ihrer Heimat, können die auch sehr schnell wieder weg sein. Wenn wir die wirklich halten wollen, müssen wir auch etwas dafür tun. […]

Frida Thurm: Integration braucht ein gemeinsames Ziel" 3.6.2014, Zeit-Online, www.zeit.de/gesellschaft/2014-06/integration-studie-neue-potenziale-migranten, Zugriff 20.11.2016, gekürzt

* **Integration**
Eingliederung in die Gesellschaft

* **Indikator**
ein Merkmal, das etwas beweist

* **Indiz**
Anzeichen, Hinweis

* **sozioökonomisch**
gesellschaftlich und wirtschaftlich

---

1 In Berlin gilt für viele Familien, dass die Generation der Großeltern nicht dort geboren ist. Überprüfe diese Aussage für deine Familie an deinem Wohnort.

2 Erkläre die Folgen der Zuwanderung für Berlin und Brandenburg. Berücksichtige dabei den Text und die Karte **M1**.

3 Nenne Voraussetzungen für die Eingliederung von Menschen, die zugewandert sind anhand der Aussagen im Interview **M3**. Fallen dir weitere Möglichkeiten ein, zugewanderten Menschen die Ankunft in Berlin und Brandenburg zu erleichtern.

4 Erörtert, was man tun sollte, wenn man sich in einem neuen Land integrieren möchte? Beachtet dazu **M2**.

M1 Karneval der Kulturen in Berlin

Karneval der Kulturen

Die Idee, die verschiedenen Kulturen Berlins im Rahmen eines Umzugs vorzustellen, besteht schon seit über 20 Jahren. Seit Mai 1996 finden nun jährlich um das Pfingstfest Straßenfeste und Umzüge statt, bei denen sich die verschiedenen Nationalitäten und Kulturen vorstellen. Dabei stiegen die Besucherzahlen von anfänglich 50.000 Zuschauerinnen und Zuschauern auf mittlerweile bis zu über eine Million an. Auch die Teilnehmerzahl der Aktiven stieg stetig an, von etwa 2.200 auf mittlerweile fast 6.000. Es sind einzelne und Gruppen, die ganzjährig freiwillig und zum Großteil ehrenamtlich arbeiten, um die kulturelle und soziale Vielfalt Berlins sichtbar zu machen.

Gemeinsam haben die Beteiligten, dass sie Berlins Weltoffenheit leben und darstellen wollen, ein friedliches und aneinander interessiertes Miteinander leben, ihre eigene Kultur pflegen und nach außen vorführen und trotz dieser Gemeinsamkeiten in ihrer Verschiedenheit vielfältig und einmalig sind.

Ein Haus für drei Religionen

Die Idee eines Hauses für drei Religionen[*] entstand bei Ausgrabungen an einem der ältesten Plätze Berlins. Dabei wurden nicht nur die Grundmauern einer seit Jahrzehnten abgerissenen Kirche, der Petrikirche, wiederentdeckt, sondern auch die Fundamente einer Latein-schule von 1350 freigelegt, einer der ältesten Bildungseinrichtungen Berlins. An dem geschichtsträchtigen Ort soll ein Haus entstehen, das für verschiedene Religionen offen ist und für ein friedliches Miteinander steht.

[*] Religionszugehörigkeit
Einer Glaubensgemeinschaft gehören in Berlin an: 21,5 % evangelisch, 9,5 % katholisch, 6,5 % muslimischer Glauben, 0,6 % andere Religionen. Über 60 % der Bevölkerung haben keine Konfession. In Brandenburg sind über 75 % der Bevölkerung konfessionslos, 17,8 % evangelisch und 3,4 % katholisch.

M 2 Ein Haus für drei Religionen

Auf dem Petriplatz wird etwas Neues entstehen: ein Bet- und Lehrhaus, in dem öffentlich und für jeden frei zugänglich Juden, Christen und Muslime ihre Gottesdienste feiern und unter Einbeziehung aller Berlinerinnen und Berliner einander kennenlernen und den Gedankenaustausch miteinander suchen. [...]

Entstehen wird ein Gotteshaus, das die drei [...] Religionen Judentum, Islam und Christentum gemeinsam konzipieren, bauen und betreiben, ohne ihre je eigenen Identitäten zu vermischen. Ein Gotteshaus, das dem wachsenden Bedürfnis nach einem Miteinander von Menschen unterschiedlicher religiöser oder weltanschaulicher Prägung auch in räumlicher Hinsicht gerecht zu werden versucht. Dem Selbstverständnis der drei Religionen folgend kann das nur so geschehen, dass Unterschiede und theologische Gegensätze nicht überspielt, sondern ausgehalten werden. Die Raumgestaltung des Neubaus wird deshalb so beschaffen sein, dass jede der Religionen einen eigenen, getrennten Gottesdienstraum nutzen kann („Bethaus"), der sich zu einem gemeinsamen Zentralbereich öffnet („Lehrhaus"). Unvermischt und zugleich in direktem Miteinander wird der Neubau Kirche, Synagoge und Moschee „unter einem Dach".

Roland Stolte: Ein Haus für drei Religionen – Das House of One am Petriplatz, www.berlin.de/ aktuell/ausgaben/2014/dezember/ereignisse/ ein-haus-fuer-drei-religionen-das-house-of-one-am-petriplatz-222812.php (Zugriff: 30.11.2016, gekürzt)

House of One heißt das Gebäude, in dem drei Religionen Platz finden sollen.

1 Beschreibe die Fotos vom Karneval der Kulturen (M 1). Welche Wirkung haben sie auf dich?

2 Nenne Zielsetzungen des Karnevals der Kulturen und des geplanten Hauses der drei Religionen (M 2).

3 Notiere Voraussetzungen, damit ein Zusammenleben von Menschen aus unterschiedlichen Kulturen, mit unterschiedlichen Religionen und Überzeugungen gelingen kann.

4 Wie könnte an eurer Schule ein Karneval der Kulturen aussehen? Sammelt in Gruppen Ideen und präsentiert sie vor der Klasse.

Frage: Sind Sie in Deutschland Mitglied in einem gemeinnützigen Verein oder einer gemeinnützigen Organisation?
Angaben in Prozent

■ ja ■ nein

Gesamt
34 | 66

Deutsche
36 | 63

Deutsche mit Migrationshintergrund
25 | 75

Ausländer
20 | 79

Quelle: Sabine Pokorny: Aktivität ist ansteckend, Konrad-Adenauer-Stiftung e.V. (Hg.), 2016, Berlin, S. 17, 20 www.kas.de/wf/doc/kas_43933-544-1-30.pdf?160119152929, Zugriff 6.12.2016, gekürzt

Frage: In welchen der folgenden Vereine oder Organisationen sind Sie in Deutschland Mitglied?
Angaben in Prozent, Mehrfachantworten möglich

■ Deutsche ■ Deutsche mit Migrationshintergrund ■ Ausländer

Hilfsorganisation, Wohltätigkeitsverband
37
17
20

Sportverein
35
41
38

Kultur-, Kunst- oder Musikverein
21
15
25

Quelle: Sabine Pokorny: Aktivität ist ansteckend, Konrad-Adenauer-Stiftung e.V. (Hg.), 2016, Berlin, S. 17, 20 www.kas.de/wf/doc/kas_43933-544-1-30.pdf?160119152929, Zugriff 6.12.2016, gekürzt

M1 Ehrenamtlich aktiv

★ Ehrenamt
siehe Seite 120

M 2 Was Sport bewirken kann

Seit nunmehr 30 Jahren bemüht sich ein Programm des Bundesinnenministeriums und des Bundesamtes für Migration und Flüchtlinge um das Anliegen „Integration durch Sport". Die mehr als 90.000 Sportvereine in Deutschland können nämlich einen Beitrag zur besseren Integration von Migranten und Flüchtlingen leisten. Mit 5,4 Millionen Euro jährlich unterstützt die Bundesregierung dieses Programm.

Das Programm betrachtet Zuwanderung als Bereicherung für den Sport in Deutschland. Vielfalt und Besonderheiten unterschiedlicher Kulturen werden nicht als Gegensatz, sondern als Ergänzung zueinander und als Gewinn für alle betrachtet. Aufeinander zuzugehen und miteinander zu reden ist die Grundvoraussetzung für eine erfolgreiche Integrationsarbeit.

Das Programm unterstützt und fördert den Dialog zwischen Migrantinnen und Migranten und der deutschen Bevölkerung. Dies geschieht innerhalb von Sportgruppen und Vereinen als auch in kommunalen und überregionalen Netzwerken.

Für die Integration der Zielgruppen in die Gesellschaft ist es notwendig, weitergehende Angebote bereitzustellen, die über das sportliche Regelangebot hinausgehen. Hierzu bietet das Programm vielfältige Möglichkeiten, indem der reguläre Trainingsbetrieb durch weitere gemeinsame Aktivitäten wie Ausflüge und Veranstaltungen, durch Unterstützungsangebote (z. B. Hilfe beim Ausfüllen von Formularen oder der Arbeitsplatzsuche) ergänzt oder an verschiedene Lern- und Bildungsangebote (z. B. Hausaufgabenbetreuung, Bewerbungstraining) gekoppelt wird. Darüber hinaus sollen die Teilnehmerinnen und Teilnehmer des Programms Erfahrungen erwerben, die sie auch in anderen Lebensbereichen und Handlungskontexten außerhalb des Sports nützlich und sinnvoll einbringen können.

nach: Deutscher Olympischer Sportbund: Integration durch Sport. Programmkonzeption. 3. Aufl. Frankfurt/M. 2014, www.integration-durch-sport.de/fileadmin/fm-dosb/arbeitsfelder/ids/images/2014/Programmkonzeption_3_Aufl_2014.pdf (Zugriff: 6.12.2016, gekürzt und sprachlich vereinfacht)

M3 Sport verbindet

Ein 19-jähriger Flüchtling ist Co-Boxtrainer beim ESV Frankfurt/Oder (links);
Fußballspiel Lok Potsdam gegen Welcome United 03 aus Babelsberg.

M4 Multinationen-Truppe spielt Fußball

Mit „Welcome United 03" hat am Wochenende das erste reine Flüchtlingsteam in Deutschland den Fußball-Spielbetrieb aufgenommen. Wie der Potsdamer Regionalligist Babelsberg 03 haben bereits mehr als 80 weitere Sportvereine in Berlin und Brandenburg Flüchtlinge in den Trainingsbetrieb verschiedener Sportarten aufgenommen.

Grundlage ihrer Arbeit ist eine von den beiden Landessportbünden abgeschlossene Zusatzversicherung für Nichtmitglieder. Damit können Flüchtlinge mittrainieren und sind krankenversichert. Dennoch kann die Wartezeit auf einen Spielerpass für Ausländerinnen und Ausländer in der Praxis wegen bürokratischer Hürden aber mitunter zwei Mona-

te dauern. Die Klärung des Aufenthaltsstatus und die Anfrage beim Verband des jeweiligen Herkunftslands nimmt einige Zeit in Anspruch.

Die Flüchtlingsmannschaft „Welcome United 03" hatte am Sonntag als erstes Team in Deutschland den Liga-Spielbetrieb in der 2. Kreisklasse Havelland aufgenommen. Die Multinationen-Truppe bezwang dabei die zweite Mannschaft von Lok Potsdam mit 3:2. Der SV Babelsberg 03 und seine Fans hatten dies durch ihr Engagement möglich gemacht. Der Verein meldete das Team als dritte Herrenmannschaft an.

dpa-infocom: Sportvereine fördern Integration, in: Welt.de, 25.8.2015, https://www.welt.de/ regionales/berlin/article145616929/Sportvereine-foerdern-integration.html (Zugriff: 1.12.2016)

---

1 Nenne Ziele des Programms „Integration durch Sport" (**M2**).

2 Werte die Diagramme **M1** aus. Welche Gemeinsamkeiten und Unterschiede sind für die dargestellten Gruppen zu erkennen?

3 Berichte über bürokratische Hürden bei der Aufnahme von Migrantinnen und Migranten in deutsche Sportvereine (**M4**).

4 Erkundigt euch, ob es in eurem Bezirk oder eurer Gemeinde Vereine gibt, die etwas für die Integration tun. Stellt diese Angebote der Vereine in der Klasse vor.

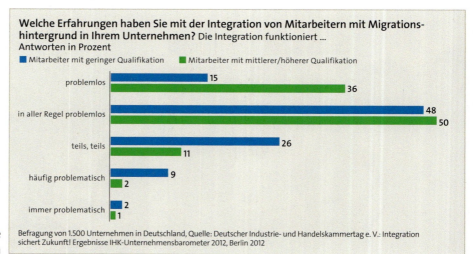

Welche Erfahrungen haben Sie mit der Integration von Mitarbeitern mit Migrationshintergrund in Ihrem Unternehmen? Die Integration funktioniert ...
Antworten in Prozent

■ Mitarbeiter mit geringer Qualifikation ■ Mitarbeiter mit mittlerer/höherer Qualifikation

	Mitarbeiter mit geringer Qualifikation	Mitarbeiter mit mittlerer/höherer Qualifikation
problemlos	15	36
in aller Regel problemlos	48	50
teils, teils	26	11
häufig problematisch	9	2
immer problematisch	2	1

M1 Unternehmen und ihre Erfahrungen mit Einwanderern

Befragung von 1.500 Unternehmen in Deutschland, Quelle: Deutscher Industrie- und Handelskammertag e. V.: Integration sichert Zukunft! Ergebnisse IHK-Unternehmensbarometer 2012, Berlin 2012

Musikcafé in Neukölln

Produktion von Döner-Spießen

Zuwanderer schaffen Jobs

Der Zuzug von Menschen in die Region Berlin-Brandenburg hat eine sehr lange Tradition. Mit der Zuwanderung ist auch gleichzeitig die wirtschaftliche Integration von großer Bedeutung. Dabei finden die Zugezogenen nicht nur als Arbeitnehmer und Arbeitnehmerinnen einen neuen Arbeitsplatz. Viele von ihnen machen sich selbstständig und gründen eigene Firmen. So ist die Zahl der Unternehmer und Unternehmerinnen mit ausländischer Herkunft in der Region Berlin-Brandenburg in den vergangenen Jahren deutlich gestiegen und führte zu einer Belebung der Wirtschaft.

Im Zeitraum von 2005 bis 2015 stieg die Zahl der Unternehmen, deren Chefs aus dem Ausland kommen, auf 73.000. Insgesamt wurden von diesen Arbeitgebern in Berlin 120.000 Stellen geschaffen.

Für die wirtschaftliche Entwicklung braucht inzwischen die Region Berlin-Brandenburg Nachwuchskräfte mit Migrationshintergrund. So arbeiten seit 2010 mehr als 60 Betriebe und Behörden im Rahmen einer Anregung der Berliner Landesregierung „Berlin braucht dich!" gemeinsam mit Schulen daran, ihre Ausbildung für Jugendliche mit Migrationshintergrund zu öffnen. Gesetzt ist die Zielmarke von 25 Prozent bei den neu zu Beschäftigenden.

Handel und Gastgewerbe	Öffentliche und private Dienstleistungen	Produzierendes Gewerbe	Grundstücks- und Wohnungswesen	Verkehr, Information und Kommunikation	Finanz- und Versicherungsdienstleistungen
28%	26%	20%	16%	4%	2%

Quelle: Bertelsmann Stiftung 2016

M2 Migranten gründen vielfältige Unternehmen

M3 „Der Aufstiegswille ist ein Energieschub"

Ein Interview der Berliner Morgenpost (Mopo) mit dem Referenten für Wirtschaftspolitik bei der Industrie- und Handelskammer (IHK) Berlin:

Mopo: Immer mehr Migranten gründen Unternehmen. Wie wichtig sind sie für die Berliner Wirtschaft?

IHK: Der Anteil von Unternehmern mit Migrationshintergrund beträgt in der Industrie- und Handelskammer mehr als 15 Prozent. Existenzgründungen von Migranten haben enorm an Bedeutung gewonnen. Und das nicht nur in blanken Zahlen. Der Aufstiegswille von Zuwanderern ist auch ein Energieschub für Berlin.

Mopo: Ein gängiges Vorurteil ist, dass es sich bei den Unternehmen hauptsächlich um Gemüseläden handelt. Stimmt das?

IHK: Nein, das können wir nicht bestätigen. Natürlich spielt der Dienstleistungssektor eine große Rolle. Das lässt sich aber nicht an einer Bevölkerungsgruppe festmachen. [...] Unternehmer ausländischer Herkunft sind in der Industrie und in der Gastronomie sogar stärker vertreten als der deutsche Durchschnitt.

Mopo: Welche Vorteile kann der Migrationshintergrund für ein Unternehmen bedeuten?

IHK: Zuerst natürlich Mehrsprachigkeit.

Damit einhergehend aber auch die Fähigkeit, sich in einer neuen Umgebung einzuleben und sich schnell anzupassen. In der Wirtschaft arbeitet man oft mit unterschiedlichen Menschen zusammen.

Mopo: Das klingt gut. Aber welche Schwierigkeiten haben Zuwanderer?

IHK: Wenn Migranten Unternehmen gründen wollen, dann haben sie eigentlich die gleichen Schwierigkeiten wie jeder deutsche Existenzgründer auch. Das sind vor allem fehlende Kenntnisse bei der Finanzierung oder beim Erstellen eines Businessplans. Spezielle Probleme von Migranten bei der Unternehmensgründung sind mir nicht bekannt.

Mopo: Rund 90 Prozent der ausländischen Unternehmen wurden in den letzten Jahren gegründet. Wird dieser Boom in Berlin auch in den nächsten Jahren anhalten?

IHK: Die Entwicklung der vergangenen Jahre ist kaum zu übertreffen. Wir sind aber optimistisch, dass Berlin weiter Gründerhauptstadt bleiben wird und Migranten einen bedeutenden Anteil haben werden.

Christine Kensche: Immer mehr Migranten gründen in Berlin Firmen, 13.7.2011, Berliner Morgenpost, www.morgenpost.de/berlin-aktuell/article105043043/ (Zugriff: 6.12.2016)

1 Beschreibe die Bedeutung der Zuwanderung von Menschen für die wirtschaftliche Entwicklung der Region Berlin-Brandenburg.

2 Arbeite heraus, welche Eigenschaften für das Berufsleben nützlich sein können, die Zugewanderten im Interview **M3** zugeschrieben werden.

3 Stelle Vermutungen an über die Hintergründe, die zu der angegebenen Verteilung der Unternehmen von Migranten auf die Wirtschaftszweige in der Grafik **M2** führen.

M1 Der faire Handel in Zahlen

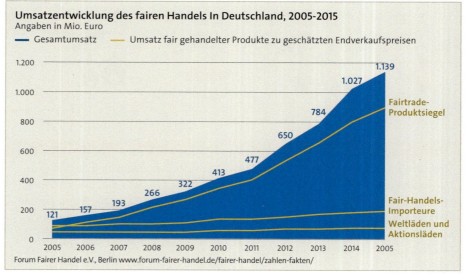

Umsatzentwicklung des fairen Handels In Deutschland, 2005-2015
Angaben in Mio. Euro

— Gesamtumsatz   — Umsatz fair gehandelter Produkte zu geschätzten Endverkaufspreisen

Werte Gesamtumsatz: 121, 157, 193, 266, 322, 413, 477, 650, 784, 1.027, 1.139

Fairtrade-Produktsiegel

Fair-Handels-Importeure

Weltläden und Aktionsläden

2005 2006 2007 2008 2009 2010 2011 2012 2013 2014 2005

Forum Fairer Handel e.V., Berlin www.forum-fairer-handel.de/fairer-handel/zahlen-fakten/

* **Umsatz**
  Gesamtwert verkaufter Waren oder erbrachter Dienstleistungen

Arme und reiche Länder

Waren aus aller Welt kaufen zu können, zählt zu den Selbstverständlichkeiten unserer Zeit. Der Welthandel ermöglicht, dass Waren aus der Landwirtschaft ebenso wie Produkte der Industrie von nah und fern an unserem Wohnort erworben werden können. Aufmerksamkeit erhält der Austausch von Waren immer dann, wenn der Handel zwischen den herstellenden und abnehmenden Ländern als nicht gerecht empfunden wird. Häufig wird in der Diskussion hierbei von Industrie- und Entwicklungsländern gesprochen. Letztere verkaufen weniger Industriewaren, umso häufiger Rohstoffe wie Bodenschätze oder landwirtschaftliche Produkte.

Diese Entwicklungsländer sind eigentlich reiche Länder. Viele besitzen große Vorkommen an Bodenschätzen wie Erdöl. Außerdem erzeugen sie Waren, die weltweit stark nachgefragt sind. Hierzu zählen Kaffee, Kakao, Tee oder Bananen. Für verarbeitete Produkte wie Industriewaren lassen sich aber höhere Gewinne als durch den Verkauf von Rohstoffen oder landwirtschaftlichen Erzeugnissen erzielen. Während Industrieländer teure Geräte oder Maschinen in Entwicklungsländer verkaufen, erhalten sie von ihnen preisgünstige Rohstoffe oder Halbfertigwaren.

Wie wird der Handel fairer?

Wie kann es erreicht werden, Entwicklungsländern günstigere Bedingungen für die Ausfuhr ihrer Erzeugnisse auf dem Weltmarkt zu verschaffen? Vor rund 40 Jahren wurde eine Gesellschaft zur Förderung der Handelspartnerschaft zwischen Industrie- und Entwicklungsländern gegründet. Die zugrunde liegenden Merkmale des fairen Handels umfassen inzwischen nicht nur wirtschaftliche,

Kaffeebauern wie hier in Peru profitieren vom fairen Handel. Sie erhalten garantierte Mindestpreise für die Kaffeebohnen.

sondern auch soziale und ökologische. Dazu gehören u.a. die Zahlung von angemessenen Preisen und Löhnen sowie langfristige Handelspartnerschaften. Diese Grundsätze des fairen Handels ermöglichen Planungssicherheit und ein hinreichendes Einkommen. Der faire Handel setzt außerdem auf die Beratung und Weiterbildung der Herstellenden und den Aufbau von Weiterverarbeitungsmöglichkeiten.

Im Geschäftsjahr 2015 erreichte der faire Handel in Deutschland mit über 1,1 Milliarden Euro Umsatz* eine neue Rekordhöhe. Immer mehr Menschen in Deutschland ist es wichtig, mit ihrem Einkauf von Waren dazu beizutragen, dass bei der Herstellung von Gütern des Alltags die Produzierenden unter menschenwürdigen Bedingungen arbeiten können und die Umwelt geschont wird.

M 2 Anteil von Produkten am Umsatz des fairen Handel

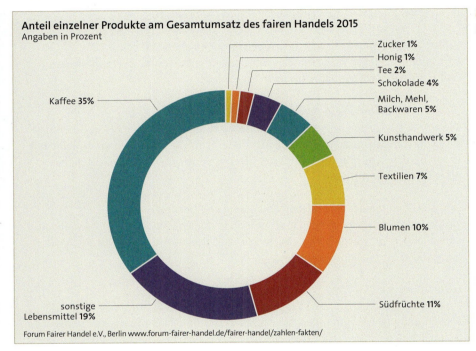

Anteil einzelner Produkte am Gesamtumsatz des fairen Handels 2015
Angaben in Prozent

- Kaffee 35%
- Zucker 1%
- Honig 1%
- Tee 2%
- Schokolade 4%
- Milch, Mehl, Backwaren 5%
- Kunsthandwerk 5%
- Textilien 7%
- Blumen 10%
- Südfrüchte 11%
- sonstige Lebensmittel 19%

Forum Fairer Handel e.V., Berlin www.forum-fairer-handel.de/fairer-handel/zahlen-fakten/

* **Gepa**
Die Abkürzung Gepa bedeutet *Gesellschaft zur Förderung der Partnerschaft mit der Dritten Welt*. Sie wurde 1975 vom kirchlichen Entwicklungsdienst, Misereor und der Arbeitsgemeinschaft der Dritte Weltläden gegründet.

* **Transfair**
„TransFair e.V. – Verein zur Förderung des Fairen Handels in der Einen Welt" wurde 1991 gegründet. Die Gründungsorganisationen kommen aus der Entwicklungszusammenarbeit, aus Kirchen und dem Verbraucherschutz. Der Verein vergibt das Fairtrade-Siegel.

Siegel für fair gehandelte Produkte

1 Nenne Probleme des Welthandels.
2 Erläutere Zielsetzungen eines fairen Welthandels.
3 Beurteile den Anteil einzelner Waren am Gesamtumsatz des fairen Handels (**M 2**). Welche Waren bestimmen den Handel, welche fehlen?

Ziel einer Erkundung

Durch Erkundungen kann man an einem Ort außerhalb der Schule wichtige Erkenntnisse zu Unterrichtsthemen sammeln. Eine Erkundung muss gut vorbereitet werden. Wichtig ist, die Gesprächspartner, die man treffen will, vorher zu informieren und eventuell notwendige Genehmigungen einzuholen.

Checkliste für eine Erkundung am Beispiel eines Weltladens

A Vorbereitung

Schritt 1: Informationen sammeln
Um bei einer Erkundung möglichst viel zu entdecken, muss man sich im Vorfeld über die Idee der Weltläden zum Beispiel im Internet informieren.

Schritt 2: Schwerpunkte bilden und Arbeitsgruppen einteilen
Legt unterschiedliche Recherche-Themenschwerpunkte fest und verteilt diese auf mehrere Gruppen. So erhaltet ihr mehr Ergebnisse.

Schritt 3: Vorerkundung in Arbeitsgruppen
Die einzelnen Arbeitsgruppen führen nun eine Vorerkundung durch. Dabei nehmen sie Kontakt mit dem Ladenleiter oder der -leiterin auf. Ihr klärt, ob und wann ihr den Laden besuchen dürft und ob der Leiter bereit ist, euch ein Interview zu geben, und ob er Fotografieren erlaubt.

Schritt 4: Planung der eigentlichen Erkundung und Dokumentation
Nun planen die Arbeitsgruppen ihre Erkundung und wie sie die Ergebnisse danach vorstellen wollen. Davon hängt nämlich ab, welche Hilfsmittel und Materialien (z. B. Fragebögen, Foto, …) notwendig sind.

B Durchführung

Eine Erkundung in einem Laden ist kein Einkaufsbummel. Ihr müsst aktiv sein, euch freundlich und ruhig verhalten, gezielt beobachten, die Erkenntnisse dokumentieren und die Arbeitsaufgaben erfüllen.
Diese Erkundungsaufgaben könnten vor Ort erledigt werden:

- Erstellt eine Liste der Waren, die zum Verkauf angeboten werden und woher sie kommen.
- Informiert euch, ob der Weltladen weitere Angebote unterbreitet, z.B. Informationsveranstaltungen.
- Findet heraus, ob der Weltladen die Waren von einer Importorganisation des fairen Handels oder über den Weg der Kennzeichnung von Waren durch ein Siegel eines herkömmlichen Unternehmens bezieht.
- Können Waren für die Bedürfnisse des täglichen Bedarfs im Weltladen erworben werden?
- Welche Produkte fehlen?
- Macht einen Preisvergleich zwischen den Waren des Weltladens und eines Supermarkts.

C Auswertung und Präsentation

Durch die Erkundung habt ihr viele Informationen gesammelt. Nun müsst ihr klären: Wie können die Informationen geordnet und veranschaulicht werden? Welche Informationen fehlen? Ist eine Nacherkundung oder Nachrecherche notwendig?
Die Präsentation kann z. B. mit einer Wandzeitung oder in einer anderen Form erfolgen. Auch eine Broschüre mit Tipps und Informationen für Verbraucher könnt ihr erstellen.

M 1 Fairer Handel seit 40 Jahren

Seit nunmehr über 40 Jahren gibt es sogenannte Weltläden, die sich darauf spezialisiert haben, waren aus aller Welt anzubieten. Das Besondere an diesen Geschäften ist allerdings, dass sie Waren anbieten, die fair gehandelt werden. Ziel der Weltläden ist es, mehr Gerechtigkeit im Handel zwischen den Industrieländern und Staaten herzustellen, die geringer entwickelt sind. Partner der Weltläden sind vor allem landwirtschaftliche Kleinbetriebe, Handwerker und Genossenschaften in den Staaten Afrikas, Asiens und Lateinamerikas. Aufgrund von Handelsbeziehungen, die ein Mehreinkommen den Partnern der Weltläden sichern, können soziale Vorhaben, Bildungsprogramme oder auch die Verbesserung der Infrastruktur in den Ländern des Südens ermöglicht werden. In Deutschland gibt es über 800 Weltläden. Dazu kommen mehrere Tausend Aktionsgruppen, die fair gehandelte Waren auch bei Festen oder Wochenmärkten anbieten.
Deutsche Weltläden beziehen ihre Verkaufswaren in der Regel von den auf fairen Handel ausgerichteten Einfuhrorganisationen wie der Gepa. Mittlerweile werden mit dem TransFair-Siegel fair gehandelte Waren auch in Supermärkten und Kaufhäusern verkauft, sodass die Absatzmöglichkeiten erweitert sind. Sowohl in den Weltläden als auch in Supermärkten steigen seit Jahren die Umsätze fair gehandelter Waren.

M 2 Weltläden vor Ort

Berlin: Charlottenburg-Wilmersdorf, Friedrichshain-Kreuzberg, Mitte, Pankow, Spandau, Treptow-Köpenick

Brandenburg: Bad Liebenwerder, Bad Wilsnack, Bernau, Brandenburg/Havel, Cottbus, Falkensee, Frankfurt/Oder, Groß Schönebeck, Jüterbog, Königs Wusterhausen, Kyritz, Oranienburg, Potsdam, Pritzwalk, Rathenow, Senftenberg, Storkow, Teltow, Templin, Wittstock

Fair gehandelte Trommeln in einem Weltladen

So arbeitet ihr weiter

1 Bereitet mithilfe der Checkliste eine Erkundung vor und führt sie durch.
2 Lest **M 1** und entwickelt daraus weitere Fragen, die ihr im Laufe der Erkundung klären wollt.
3 Bereitet eure Ergebnisse auf und präsentiert sie.

Das Internet eröffnet allen einen einfachen und nahezu unbeschränkten Zugang zu Informationen, Videos, Musik und Spielen. Immer wichtiger wird dieses Medium auch für eine schnelle Kommunikation zwischen Menschen aus der ganzen Welt. Ob zu Hause oder mobil mit einem Smartphone – man ist erreichbar und die große Fülle an Inhalten ist immer verfügbar. Diesen nahezu unendlichen Chancen stehen aber natürlich auch Risiken entgegen, die man bei der Nutzung beachten sollte.

Immer online? Jugendliche nutzen in ihrer Freizeit gerne Smartphones und Tablets.

M1 JIM-Studie 2015

Computer (98 %) und Internet (96 %) sind heute in nahezu allen Haushalten vorhanden, wobei der Laptop (88 %) den klassischen PC (75 %) inzwischen überholt hat und auch Tablet-PCs eine zunehmende Verbreitung erfahren (58 %). WLAN-Netzwerke* zur Nutzung des Internets im Haushalt sind dabei die Regel (95 %).

Der Anteil der Jugendlichen, die [...] das Internet nutzen, liegt aktuell bei 97 Prozent. Dabei spielen Alter oder Geschlecht keine Rolle, nur noch hinsichtlich der Nutzungshäufigkeit und der Nutzungsdauer gibt es Unterschiede. 80 Prozent der Zwölf- bis 19-Jährigen sind täglich online, weitere zwölf Prozent mehrmals pro Woche. Drei Prozent nutzen es nicht, die restlichen fünf Prozent zählen zu den eher gelegentlichen Nutzern. Tägliche Nutzer sind bei Jungen (82 %) etwas häufiger zu finden als bei Mädchen (78 %), bei den Zwölf- bis 13-Jährigen mit 70 Prozent deutlich seltener als bei den Volljährigen (87 %). Hinsichtlich der Nutzungsdauer (Selbsteinschätzung der Jugendlichen) zeigt sich erneut ein Anstieg um eine Viertelstunde auf nunmehr 208 Minuten am Tag (2014: 192 Min., 2013: 179 Min.). Allerdings zeigt sich hier zwischen den Altersgruppen ein deutlicher Nutzungsanstieg. Während die Zwölf- bis 13-Jährigen im Schnitt 156 Minuten online sind, steigt dieser Wert bei den 18- bis 19-Jährigen auf 260 Minuten an (14–15 Jahre: 191 Min., 16–17 Jahre: 223 Min.).

Medienpädagogischer Forschungsverbund Südwest (mpfs), JIM-Studie 2015, S. 29 f.

* **WLAN**
WLAN ist die Abkürzung für den englischen Ausdruck Wireless Local Area Network und bedeutet so viel wie drahtloses lokales Netzwerk. Dies ermöglicht die Nutzung des Internets, ohne dass PCs, Laptops, Tablets oder Smartphones über ein Kabel mit dem Netzwerk verbunden sind.

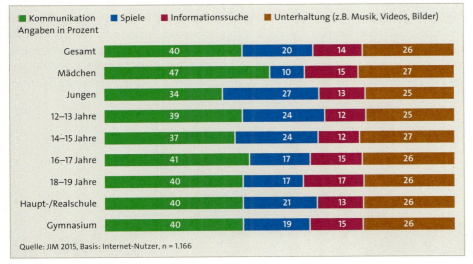

Kommunikation ■ Spiele ■ Informationssuche ■ Unterhaltung (z.B. Musik, Videos, Bilder)
Angaben in Prozent

	Kommunikation	Spiele	Informationssuche	Unterhaltung
Gesamt	40	20	14	26
Mädchen	47	10	15	27
Jungen	34	27	13	25
12–13 Jahre	39	24	12	25
14–15 Jahre	37	24	12	27
16–17 Jahre	41	17	15	26
18–19 Jahre	40	17	17	26
Haupt-/Realschule	40	21	13	26
Gymnasium	40	19	15	26

Quelle: JIM 2015, Basis: Internet-Nutzer, n = 1.166

M 2 Inhaltliche Verteilung der Internetnutzung 2015

M 3 Chancen der Internetnutzung

Die Chancen, die das Internet bietet, liegen auf der Hand: schnelle und aktuelle Informationen, Kommunikation mit Freunden, Spiele, Video-Clips anschauen und selbst hochladen und vieles mehr.

Das meiste davon ist sogar kostenlos verfügbar. Wir können uns ein Leben ohne Internet nicht mehr vorstellen und müssen das auch nicht.

M 4 Risiken der Internetnutzung

Die Möglichkeiten eines multifunktionalen Geräts, das Kamera, Mikrofon, Videothek, Bildergalerie und weitere Elemente vereint, in Verbindung mit der Option, überall und jederzeit online und mit seinem Freundeskreis vernetzt zu sein, eröffnet auch Möglichkeiten, die negative Folgen nach sich ziehen können. So können Bilder und Videos schnell und unkompliziert über Kontaktlisten und Gruppen an alle Personen im Freundeskreis weitergegeben werden und durch den hohen Vernetzungsgrad * der Jugendlichen können Inhalte hierbei rasch

eine hohe Reichweite erzielen. Diese grundsätzlich positiven Aspekte einer unvermittelten und unkomplizierten Kommunikation werden dann problematisch, wenn die Inhalte nicht für Jugendliche geeignet sind, wie bspw. gewalthaltige oder pornografische Videos, oder wenn es um die Verletzung von Persönlichkeitsrechten, wie Beleidigung oder Ähnlichem, geht.
Außerdem kann die ständige Nutzung zu Abhängigkeit und sogar zur Sucht führen.
Medienpädagogischer Forschungsverbund Südwest (mpfs), JIM-Studie 2015, S. 50

Mehr zum Thema
Film: Social Media ... einfach erklärt

Webcode PE656181-077

* **Vernetzungsgrad**
Wenn Jugendliche über sehr viele Kontakte in sozialen Netzwerken beispielsweise über ihr Smartphone verfügen, können sich Nachrichten, Bilder usw. sehr schnell und an viele Empfänger verbreiten. Viele Jugendliche sind also sehr stark mit einer großen Zahl anderer Menschen vernetzt.

1 Beschreibe deine eigene Internetnutzung: Wie viel Zeit verbringst du täglich online?
2 Erläutere, wie es zu den Unterschieden bei Mädchen und Jungen und bei den unterschiedlichen Altersgruppen kommt (M 1 und M 2).
3 Stelle in einer Tabelle Chancen (M 3) und Risiken (M 4) der Internetnutzung Jugendlicher einander gegenüber.
4 Erläutere, wie du die Chancen, die das Internet bietet, nutzt und wo du Risiken befürchtest.
5 Sollten Eltern die Internetnutzung ihrer Kinder stärker kontrollieren? Erörtere.

Medien nehmen einen großen Raum im Leben Jugendlicher ein. Als Medien bezeichnet man alle Mittel oder Verfahren, um Informationen, Bilder oder Nachrichten zu verbreiten. Zu den Medien, die von den meisten Menschen sehr oft genutzt werden, zählen das Internet, der Rundfunk (Fernsehen und Radio) und die Presse (Zeitungen und Zeitschriften). Diese Medien nennt man deswegen auch Massenmedien.

* **Sozialwissenschaften** Sammelbegriff für Wissenschaften, die sich mit dem Zusammenleben der Menschen in einer Gesellschaft beschäftigen.

„Mediennutzung – kein Überblick!"

Sicher bist du selbst häufig im Internet unterwegs. Hier einen kurzen Film angeschaut, da auf einer anderen Seite kurz etwas gelesen oder ein Spiel gespielt und schon ist wieder ziemlich viel Zeit vergangen. Aber wie viel Zeit eigentlich? Und was genau hast du gemacht? Da fehlt nicht nur Jugendlichen häufig der Überblick. Hier kann eine Umfrage hilfreich sein.

Umfrage – wie geht das?

Umfragen sind in den Sozialwissenschaften*, zu denen die Gemeinschaftskunde gehört, ein wichtiges Instrument, um Informationen zu erhalten, wie Menschen sich verhalten. In diesem Fall interessiert uns die Mediennutzung von Jugendlichen.
Eine Umfrage so zu gestalten, dass verwertbare Ergebnisse herauskommen, ist dabei gar nicht so einfach.

Checkliste Umfrage

- ☑ Eine Umfrage sollte nie zu lang sein und den Befragten leicht fallen. Außerdem sollten die Befragten immer wissen, was der Fragende über einen erfahren möchte.
- ☑ Bei geschlossenen Fragen sind die Antworten vorgegeben. Man muss nur noch ankreuzen. Das ist einfach auszuwerten, man gibt aber alle Antworten genau vor.
- ☑ Bei **offenen Fragen** haben Befragte die Möglichkeit, dass sie selbst Antworten formulieren. Man bekommt die ganze Bandbreite an Antworten, kann diese nachher aber vielleicht schwer auswerten.
- ☑ Deswegen sollte man zwischen offenen und geschlossenen Fragen abwechseln oder sie kombinieren.
- ☑ Am Ende bedankt man sich für die Teilnahme an der Umfrage.

METHODE

Mediennutzung Jugendlicher

Überschrift

Mit dieser Umfrage wollen wir herausfinden, wie lange die Schülerinnen und Schüler der Klasse 7a Medien wie das Internet, Radio, Fernsehen oder Zeitungen nutzen.

Einleitung

Vielen Dank, dass du dich an dieser Umfrage beteiligst.

Dank für die Teilnahme

1) Zunächst möchten wir dich fragen, ob du ein Mädchen oder ein Junge bist.

☐ Mädchen
☐ Junge

Beispiele für geschlossene Fragen

2) Wie alt bist du?

3) Bitte gib an, wie oft du die verschiedenen Medien am Tag nutzt und wie lange.

Medien	Wie oft täglich genutzt?	Wie lange insgesamt am Tag?
Internet		
Radio		
Fernsehen		
Zeitung		

Mischung aus geschlossenem Frageteil und offenen Antwortmöglichkeiten

4) Welche Inhalte interessieren dich dabei besonders?

Beispiel für eine offene Frage

5) Wie nutzt du das Internet?

☐ Video-Clips
☐ Nachrichten versenden
☐ Informationen suchen
☐ Sonstiges:

Mischung aus geschlossenem Frageteil und offenen Antwortmöglichkeiten

6) …

1 Nenne Themen, die dich bei einer Umfrage zur Mediennutzung in deiner Klasse interessieren würden.

2 Führt in eurer Klasse eine Umfrage zur Mediennutzung durch. Ihr könnt als Grundlage den hier abgebildeten Fragebogen verwenden. Ergänzt ihn mit eigenen Fragen, die euch interessieren.

3 Wertet den Fragebogen aus. Überprüft, welche Fragen brauchbare Antworten ergeben haben und welche nicht.

4 Stellt eure Ergebnisse grafisch dar und präsentiert diese eurer Klasse. Verwendet dazu Balken-, Säulen- oder Kreisdiagramme (vgl. S. 102/103).

5 Manche Fragen sind den Befragten unangenehm und sie geben deswegen vielleicht falsche Antworten. Besprecht Möglichkeiten, wie man solche Fragen vermeiden und bessere Fragen formulieren könnte.

Stars im Kinderzimmer

In den letzten Jahren sind YouTuber, Instagrammer – und zuletzt Snapchatter zu Stars geworden, vor allem für Kinder und Jugendliche. Sie haben Firmen gegründet und sind so Chefs ihrer eigenen Mini-Medienunternehmen. Ihre Follower-Zahlen, um die sie selbst große Medienunternehmen beneiden, gehen in die Millionen.

YouTuber LeFloid

Abonnent

Das Wort bezieht sich ursprünglich auf Zeitungs-Abonnenten, also Personen, die täglich eine bestimmte Zeitung zugeschickt bekommen. Dies nennt man auch ein Abonnement. Heutzutage versteht man darunter aber auch Personen, die beispielsweise bei einem Internet-Blog oder einem Nachrichtendienst eingewilligt haben, dass man über alle neuen Nachrichten sofort informiert wird. Man verfolgt also die Informationen dieser Seiten. Darum bezeichnet man diese Personen auch mit dem englischen Begriff *„Follower"*.

dubiose Quelle

Viele Nachrichten werden im Internet verbreitet, obwohl sie nicht stimmen. Solche falschen Nachrichten sind eine zweifelhafte Quelle.

M 1 LeFloid

LeFloid heißt eigentlich Florian Mundt, ist 27 und macht Videos für YouTube. LeFloids Videokanal existiert seit 2007, damit zählt er zu den dienstältesten deutschen YouTubern. Der Kanal kommt mittlerweile auf 2,6 Millionen Abonnenten*, er ist damit das viertbeliebteste deutsche Angebot. Die meisten Zuschauer von LeFloid sind 16 bis 24 Jahre alt. Auf Facebook hat der Videomacher 621 000 Fans, bei Twitter 565 000 Follower – das sind Größenordnungen wie bei bekannten Nachrichtenseiten.

Obwohl LeFloid auch Videos zu Gaming-Themen macht und zwei weitere Kanäle betreibt, dürften ihn die meisten Nutzer mit dem Format „LeNews" verbinden. Darin präsentiert und kommentiert er jeden Montag und Donnerstag fünf bis acht Minuten lang eine Handvoll Nachrichtengeschichten. Die Bandbreite der Themen reicht von politischen Krisen über die Impfpflicht bis hin zum Leben auf dem Mars.

LeFloid ist Vollzeit-YouTuber, das Entwerfen, Drehen und Schneiden der Videos sein Beruf. Er verdient sein Geld unter anderem dadurch, dass YouTube ihn an den Werbeeinnahmen beteiligt, die seine Clips generieren. Zusätzlich entwickelt er ein Format für das kommende Jugendangebot von ARD und ZDF und wirbt für die Techniker Krankenkasse. Seinen letzten Studentenjob hatte LeFloid nach eigenen Angaben Weihnachten 2012. Im Vergleich zu Nachrichtensendungen oder TV-Magazinen sind Sendungen wie „LeNews" oder Videospiel-Mitschnitte viel günstiger zu produzieren. Bei „LeNews" zum Beispiel gibt es kein Redaktionsteam im Hintergrund, was man LeFloid allerdings von Zeit zu Zeit wünschen würde. Etwa dann, wenn er mal eine dubiose Quelle* heranzieht.

Markus Böhm, http://www.spiegel.de/netzwelt/web/lefloid-wer-ist-der-youtuber-der-angela-merkel-interviewt-a-1042779.html (Zugriff: 3.8.2016)

Eigentlich heißen sie Dagmar und Bianca und sind ganz normale Mädchen. Im Internet aber kennen ihre Fans sie unter den Namen Dagi Bee und Bibi. Sie zeigen in den wenige Minuten langen Filmen, wie sie morgens vor dem Spiegel stehen und sich schminken – und wie sie sich abends wieder abschminken. Dagi Bee zeigt, wie man seine Haut pflegen kann. Oder Bibi erklärt, was Jungs über Mädchen denken. Die Filme werden bei YouTube gespeichert. Dort kann sie jeder kostenlos ansehen. Dank YouTube sind Dagi und Bibi bei Jugendlichen so berühmt wie Schauspieler oder Fußballer. Viele junge Mädchen zwischen zehn und 16 Jahren sehen sich die Videos von Dagi Bee und Bibi an. Oft werden sie innerhalb einer Woche jeweils über eine Million Mal angeklickt. Bibi, Dagi Bee und andere YouTuber machen das nicht nur zum Spaß. Sie verdienen viel Geld mit ihren Videos. Das ist erst einmal ganz normal. Auch Zeitungen und Fernsehsender wollen Geld verdienen. Deshalb zeigen sie Werbung auf ihren Seiten oder in Werbepausen. Die muss jedoch deutlich als Werbung zu erkennen sein, das ist vorgeschrieben. In den Videos von Bibi gibt es auch Werbung. Nur ist das meist nicht leicht zu erkennen.

Wenn Bibi sich in einem Video schminkt, lobt sie die Marke des Lippenstifts. Sie hält ihn in die Kamera, damit man ihn gut sehen kann. In dem Video wird dann ein Satz eingeblendet: „Unterstützt

Dagi Bee

durch Produktplatzierungen". Das heißt, dass Bibi von der Lippenstift-Firma Geld bekommt. Aber das wissen viele Fans nicht. Nur den Lippenstift wollen sie haben. Denn durch ihre coole und lustige Art ist Bibi so etwas wie eine Freundin aus dem Internet. Und ein Vorbild. Viele wollen auch so ein aufregendes Leben führen wie die 22-Jährige. Also kaufen sie sich mit ihrem Taschengeld all die Dinge, die Bibi empfiehlt. Dass es bessere oder billigere Lippenstifte geben könnte, weiß nicht jeder, der die Videos sieht. Und ob man wie Bibi unbedingt drei verschiedene Lippenstifte braucht, ist auch nicht jedem klar. Sie vertrauen Bibi und ihrem Urteil.

Doch für Bibi sind die Empfehlungen nicht bloß ein Freundschaftsdienst, sondern ein riesengroßes Geschäft. Auch von YouTube bekommt sie Geld, weil so viele Leute ihre Videos anklicken. Die Summe ist nicht bekannt. Ein paar wenige, sehr beliebte YouTuber verdienen jeden Monat zwischen 10 000 und 30 000 Euro mit Klicks und Werbung. In Drogerie-Geschäften gibt es mittlerweile auch einen Bibi-Duschschaum zu kaufen, in Elektronikmärkten ein Bibi-Handy. Bibi erlaubt den Herstellern, ihren Namen und ihr Gesicht für die Produkte zu benutzen. Wie viel sie damit verdient, weiß man nicht. Denn über Geld spricht Bibi in ihren Videos nicht.

Christoph Dorner, www.sueddeutsche.de/leben/ youtube-stars-kohle-und-kajal-1.2805461 (Zugriff: 3.8.2016)

1 Bilde eine Lernpartnerschaft beispielsweise mit deinem Nachbarn und teilt euch die Arbeit (M 1 und M 2) auf. Lies deinen Text und schreibe dir wichtige Informationen heraus.

2 Befragt euch gegenseitig. Trefft euch danach noch mit weiteren Interviewpartnern aus eurer Klasse, um zu überprüfen, ob eure Antworten vollständig sind.

3 Erstellt eine Tabelle, in der ihr Gemeinsamkeiten und Unterschiede der beiden Beispiele einander gegenüberstellt.

4 Präsentiert eure Ergebnisse vor der Klasse.

5 „Stars im Kinderzimmer" haben einen großen Einfluss auf Kinder und Jugendliche. Diskutiert in der Klasse, ob Eltern ihre Kinder vor diesem Einfluss schützen sollten.

Meine Daten gehören mir

Smartphones sind aus unserem Leben kaum noch wegzudenken. Man kann mit ihnen telefonieren, spielen, sich informieren, fotografieren und Bilder und andere Inhalte auch gleich mit allen Freunden und Bekannten über soziale Netzwerke im Internet teilen. Das ist sehr praktisch. Aber vielleicht ist es euch auch schon einmal so ergangen, dass ihr manches nicht mit jedem teilen wollt?

Mattis betritt den Klassenraum

M 1 Oh nein, was habe ich getan?!

Mattis ist 13 Jahre alt und geht in die 7. Klasse. In seine Klasse gehen auch Jessica und Melissa. Mattis versteht sich mit Jessica sehr gut und so tauschen sie immer häufiger Nachrichten mit dem Smartphone aus. Irgendwann schicken sie sich auch Fotos, alles ganz harmlos. Die beiden verstehen sich immer besser, so ist jedenfalls Mattis' Eindruck, und er schickt ihr auch Fotos von sich, von denen er nicht unbedingt möchte, dass sie andere sehen. Als Melissa bei Jessica zu Besuch ist, sieht sie sich die Nachrichten ihrer Freundin auf deren Smartphone an, die beiden haben schließlich keine Geheimnisse voreinander. Sie findet die Fotos von Mattis und stellt sie in die Gruppe der Klasse. Als Mattis am nächsten Tag in die Schule kommt, ahnt er nichts. Aber ihm wird schnell klar, was passiert ist, als er seine Klassenkameraden lachen und tuscheln sieht, sobald sie ihn sehen. „Oh nein, was habe ich getan?!"

M 2 Damit habe ich doch nichts zu tun!

Dalina geht mit ihren Freundinnen gerne am Wochenende in Clubs tanzen. Als sie auf der Tanzfläche fotografiert wird, denkt sie sich nichts dabei, das passiert schließlich häufiger. Die Clubs stellen, so denkt sie, die Fotos auf ihre Internetseite, von der man sie später herunterladen kann. Sie weiß nicht, dass es sich bei dem Fotografen um einen Profi handelt, der für eine Firma (Agentur) arbeitet, die Fotos an Zeitungen verkauft.
Einige Wochen später, Dalina erinnert sich schon gar nicht mehr an den Fotografen, ruft ihre Freundin Sina bei ihr an: „Du bist in der Zeitung!" Und tatsächlich. Das Foto zeigt Dalina, wie sie ausgelassen auf der Tanzfläche tanzt. Darunter ist die Bildunterschrift zu lesen: „Was Drogen aus unseren Kindern machen." Die Zeitung hat sich offensichtlich, um einen Bericht über Drogenkonsum unter Jugendlichen zu bebildern, an die Agentur gewandt und dieses Foto gekauft. Dalina ist entsetzt: „Jetzt denken alle, ich würde Drogen nehmen. Damit habe ich doch nichts zu tun!"

M3 Datenschutz

Unter dem Begriff „Datenschutz" wird umgangssprachlich zumeist der Schutz von persönlichen Daten verstanden, damit diese nicht unrechtmäßig weitergegeben werden können. Man nennt das auch das „Recht auf informationelle Selbstbestimmung". Was aber sind personenbezogene Daten? Dazu gehören unter anderem:

- Name, Familienstand, Geburtsdatum
- Anschrift, Telefonnummer, E-Mail-Adresse
- Konto-, Kreditkartennummer
- Autokennzeichen
- Personalausweisnummer
- Vorstrafen
- genetische Daten und Krankendaten
- Zeugnisse

nach: www.klicksafe.de/themen/datenschutz/privat sphaere/datenschutz-tipps-fuer-eltern-und-paedagogen/ datenschutz-eine-rechtliche-annaeherung, 1.11.2016

M4 Das Recht am eigenen Bild

Eine Abbildung darf nur mit Einwilligung des Abgebildeten verbreitet oder öffentlich werden. Hierunter fallen die Veröffentlichung eines Fotos in einem sozialen Netzwerk oder das Verschicken per Messenger-App (WhatsApp etc.). Ausschlaggebend ist die „Erkennbarkeit" der abgebildeten Person. Auf dem Bild muss also nicht unbedingt das vollständige Gesicht zu sehen sein. Folgende Ausnahmen schränken das „Recht am eigenen Bild" ein:

- Der Abgebildete ist nur „Beiwerk" und nicht der eigentliche Grund der Aufnahme.
- Der Abgebildete ist Teil einer Menschenansammlung, also nur „einer von vielen".
- Der Abgebildete ist eine Person der Zeitgeschichte (z. B. ein Prominenter).
- Das Bild hat einen künstlerischen Wert und dient damit einem höheren Interesse der Kunst.

In allen anderen Fällen muss der Abgebildete vor einer Veröffentlichung gefragt werden.

nach: www.klicksafe.de/themen/datenschutz/grundlagen-wissen/datenschutz-im-internet/das-recht-am-eigenen-bild (Zugriff: 1.11.2016)

Mehr zum Thema
Film: Datenschutz ... einfach erklärt

Webcode PE656181-083

---

1 Beschreibe, ob du auch schon mal schlechte Erfahrungen gemacht hast, so wie in **M1** und **M2** beschrieben.

2 Das Posten und Versenden von Fotos spielt bei der Internetnutzung eine große Rolle. Erläutere Chancen und Risiken, die dadurch entstehen.

3 Beschreibe rechtliche Regelungen zum Schutz personenbezogener Daten (**M3**, **M4**).

4 Prüfe die Abbildungen neben **M4**. Dürfen sie ohne Zustimmung der abgebildeten Person veröffentlicht werden? Begründe deine Entscheidung.

5 „Oh nein, was habe ich getan?!" (**M1**). Was denkst du, wer den Ausruf getan hat: Mattis, Jessica oder Melissa? Begründe deine Antwort.

6 Beschreibe, wie man Mattis helfen kann. Was würdest du ihm raten?

7 Erläutere mithilfe von **M3** und **M4**, ob sich Dalina gegen die Veröffentlichung wehren kann.

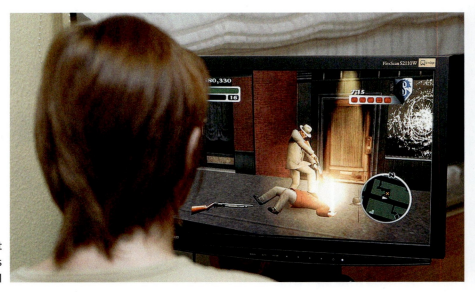

M1 Jugendlicher spielt gewalttätiges Computerspiel

M2 Machen Fernsehen oder Computerspiele gewalttätig?

Weitgehend unstrittig ist [...], dass mediale Gewalt in der Lage ist, die Nutzer gefühlsmäßig zu erregen. Außerdem wurde beobachtet, dass sich die Zuschauer und Computernutzer an Gewalt in den Medien gewöhnen, man kann daraus aber nicht auf eine Abstumpfung gegenüber wirklicher Gewalt schließen. Allerdings werden aggressive Verhaltensmuster im Fernsehen oder in Computerspielen umso eher übernommen, wenn der Nutzer ohnehin zur Anwendung von Gewalt neigt und wenn seine wirkliche Lebenssituation dem Vorbild in den Medien ähnelt.

Gewaltkonsum und persönliche Veranlagung

Es gibt Anhaltspunkte dafür, dass Menschen mit einer Neigung zu aggressivem Verhalten auch gern aggressive Filme oder Computerspiele konsumieren, die dann wiederum die Aggressivität steigern. Allerdings kommen wissenschaftliche Untersuchungen zu dem Ergebnis, dass die durch Gewaltkonsum gesteigerte Aggression schnell wieder abflacht und keinen dauerhaften Einfluss auf die Nutzer hat.

Gewaltkonsum und soziale Einflüsse

Ein hoher Konsum von gewalttätigen Fernsehsendungen und Computerspielen durch Kinder und Jugendliche kann nach Ansicht verschiedener Wissenschaftler auch ein Anzeichen für soziale Isolation* oder Vernachlässigung sein. In einem solchen Fall wäre der Gewaltkonsum nur ein sichtbares Merkmal für tiefer liegende soziale Probleme. Weitgehende Einigkeit besteht darin, dass das soziale Umfeld (wie Familie oder Freundeskreis) auf Menschen einen deutlich größeren Einfluss hat als die Medien. Dafür spricht auch, dass trotz der gestiegenen Verbreitung von gewalttätigen Filmen und Computerspielen in den letzten Jahrzehnten die Gewalt bei Jugendlichen in dieser Zeit gesunken ist.

Stefan Frerichs, www.ard.de/home/ard/Gewalt_in_den_Medien__Machen_Medien_gewalttaetig_/76046/index.html (Zugriff: 21.11.2016)

* Soziale Isolation
wenn man wenig Kontakt vor allem zu Freunden oder Bekannten hat

M 3 Germany's next Barbiepuppe

Modezeitschriften, Modelshows und Bekleidungsketten: Sie alle werben mit unnatürlich dünnen Frauen. Doch Wissenschaftler haben erforscht, dass dieses Schönheitsideal junge Frauen belasten und sogar seelisch krank machen kann. Eine Studie zeigt: Das Anschauen von Modeblättern erhöht die Ausschüttung von Stresshormonen bei jungen Frauen, ihr Selbstwertgefühl sinkt.

Nach diesen Erkenntnissen können Bilder von dünnen Frauen sogar Essstörungen verstärken. Magersüchtige Frauen berichten, dünne Models und Castingshows wie „Germany's Next Topmodel" seien für sie Vorbild. Kritiker werben deshalb dafür, häufiger normalgewichtige Frauen zu zeigen, und fordern mehr Medienkompetenz für Jugendliche.

www.swr.de/report/germanys-next-barbiepuppe/-/id=233454/did=11274580/nid=233454/t6rumn/index.html (Zugriff 1.11.2016)

M 4 „I'm No Angel", Kampagne für „Plus-Size-Models", New York, 2015

M 5 Frankreich beschließt Gesetz gegen Magermodels

Zu dünne Models dürfen in Frankreich künftig nicht mehr arbeiten. Das Parlament beschloss am Donnerstag endgültig ein Gesetz, das gefährliches Untergewicht bei Mannequins verhindern soll. Um auf französischen Modeschauen oder bei Foto-Shootings arbeiten zu können, brauchen Models künftig eine medizinische Bescheinigung, dass ihr Gesundheitszustand mit dem Beruf vereinbar ist. Zentraler Faktor ist dabei der Body-Mass-Index [*] – die genauen Kriterien müssen noch von einer Fachbehörde festgelegt werden. Wenn jemand Models ohne Bescheinigung beschäftigt, drohen ihm sechs Monate Gefängnis und 75 000 Euro Strafe.

www.sueddeutsche.de/panorama/berufsverbot-frankreich-beschliesst-gesetz-gegen-mager models-1.2788501 (Zugriff: 21.11.2016)

[*] **Body-Mass-Index (BMI)**
Der BMI errechnet sich aus dem Verhältnis von Körpergröße und Gewicht. Die Aussagekraft des Ergebnisses ist allerdings umstritten.

1 Beschreibe deine Erfahrungen mit Gewaltdarstellungen in Medien.

2 Erläutere anhand von **M 2** die Wechselwirkung zwischen Gewaltdarstellung in den Medien und der Persönlichkeit von Jugendlichen.

3 Notiere dir in Stichworten Eigenschaften von gutaussehenden Frauen und Männern.

4 Überprüfe, ob die von dir genannten Eigenschaften mit denen aus **M 3** und **M 4** in Bezug auf Frauen übereinstimmen.

5 Erörtert ein Verbot von zu dünnen Models, wie es in Frankreich eingeführt wurde. (**M 5**)

6 Ordne dich bei der Frage „Wie stark werde ich von Medien beeinflusst?" auf einer Skala von 1 (= überhaupt nicht) bis 10 (= sehr stark) ein. Diskutiert eure Ergebnisse in der Klasse.

Ein Ereignis – viele Darstellungen?

Wenn ihr euch für eine bestimmte Nachricht interessiert, gibt es verschiedene Wege, an Informationen zu kommen. Die wichtigsten sind das Fernsehen, die Zeitung oder die Nachrichtenseiten im Internet. Jede Informationsquelle hat ihre Stärken und Schwächen. Wir nehmen sie genauer unter die Lupe und vergleichen. Wählt eine der drei Aufgaben aus.

M 1 Tageszeitungen

Wahlaufgabe 1:

Eine Nachricht – zwei Gesichter

Besorgt euch zwei Tageszeitungen: eine Boulevardzeitung* und eine regionale oder überregionale Tageszeitung. Eure Lehrerin oder euer Lehrer kann euch bei der Auswahl helfen. Anschließend wählt ihr auf den Titelblättern der beiden Zeitungen einen Artikel zu demselben aktuellem Thema aus. Schneidet die beiden Artikel aus und dann wird geforscht.

* **Boulevardzeitung**
siehe Seite 90, M 2

Forscherauftrag 1:

Erstellt für jeden Artikel ein Plakat und klebt die Artikel in die Mitte. Untersucht und vergleicht die Zeitungsartikel. Dies sind Möglichkeiten, nach denen ihr untersuchen könnt, sicher findet ihr noch mehr:
- Aufmacher (Überschrift, Bilder, Gestaltung, Text).
- Anzahl der Wörter?
- Informationsgehalt?
- Sprachstil (einfach zu verstehen, viele Fremdwörter, sachlich)?
- …

Stellt eure Ergebnisse der Klasse vor.

Wahlaufgabe 2:

Eine Nachricht wandert …

Ihr benötigt die Ausgaben einer Tageszeitung von einer ganzen Woche. Vielleicht haben eure Eltern eine Tageszeitung abonniert oder ihr fragt bei eurer Lehrerin oder eurem Lehrer nach. Wählt ein bestimmtes Thema aus, das in dieser Woche eine wichtige Rolle gespielt hat, und untersucht, wo und wie umfangreich dieses Thema innerhalb einer Woche in der Zeitung auftaucht.

Forscherauftrag 2:

Erstellt eine Wandzeitung, auf der ihr eine Woche lang jeden Tag dokumentiert, wie eine Nachricht innerhalb der Zeitung „wandert". Dabei sammelt ihr täglich alles an Informationen (z. B. Bilder, Artikel, Kommentare, Karikaturen), was ihr in einer Ausgabe der Zeitung zu eurem Thema finden könnt.

Untersucht genau:

- Auf welcher Seite sind die Artikel platziert (Titelblatt, Rubrik)?
- Wie ausführlich wird berichtet?
- Anzahl der Artikel?
- Was stellt ihr fest ?
- …

Stellt eure Ergebnisse der Klasse vor.

Wahlaufgabe 3:

Zwei Fernsehnachrichten im Vergleich

Schaue dir am gleichen Tag zwei verschiedene Nachrichtensendung im Internet an. Wähle eine Sendung eines öffentlich-rechtlichen Senders (z. B. die Tagesschau oder heute) und die eines Privatsendes (z. B. RTL 2 News, Newstime PRO 7). Vergleicht die beiden Sendungen, sicherlich könnt ihr Unterschiede entdecken.

Zeitungsdokumentation zum Thema ....

Zeitung: ....   **vom** ....   **bis** ....

Tag	Fundstelle	Umfang		
		Artikellänge	Kommentare	Bilder
Montag				
Dienstag				
Mittwoch				
Donnerstag				
…				

Forscherauftrag 3:

Erstellt zunächst ein „Nachrichtenprokokoll", eine Art Beobachtungsbogen. Untersucht mithilfe dieses Protokolls Nachrichtensendungen nach bestimmten Merkmalen der Sendung, z. B.

- Dauer der Sendung
- Worüber wird berichtet?
- Gemeinsamkeiten und Unterschiede bei der Themenauswahl
- Anordnung der Beiträge
- Informationswert (Hintergründe, Erklärungen durch Korrespondenten*)
- An welches Publikum ist die Sendung gerichtet?
- Berichterstattung eher sachlich oder emotional?
- …

Stellt eure Ergebnisse in Form eines Plakats der Klasse vor.

Analysiert, welche Sender bei ihren Nachrichten zu Infotainment* neigen, und versucht Gründe dafür zu finden.

* **Korrespondenten**
Berichterstatter/-innen, die meistens vor Ort berichten und eine vertiefte Sachkenntnis zu einem bestimmten Thema haben.

* **Infotainment**
Eine Mischung aus Information und Entertainment (= Unterhaltung). Die Nachrichten sollen den Zuschauer bzw. Leser auf unterhaltsame Weise informieren.

Nachrichtensprecherinnen und -sprecher verschiedener Sender: links RTL II, rechts ARD

Jeden Tag passieren unzählig viele Dinge. Aus vielen würde es sich lohnen, eine Nachricht zu machen, aber nur wenige schaffen es in eine Nachrichtensendung im Fernsehen, im Radio oder in die Zeitung. Das liegt vor allem an drei Abläufen, die aus der unüberschaubaren Anzahl der Ereignisse die wichtigsten herausfiltern:

– Redaktion *
– Nachrichtenagenturen *
– Korrespondenten * im In- und Ausland

Wie diese zusammenarbeiten, schauen wir uns auf dieser Doppelseite an.

* Nachrichtenagentur
Ein Unternehmen, das weltweit, aber auch in Deutschland Nachrichten sammelt und an Zeitungen, das Radio oder an Fernsehsender weiterverkauft.
Beispiele:
dpa (Deutsche Presse-Agentur)
sid (Sport-Informations-Dienst)
AP (Associated Press)

* Agenda-Setting
kommt aus dem Englischen und bedeutet das Setzen von Themenschwerpunkten

* Korrespondent/-in
siehe Seite 87

* Redaktion
Abteilung in einem Medienunternehmen, in der die Nachrichten oder Beiträge ausgewählt, bewertet, recherchiert und geschrieben werden.

Natürlich hat die Berichterstattung auch wieder Auswirkungen vor Ort, da mehr Menschen auf die Ereignisse aufmerksam werden und sich vielleicht auch einmischen, z. B. über Leserbriefe oder andere Aktionen.

Die Nachricht wird in den Medien veröffentlicht.

1 Beschreibe in eigenen Worten, wie eine Nachricht entsteht.
2 Nenne die wichtigsten Akteure und Akteurinnen, die an der Entstehung einer Nachricht beteiligt sind. Beschreibe, welche Interessen sie jeweils verfolgen.

Korrespondenten werden von Redaktionen beauftragt, über Ereignisse zu berichten.

Korrespondenten berichten über Ereignisse aus dem In- und Ausland, die sie interessant finden.

Ein Verleger oder Herausgeber einer Zeitung hat bestimmte wirtschaftliche Interessen. Die Leitung des Zeitungsverlags möchte, dass die Zeitung häufig verkauft wird und für Werbekunden interessant ist. Nur so können das wirtschaftliche Bestehen und die Arbeitsplätze im Verlag gesichert werden.

Nachrichtenagenturen stellen Meldungen zusammen, auf die man zurückgreifen kann, wenn man keine eigenen Korrespondenten vor Ort hat.

Die Redaktion entscheidet, welche Themen in welchem Umfang und in welcher Reihenfolge gebracht werden. Das nennt man auch Agenda-Setting.

3 Geht in Gruppen zusammen. Überlegt euch Themen, die gerade bei euch in der Schule diskutiert werden.
- Schreibt alle Themen auf, die euch Schülerinnen und Schüler bewegen.
- Sortiert die Themen nach Wichtigkeit und schreibt kleine Nachrichten selbst.
- Überlegt euch, wie man die Seite bebildern könnte.
- Gestaltet auf einem DIN-A4-Blatt eine Zeitungsseite und ordnet die Artikel und Bilder dort nach ihrer Bedeutung an.
- Vergleicht euer Ergebnis mit denen der anderen Gruppen.

M 1 Tageszeitungen aus Berlin und Brandenburg

Das Besondere einer Zeitung

Noch immer sind Zeitungen eine unserer wichtigsten Informationsquellen. Wer ausführlich informiert sein will, Einzelheiten und Hintergründe kennenlernen möchte, kommt an der Zeitung nicht vorbei. Außerdem findet man in der Zeitung Informationen, an die sonst nur schwer heranzukommen ist, z.B. zu lokalen oder regionalen Veranstaltungen, Vereinsnachrichten und Todesanzeigen. Viele Menschen haben deshalb eine Tageszeitung abonniert. Auch Zeitungen gehen mit der Zeit. Heute bestehen Printmedien, Radio- und Fernsehsender sowie Internet-Websites nebeneinander. So verfügen alle Tageszeitungen über einen Internetauftritt, der neben der jeweiligen Ausgabe auch aktuelle Meldungen, ein Archiv sowie zahlreiche Zusatzangebote einschließt.

M 2 Zeitungsarten

Lokale Tageszeitungen berichten über Politik, Wirtschaft, Kultur und Sport. Sie behandeln viele regionale Themen.

Überregionale Tageszeitungen berichten ausführlich über Politik, Wirtschaft, Kultur und Sport.

Nachrichtenmagazine illustrieren lebendig geschriebene Berichte und Kommentare mit vielen Fotos.

Boulevardzeitungen haben ihren Namen daher, weil sie nicht im Abonnement, sondern auf der Straße verkauft werden. Sie sind auffällig bunt gestaltet, werben mit großen Schlagzeilen und berichten oft über Skandale. Der Gefühlswert der Beiträge übertrifft deutlich den sachlichen Informationswert.

Sonntagszeitungen erscheinen nur einmal in der Woche. Sie behandeln aktuelle Themen und Hintergründe.

Wochenzeitungen schreiben aufgrund des wöchentlichen Erscheinens zu den Hintergründen und ordnen aktuelle Themen in Zusammenhänge ein.

Kostenlose Werbeblätter haben einen dünnen redaktionellen Teil, meist mit aktuellen Sportnachrichten und Rezepten, ihr Hauptzweck ist die Verbreitung von Werbeanzeigen.

Politik und Unterricht: Medien, 1/2002, S. 33, Landeszentrale für politische Bildung Baden-Württemberg, gekürzt

Zeitung für junge Leute

Um das Interesse insbesondere der Jugendlichen an der Zeitung zu wecken und zu halten, haben in den vergangenen Jahrzehnten zahlreiche Verlage weit über 100 eigene redaktionelle Angebote für junge Leser entwickelt. Seither veröffentlichen die Zeitungen zum Beispiel regelmäßig Jugendbeilagen mit ausführlichen Veranstaltungshinweisen oder spezielle Jugendseiten sowie auf diese Zielgruppe zugeschnittene Internetaktivitäten. Gerade durch die Verknüpfung mit interessanter Online-Angeboten hoffen die Verlage, die internetbegeisterten Jugendlichen auch mit der gedruckten Zeitung vertraut zu machen. Mittlerweile richten sich zahlreiche Aktivitäten aber auch bereits an Kinder im Grundschulalter. Dabei wird auf interessante inhaltliche Angebote ebenso viel Wert gelegt wie auf Leseförderungsmaßnahmen.

Zeitung in der Schule

Fast alle Tageszeitungen bieten für Schulen einen besonderen Service: Über mehrere Wochen werden Schulklassen kostenlos mit der aktuellen Tagesausgabe einer Zeitung versorgt. Im Rahmen von Projekten beschäftigen sich die Schülerinnen und Schüler intensiv mit der jeweiligen Zeitung und werden auch selbst als Journalisten tätig. Ihre Beiträge werden dann in der Zeitung veröffentlicht. Meist rundet ein Besuch im Pressehaus das Projekt ab.

Bei dem Projekt „Zeitung in der Schule" sollen die Schülerinnen und Schüler den Aufbau der Tageszeitung kennenlernen und Inhalte für sich entdecken und nutzen können.

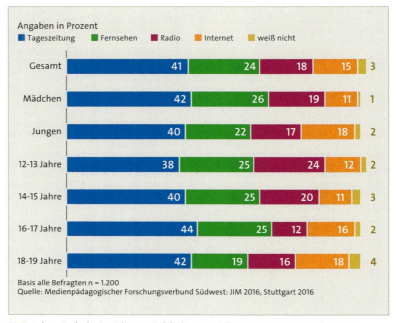

Basis alle Befragten n = 1.200
Quelle: Medienpädagogischer Forschungsverbund Südwest: JIM 2016, Stuttgart 2016

M 3 Ich würde bei widersprüchlicher Berichterstattung am ehesten vertrauen auf ...

---

1 Macht in der Klasse eine kleine Umfrage: Alle sollen auf einem Zettel ohne Namensangabe notieren, wie oft sie in der letzten Woche eine Zeitung/Zeitschrift ungefähr wie lange gelesen haben. Wertet die Umfrage an der Tafel aus.

2 Besorgt euch zu jedem der in **M 2** aufgelisteten Zeitungstypen ein Exemplar. Bearbeitet in Gruppen je einen Zeitungstyp nach folgenden Gesichtspunkten: Aufbau, Informationswert, Sachlichkeit, Unterhaltungswert. Stellt eure Ergebnisse der Klasse vor.

3 In seriösen Zeitungen wird strikt unterschieden zwischen Nachrichten (sachliche Form der Information) und Artikeln, die bewerten, deuten, kritisieren oder persönliche Eindrücke wiedergeben. Findet für diese Unterscheidung Beispiele.

4 Vergleicht den Internetauftritt einer Zeitung mit der Printausgabe. Stellt Unterschiede und Gemeinsamkeiten in einer Tabelle zusammen.

5 Wertet **M 3** aus und diskutiert, welchem Medium ihr bei widersprüchlichen Berichten am ehesten vertraut.

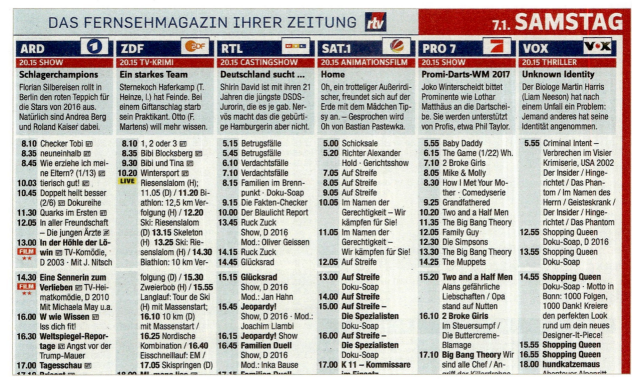

M1 TV-Programm (Ausschnitt)

★ **Publikum**
das sind alle Zuschauerinnen und Zuschauer, Zuhörerinnen und Zuhörer oder auch Leserinnen und Leser

★ **Infotainment**
siehe Seite 87

Vier Bereiche

Die Aufgaben der Massenmedien lassen sich vier Bereichen zuordnen.

1. Informieren

In der Demokratie bestimmen die Wählerinnen und Wähler die Politik, indem sie Abgeordnete ins Parlament wählen, die ihrer Meinung nach die richtigen Entscheidungen treffen werden. Eine Demokratie kann deshalb nur richtig funktionieren, wenn die Bürgerinnen und Bürger regelmäßig und umfassend informiert werden. Diese Aufgabe übernehmen die Massenmedien. Politische Zusammenhänge müssen erklärt werden, damit Nicht-Fachleute – und das sind die meisten – sie verstehen. Erst dann können sie sich als Wähler, als Mitglieder einer Partei, eines Verbandes oder einer Bürgerinitiative eine Meinung bilden.

2. Kritisieren und kontrollieren

Man nennt die Medien manchmal die „vierte Gewalt im Staat" (neben Regierung, Parlament und Rechtsprechung),

weil sie in der Vergangenheit eine ganze Reihe von politischen Skandalen aufdeckten: Regierungsmaßnahmen ohne ausreichende gesetzliche Grundlagen oder Parteien, die unrechtmäßig Millionenbeträge einstrichen. Massenmedien kontrollieren also auch die Politik.

3. Unterhalten

„Zur Unterhaltung gehört, was gefällt", meinen viele. Dem Publikum★ werden Unterhaltungsshows, Musik und Humor, Reise- und Sportberichte und vieles mehr geboten. Es wird alles gebracht, von dem angenommen wird, dass es das Publikum interessiert und unterhält.

4. Bilden

Die Medien bringen auch Beiträge zu allgemein bildenden und kulturellen Themen wie Naturwissenschaften, Geschichte, Kunst, Literatur und allgemeinen Lebensfragen. Die wissenschaftlichen Erkenntnisse werden allerdings häufig in Unterhaltung „verpackt" (sogenanntes Infotainment★).

Der duale Rundfunk

Bis in die 1980er-Jahre wurde Rundfunk (Hörfunk und Fernsehen) in der Bundesrepublik Deutschland ausschließlich von den öffentlich-rechtlichen Rundfunkanstalten ARD und ZDF angeboten. Neue Entwicklungen in der Kabel- und Satellitentechnologie eröffneten privaten Anbietern die Möglichkeit eigener Übertragungen. Seit 1986 ist ein **duales** (zweigleisiges) System, also ein Nebeneinander von öffentlich-rechtlichen und privaten Anbietern gesetzlich erlaubt.

Öffentlich-rechtliche Sender erfüllen einen gesetzlichen Auftrag. Sie sollen die Grundversorgung der Bevölkerung mit Informationen, aber auch mit Kultur, Bildung und Unterhaltung sicherstellen. Dafür dürfen die Sender von den Hörern und Zuschauern Gebühren erheben. Kontrolliert werden die öffentlich-rechtlichen Sender durch den Rundfunkrat. Er soll eine Programmgestaltung sicherstellen, die die Interessen aller wichtigen gesellschaftlichen Gruppen berücksichtigt. Privatsender sind wie Wirtschaftsunternehmen aufgebaut. Ihr Ziel ist es, Gewinne zu erzielen. Sie dürfen daher ein Programm bringen, das viele Zuschauer anlockt oder sich auf bestimmte Bereiche beschränkt. Dafür haben sie aber keinen Anspruch auf Gebühren und müssen sich durch Werbung finanzieren. Dabei gilt: Je mehr Menschen eine Sendung einschalten, desto höher sind auch die Kosten für die Werbeminute und damit die Einnahmen des Senders.

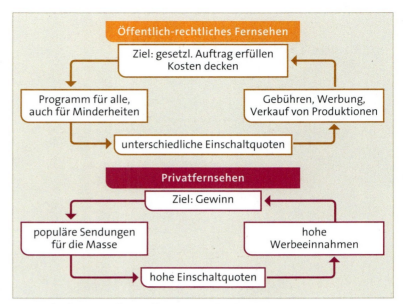

M 2 Ziele der Fernsehanstalten im Vergleich

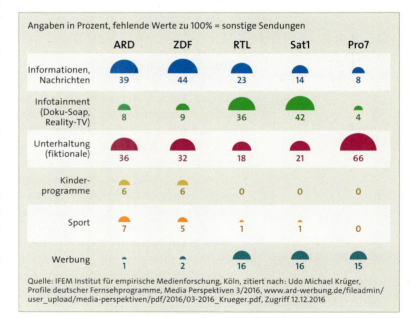

Quelle: IFEM Institut für empirische Medienforschung, Köln, zitiert nach: Udo Michael Krüger, Profile deutscher Fernsehprogramme, Media Perspektiven 3/2016, www.ard-werbung.de/fileadmin/user_upload/media-perspektiven/pdf/2016/03-2016_Krueger.pdf, Zugriff 12.12.2016

M 3 Programmangebot der führenden Fernsehsender

---

1 Ordnet die in **M 1** genannten Fernsehsendungen den im Autorentext genannten vier Aufgabenbereichen zu.

2 Vergleicht die Sendeziele von öffentlich-rechtlichen und privaten Sendeanstalten (**M 2**).

3 Erläutert, welche Folgen die unterschiedlichen Zielsetzungen von öffentlich-rechtlichen und privaten Sendeanstalten auf die Programmgestaltung haben. Wertet dazu die Übersicht **M 3** aus.

4 Untersucht das Fernsehprogramm der öffentlich-rechtlichen Fernsehsender eines beliebigen Tages. Versucht die einzelnen Sendungen Interessengruppen zuzuordnen.

M1 Gefährdete Tiere der Erde

M2 Auf der Roten Liste: Fischotter

Tiere und Pflanzen in Not

Unsere Erde ist die Heimat von über sechs Milliarden Menschen. Sie ist aber auch der Lebensraum für Millionen verschiedener Tier- und Pflanzenarten. Tiere und Pflanzen haben sich ihrer Umgebung angepasst und können zum Teil sogar in ganz heißen und trockenen oder auch in sehr kalten Gebieten überleben. Viele Tiere sind Pflanzenfresser. Raubtiere dagegen ernähren sich von anderen Tieren. Diese Beutetiere sterben dadurch allerdings ebenso wenig aus wie die Pflanzen. Die Natur hält ein ökologisches Gleichgewicht, das aber sehr oft vom Menschen gestört wird.

Auch Pflanzen gibt es fast überall auf der Erde. In vielen Gegenden gibt es Laub- oder Nadelwälder. Wenn das Klima zu trocken ist, entstehen Grasländer. Im Gebirge wachsen ab einer bestimmten Höhe keine Bäume mehr. Um den Äquator, wo die Temperaturen immer zwischen 25 und 30 °C liegen, sind zum Teil Regenwälder entstanden, in denen sehr viele immergrüne Bäume wachsen. In trockenen Gebieten haben Bäume und Sträucher harte Blätter, um so den heißen Sommer zu überstehen. Viele Pflanzen und Tiere sind durch Eingriffe des Menschen in die Natur bedroht. Wälder werden gerodet, Sümpfe trockengelegt und Hecken abgeholzt. Der Lebensraum zahlreicher Tiere wird dadurch zerstört. So sterben allein in den Regenwäldern der Welt jedes Jahr über 17 000 Arten aus – jeden Tag mehr als 50. Stirbt eine Art aus, so kann das wegen der starken Abhängigkeiten untereinander auch das Ende für viele andere Arten sein.

Rote Listen und Artenschutz

Bedrohte Tier- und Pflanzenarten werden in sogenannten Roten Listen aufgenommen. Die von der Internationalen Naturschutz-Union alle zwei Jahre herausgegebene Liste notiert weltweit 17 038 bedrohte Arten. Das Bundesamt für Naturschutz veröffentlicht Rote Listen für Deutschland und es gibt auch Listen für die Bundesländer. Auf der Roten Liste für Berlin-Brandenburg finden sich z. B. der Biber und der Fischotter.

Umweltschock!
40 % unserer Tiere vom Aussterben bedroht

Hitzewelle am Nordpol
Die Eisfläche in der Arktis schrumpft immer mehr

Wolfsrudel streifen durch Brandenburg

Biber sollen geschossen werden
Probleme mit zu vielen Bibern im Landkreis Märkisch-Oderland

Naturkatastrophen treffen arme Länder am häufigsten

Riesenpanda nicht mehr vom Aussterben bedroht
Artenschutz in China wirkt / Der schwarz-weiße Bär gilt aber noch als gefährdet

Der heftigste Hurrikan seit zehn Jahren
Wieder wurde die Karibik von einem Sturm schwer verwüstet

Zusammenstellung durch den Autor

1 Nenne Ursachen dafür, dass Tierarten aussterben.
2 Beschreibt gemeinsam: Welchen Beitrag können Rote Listen für den Artenschutz leisten?
3 Beschreibe Maßnahmen, die ergriffen werden müssten, um das Artensterben zu verhindern. Beziehe die Zeitungsüberschriften aus M3 mit ein.
4 Was hat das Artensterben mit uns zu tun? Kann es uns nicht egal sein, ob Tiger in Sibirien oder Gorillas im Kongo aussterben? Diskutiert in der Klasse.

Auch Rohstoffe gehen zu Ende

M1 Karikatur von Jupp Wolter, „So leben wir alle Tage"

Rohstoffe aus aller Welt

Strom kommt aus der Steckdose, Benzin aus der Zapfsäule, die Jeans aus dem Kaufhaus und das Auto vom Autohändler ...

All diese Güter, die uns jeden Tag so selbstverständlich zur Verfügung stehen, müssen erst von Handwerks- und Industriebetrieben hergestellt werden. Dabei werden verschiedene Materialien verarbeitet: Bretter, Bleche, Kabel, Kunststoffrohre, Zement, Stoffe, Leder und viele andere. Sie alle werden aus Rohstoffen gewonnen, die Deutschland selbst erzeugt oder aus der ganzen Welt einführt und zu hochwertigen und damit teuren Produkten weiterverarbeitet.

Was sind Rohstoffe?

Rohstoffe sind ursprüngliche, völlig unbearbeitete Stoffe, die die Natur liefert. Sie werden für die Herstellung von Produkten umgewandelt und verbraucht. Herstellung, Transport und schließlich Müllbeseitigung der Güter verschlingen zudem große Mengen an Energie.

Pflanzen und Tiere liefern wertvolle, nachwachsende Rohstoffe. Baumwolle ist ein wichtiger Rohstoff für die Textilindustrie. Tiere liefern neben Fleisch und Milch auch Felle und Wolle. Tierhäute werden gegerbt und zu Leder verarbeitet. Aus dem Öl der Rapspflanze wird Bio-Diesel erzeugt. Holz ist einer der vielseitigsten nachwachsenden Rohstoffe.

Bei anderen Rohstoffen, z.B. Erdöl oder Kohle, sind die Vorräte begrenzt, sie wachsen nicht nach. Viele Lagerstätten entstanden vor mehreren Hundert Millionen Jahren. Fachleute sprechen deshalb auch von knappen oder endlichen, nicht erneuerbaren Rohstoffen.

Rohstoffe sind knapp

Oft gehen wir in Europa und in den Industrieländern sorglos mit Rohstoffen um, als hätten wir genug davon. Dies hat uns den Beinamen Wegwerfgesellschaft eingebracht. „Wir müssen umdenken", meint ein Umweltexperte. „Im Umgang mit Rohstoffen kann für uns nur gelten: vermeiden, verringern und verwerten."

M 2 Aufforstung: Schüler pflanzen kleine Bäume.

M 3 Ein Siegel für Holz

Der Forest Stewardship Council® (FSC®) hat Kriterien und Prinzipien für eine verantwortungsvolle Forstwirtschaft definiert. Nach diesen vergibt er für bewirtschaftete Wälder und Produkte ein Gütesiegel. [...]
Greenpeace empfiehlt den Kauf von FSC-zertifizierten Holzprodukten, auch wenn es nach wie vor Verbesserungsbedarf am FSC gibt. [...] Ziel und Herausforderung des FSC ist eine ökologisch nachhaltige*, sozial förderliche und ökonomisch rentable Bewirtschaftung von Wäldern weltweit.

Greenpeace e.V.: Der FSC. Siegel für guten Wald und gutes Holz, 01/2014, https://www.greenpeace.de/themen/walder/waldnutzung/der-fsc-siegel-fur-guten-wald-und-gutes-holz (Zugriff: 6.12.2016, gekürzt)

* **Nachhaltigkeit**
Grundsatz, der in der Forstwirtschaft entwickelt wurde: Es dürfen nur so viele Bäume gefällt werden, wie nachwachsen. Schließlich sollen auch die nächsten Generationen den Wald nutzen können.
Allgemein: Es sollen nur so viele Rohstoffe verbraucht werden, wie nachwachsen oder wiedergewonnen werden können.

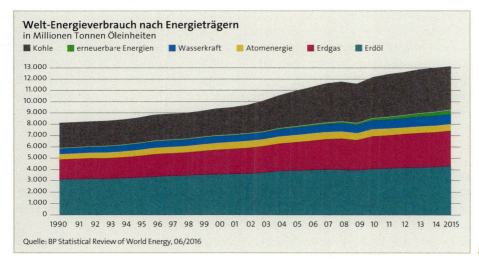

Welt-Energieverbrauch nach Energieträgern
in Millionen Tonnen Öleinheiten
■ Kohle ■ erneuerbare Energien ■ Wasserkraft ■ Atomenergie ■ Erdgas ■ Erdöl

Quelle: BP Statistical Review of World Energy, 06/2016

M 4 Welt-Energieverbrauch

1 Erkläre die Aussage der Karikatur (M 1). Welchen Zusammenhang siehst du mit der Überschrift dieser Doppelseite?
2 Ermittle die Bedeutung des FSC-Siegels (M 3).
3 Stelle fest, was eine nachhaltige Forstwirtschaft auszeichnet (M 3). Nenne weitere Beispiele für einen nachhaltigen Umgang mit Energie und Rohstoffen.
4 Erkläre Voraussetzungen, die erfüllt sein müssen, um das FSC-Siegel zu erhalten.

Vom Abfall zum Wertstoff

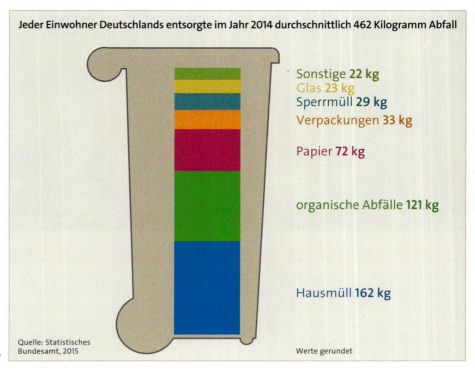

Jeder Einwohner Deutschlands entsorgte im Jahr 2014 durchschnittlich 462 Kilogramm Abfall

Sonstige **22 kg**
Glas **23 kg**
Sperrmüll **29 kg**
Verpackungen **33 kg**

Papier **72 kg**

organische Abfälle **121 kg**

Hausmüll **162 kg**

Quelle: Statistisches Bundesamt, 2015

Werte gerundet

M 1 Ist das alles Müll?

* **Konsum**
Verbrauch

* **Recycling**
Bezeichnet das Aufbereiten und Wiederverwenden. Beim Recycling werden Rohstoffe aus Abfällen gewonnen, die zu neuen Produkten verarbeitet werden. Dazu eignen sich vor allem Glas, Papier/ Pappe, Eisen, Nichteisenmetalle (z.B. Aluminium, Kupfer) und Kunststoffe.

Abfallberge

Türmt man den Müll, der jährlich in Deutschland entsteht übereinander, dann sähe selbst der Watzmann – das ist ein hoher Berg in den Alpen – daneben wie ein Maulwurfshügel aus. Der stetig wachsende Müllberg ist eine Kehrseite des Konsums*. Eine Bewohnerin/ein Bewohner Londons, New Yorks oder Berlins erzeugt während des Lebens so viel Abfall wie fünfzig Menschen in Indien oder Afrika.

Was ist Müll?

Müll ist das, was man selbst nicht mehr verwenden kann. Dazu gehört z.B. Verpackungsmüll. Müll wird in zwei Gruppen eingeteilt: Abfall, der beseitigt werden muss (z.B. Bauschutt, Chemikalien), und Abfall, der verwertet werden kann (z.B. Glasflaschen, Papier).

Wohin mit dem Müll?

Das Recycling* (die Wiederverwertung oder Wiederverwendung von Abfall) ist in Deutschland die wichtigste Form der Abfallbehandlung. Fast die Hälfte des Abfalls wird wiederverwertet. Viele Bestandteile des anfallenden Mülls lassen sich auch zu Kompost verarbeiten. Das sind alle Speisereste, Gartenabfälle und sonstigen natürlichen Stoffe. Abfall, der kompostiert werden kann, wird deshalb gesondert in Bio-Tonnen gesammelt. Der Restabfall wird in modernen Müllverbrennungsanlagen verbrannt.

Holz – Papier – Altpapier

Jeder Mensch in Deutschland verbraucht jedes Jahr 235 Kilogramm Papierprodukte. Mehr als 70 % unseres Papierbedarfs wird heute aus Altpapier gedeckt. Zeitungen, Kartons und Verpackungen werden gesammelt und wiederverwertet. Bei der Aufarbeitung werden die Druckfarben mithilfe von Chemikalien herausgelöst und Folienbeschichtungen, Schmutz sowie Metallteile entfernt. Manchmal werden auch frische Holzfasern beigemischt, um die Papierqualität zu verbessern.

Einweg oder Mehrweg?

Fruchtsäfte, Limonaden, Mixgetränke und Mineralwässer werden in verschiedenen Verpackungen angeboten. Die meisten sind in Glasflaschen abgefüllt.

365 Einwegflaschen oder sechs Mehrwegflaschen – was ist der Unterschied? Wenn du täglich eine Einwegflasche (0,5 l) aus Glas verbrauchst, so ergibt das eine Altglasmenge von 50 Kilogramm im Jahr. Um diese Menge Glas wieder aufzuarbeiten, braucht man so viel Energie, wie ein Auto für eine Fahrtstrecke von 500 Kilometern benötigt. Für den gleichen Getränkeverbrauch benötigt man nur sechs Mehrwegflaschen.

M2 Welche Wege geht eine Getränkeflasche?

M3 Wertvolle Metalle im Smartphone

Im gesamten Lebenszyklus eines Smartphones verursacht die Produktion die größten Umweltauswirkungen. Smartphones enthalten neben verschiedenen Schadstoffen auch zahlreiche wertvolle Edel- und Sondermetalle. [...] Wenn die Geräte getrennt gesammelt werden, kann wenigstens ein Teil dieser Metalle zurückgewonnen werden. Leider werden auch bei gutem Recycling nicht alle Metalle vollständig zurückgewonnen. Auch deshalb ist es sinnvoll, die Geräte möglichst lange zu nutzen.

Um eine umweltschonende Entsorgung zu gewährleisten, müssen die einzelnen Bauteile leicht zu trennen sein. Dies erhöht die Chance, viele verschiedene Teile wiederzuverwerten. Es ist daher wichtig, dass z. B. die Akkus leicht entnehmbar sind. Das verlängert auch die Lebensdauer der Geräte, denn die Akkus gehören oft zu den ersten Bauteilen, die versagen.

Umweltbundesamt: Smartphone, https://www.umweltbundesamt.de/umwelttipps-fuer-den-alltag/elektrogeraete/smartphone#textpart-1 (Zugriff: 6.12.2016)

---

1 Werte das Schaubild **M1** aus und beschreibe, was dir auffällt.

2 Beschreibe, wie ihr in der Schule und zu Hause mit Altpapier und Altglas umgeht.

3 **a** Übertrage die Grafik **M2** in dein Heft. Trage mit roten Linien den Weg einer Einwegflasche ein, mit grünen Linien den Weg einer Mehrwegflasche. Vergleiche und beschreibe das Ergebnis.

   b Wie kann durch die Verwendung von Mehrwegflaschen Energie eingespart werden? (M2, Text)

4 Erkläre den Begriff „Wertstoff" am Beispiel von **M3**.

5 Erarbeitet in der Klasse Vorschläge für eine Nutzungskette von Bioabfällen.

M 1 Abfälle richtig trennen

Wertstoffe Orange oder Gelbe Tonne/Gelber Sack	Glas Glas-Container, nach Farben getrennt	Papier & Pappe Blaue Tonne	Bioabfall Braune oder Grüne Tonne	Hausmüll/Restmüll Graue oder Schwarze Tonne
richtig: Getränkekartons, Kaffeekapseln, Joghurtbecher, Putzeimer, Folien; Konservendosen, Haarspraydosen	**richtig:** Glasflaschen, Konservengläser	**richtig:** Zeitungen, Verpackungen aus Papier, Prospekte, Kartons, Bücher, Eierkartons	**richtig:** Essensreste, Obst- und Gemüsereste, Tee- und Kaffeefilter, Blumen, Gartenabfälle	**richtig:** Hygieneartikel, Staubsaugerbeutel, Geschirr, Windeln, Tapeten, Katzenstreu, Zigarettenabfälle, kalte Asche
falsch: Elektrogeräte, Batterien, Leuchtmittel, Kleidung, Holz, Papier, Glas, CDs oder andere Datenträger	**falsch:** Keramik, Leuchtmittel, Spiegel	**falsch:** Fotos, Papiertaschentücher, Hygienepapier, Tapeten	**falsch:** Katzenstreu, Asche, Porzellan, Windeln, Metalle, Glas, Kunststofftüten, Zigarettenabfälle	**falsch:** Batterien, Energiesparlampen, Obst- und Gemüsereste, Glas, Papier, Pappe, Kunststoffe

eigene Darstellung nach Recherchen des Autors

M 2 So viele Verpackungen

Verpackungen gehören zum täglichen Leben. Sie haben nützliche und notwendige Funktionen. Doch es gibt auch eine Schattenseite. Allein im Jahr 2014 fielen 17,8 Millionen Tonnen Verpackungsmüll an. [...]

Die Vielfalt der Verpackungen ist groß. Entsprechend viele unterschiedliche Verfahren gibt es, um sie wiederzuverwerten. So werden Leichtverpackungen von privaten Endverbrauchern vorwiegend im Gelben Sack oder der Gelben Tonne erfasst. Entsorgungsunternehmen sammeln diese im Auftrag der dualen Systeme ein und bringen sie zu Sortieranlagen. Dort erfolgt eine Trennung in verschiedene Wertstoffe: Weißblech, Aluminium, Getränkekartons und getrennte Kunststoffarten gehen in die stoffliche Verwertung. Mischkunststoffe werden zum Teil weiteraufbereitet und dann stofflich oder energetisch verwertet. Sortierreste werden energetisch verwertet.

Bestimmte Getränkeverpackungen sind mit einem Pfand belegt. Mehrweg-Getränkeverpackungen werden dabei so lange im Kreislauf geführt, bis die Abfüller sie aussortieren. Die Aussortierten Flaschen und Kästen können zu neuen Flaschen und Kästen recycelt* werden. [...]

Das Pfandsystem für Einweggetränkeverpackungen sorgt dafür, dass diese hochwertig verwertet werden können. Aus Einweg Kunststoffflaschen können so beispielsweise neue Flaschen oder Textilien hergestellt werden. Man erkennt diese Einweg-Getränkeverpackungen insbesondere am bundesweit einheitlichen DPG-Kennzeichen erkennen (DPG = Deutsche Pfandsystem GmbH). [...]

Umweltbundesamt: Verpackungen, https://www.umweltbundesamt.de/themen/abfall-ressourcen/produktverantwortung-in-der-abfallwirtschaft/verpackungen (Zugriff: 6.12.2016, gekürzt und sprachlich vereinfacht)

M 3 Müllquiz

1. **Aus welchem Material bestehen Getränkekartons?**

   ☐ Pappe ☐ Pappe und Glas ☐ Pappe, Kunststoff und Aluminiumfolie
   ☐ Pappe und Kork

2. **Welcher der folgenden Gegenstände gehört in die Tonne für weißes Glas?**

   ☐ Porzellanteller ☐ Spiegelglas ☐ Fensterscheibe
   ☐ leeres Marmeladenglas

3. **Verpackungen für die Gelbe Tonne muss man vorher ...**

   ☐ abwaschen ☐ entleeren ☐ auskochen ☐ auswiegen

4. **Dein Zimmer soll renoviert werden. Wohin mit der alten Tapete?**

   ☐ in die Papiertonne ☐ in die Gelbe Tonne ☐ in die Hausmülltonne
   ☐ in die Biotonne

Wird alles wiederverwendet?

Laut der Umweltschutzorganisation Greenpeace bezweifelt kein Abfallexperte die Mülltrennung bei Papier und Glas. Bei diesen Stoffen liegen die Recyclingquoten teilweise über 80 Prozent. Die Gelbe Tonne bereitet Abfallspezialisten hingegen Unbehagen. Zwar ließen sich Metalle recht einfach und günstig mithilfe technischer Maßnahmen vom Rest des Mülls trennen, sagen die Experten, das Sortieren und Aufarbeiten von Kunststoffen sei hingegen aufwändig und teuer. Das hat zur Folge, dass nur etwa die Hälfte des Plastikmülls wiederverwertet wird, also tatsächlich wieder zu neuen Produkten verarbeitet wird. Der Rest werde „energetisch verwertet", lande also in der Müllverbrennungsanlage. Recycling bedeutet eigentlich Wiederverwendung von Rohstoffen. Aus einem großen Teil des Plastikmülls lassen sich aber keine neuen Produkte herstellen.

Müll vermeiden ist besser

Wer schon beim Einkauf nachdenkt, kann in erheblichem Maße Müll vermeiden und die Umweltbelastung durch Müll verringern. Nicht nur Getränke, auch Milchprodukte wie Jogurt, Kefir, Sahne und Quark werden in Pfandgläsern angeboten. Einige Geschäfte sind zu einem Zapf-System übergegangen. Wasch- und Reinigungsmittel sowie Haarshampoos werden in Großkanistern zum Selbsttanken angeboten. Wer einen Taschenrechner kauft, kann einen Solarrechner erwerben. Das spart Batterien, und wenn schon Batterien benötigt werden, dann sollten es wiederaufladbare Akku-Batterien sein. Umweltfreundlich sind Schulhefte aus Altpapier, Textmarker ohne Lösungsmittel usw.

* **Umweltzeichen Der Blaue Engel**
Mit dem Zeichen werden Produkte und Dienstleistungen ausgezeichnet, die umweltfreundlicher als normale Produkte und Dienstleistungen sind. Nach wissenschaftlichen Kriterien wird untersucht, welche Auswirkungen ein Produkt oder eine Dienstleistung auf das Klima, die Ressourcen, das Wasser, den Boden und die Luft hat. Produkte und Dienstleistungen mit dem Zeichen belasten die Umwelt weniger und schützen gleichzeitig die Gesundheit. Das Zeichen wird seit 1978 vergeben und gehört dem Bundesministerium für Umwelt, Naturschutz und Reaktorsicherheit.

1. Bearbeite das Müllquiz (**M 3**). Tipps für die Lösungen bietet **M 1**.
2. Informiert euch an eurem Wohnort, wie dort die Mülltrennung genau funktioniert.
3. Erläutert die Kritikpunkte am Konzept der Gelben Tonne.
4. Arbeitet in Gruppen Möglichkeiten heraus, wie ihr Abfall vermeiden könnt. Unterscheidet dabei unterschiedliche Lebenssituationen: zu Hause, in der Schule, in der Freizeit.

Diagramme machen Zahlen anschaulicher

Um Zahlenwerte anschaulich zu machen, werden diese häufig in einem Diagramm zeichnerisch dargestellt. Dadurch können Größen und Größenbeziehungen besser erfasst werden. Während sich aus einer Tabelle exakte Zahlenwerte ermitteln lassen, steht bei einem Diagramm die Anschaulichkeit im Vordergrund. Diagramme lassen sich aber auch absichtlich oder unabsichtlich manipulieren. Das geschieht zum Beispiel, indem die Abmessungen (Höhe, Breite) der Achsen falsch gewählt sind, bestimmte Werte in einer Zahlenreihe weglassen und bestimmte Zeiträume nicht dargestellt werden.

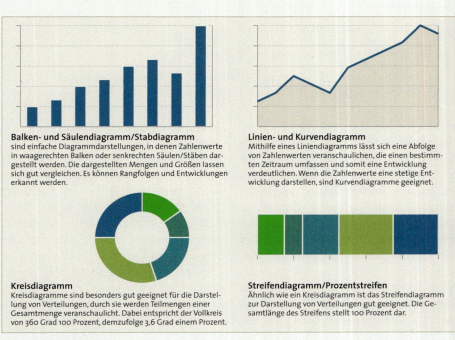

Balken- und Säulendiagramm/Stabdiagramm
sind einfache Diagrammdarstellungen, in denen Zahlenwerte in waagerechten Balken oder senkrechten Säulen/Stäben dargestellt werden. Die dargestellten Mengen und Größen lassen sich gut vergleichen. Es können Rangfolgen und Entwicklungen erkannt werden.

Linien- und Kurvendiagramm
Mithilfe eines Liniendiagramms lässt sich eine Abfolge von Zahlenwerten veranschaulichen, die einen bestimmten Zeitraum umfassen und somit eine Entwicklung verdeutlichen. Wenn die Zahlenwerte eine stetige Entwicklung darstellen, sind Kurvendiagramme geeignet.

Kreisdiagramm
Kreisdiagramme sind besonders gut geeignet für die Darstellung von Verteilungen, durch sie werden Teilmengen einer Gesamtmenge veranschaulicht. Dabei entspricht der Vollkreis von 360 Grad 100 Prozent, demzufolge 3,6 Grad einem Prozent.

Streifendiagramm/Prozentstreifen
Ähnlich wie ein Kreisdiagramm ist das Streifendiagramm zur Darstellung von Verteilungen gut geeignet. Die Gesamtlänge des Streifens stellt 100 Prozent dar.

M1 Diagrammarten

M2 Checkliste zum Analysieren und Interpretieren von Diagrammen

1. Thema des Diagramms erfassen
- Informiert euch anhand der Überschrift, der Legende und weiterer Angaben über den Inhalt des Diagramms und dessen Quelle.

2. Darstellungsform des Diagramms analysieren
Bestimmt den Diagrammtyp.
- Ermittelt, ob absolute oder relative Zahlen oder Durchschnittswerte verwendet wurden.
- Informiert euch über verwendete Maßeinheiten, Jahreszahlen u. Ä.

3. Inhalte analysieren
- Analysiert, ob eine oder mehrere Informationen dargestellt sind.
- Ermittelt, ob die Zahlenwerte eine räumliche Zuordnung haben.
- Lest aussagekräftige Zahlenwerte ab, zum Beispiel die niedrigsten und die höchsten Werte, andere Extremwerte, Zuwachsraten.
- Vergleicht die von euch ermittelten Zahlenwerte.
- Stellt fest, ob Entwicklungen oder Verteilungen ablesbar sind.

METHODE

4. Inhalte interpretieren

- Untersucht, ob und welche Zusammenhänge es zwischen den einzelnen Werten gibt.
- Erklärt Entwicklungen und Verteilungen, indem ihr die Zahlenwerte in räumliche und zeitliche Zusammenhänge einordnet.
- Bewertet, ob die Informationen im Diagramm ausreichend sind oder ob ihr ergänzende Informationen benötigt.
- Überprüft, ob die Gefahr der Manipulation der Zahlenwerte durch deren Darstellungsart gegeben ist.
- Formuliert die grafische Aussage des Diagramms in Worten.

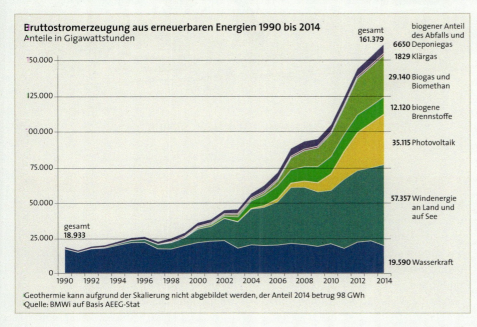

M 3 Erneuerbare Energien in Deutschland

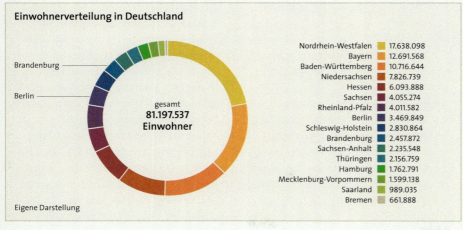

M 4 Einwohnerverteilung in Deutschland

1 Fertigt eine Tabelle an, in der ihr die verschiedenen Arten von Diagrammen und deren wichtigste Merkmale gegenüberstellt.

2 Wertet mithilfe der Checkliste die beiden Diagramme auf dieser Seite aus (**M 3** und **M 4**).

M1 Karikatur von Thomas Plaßmann

M2 Globale Erwärmung

Misst man auf unserer Erde (unserem Globus) mit ganz vielen Thermometern an vielen Orten pausenlos die Temperatur, kommt man im Durchschnitt ungefähr auf 15 Grad. Diese Messungen finden seit vielen Jahren statt. Dabei haben die Wissenschaftlerinnen und Wissenschaftler festgestellt, dass die Oberfläche der Erde sich langsam, aber sicher erwärmt.

Bis zum Jahre 2100 sagt man eine weitere durchschnittliche Erwärmung von mindestens 1,8 bis maximal 4,0 Grad voraus.

Diese unnatürliche Erwärmung wird nach Meinung der meisten Fachleute von Menschen verursacht: Von Autos, Heizungen und Kraftwerken werden immer mehr Schadstoffe in die Luft gepustet. Diese Schadstoffe (vor allem Kohlendioxid – CO_2) entstehen durch die Verbrennung von Benzin, Öl, Gas und anderen Stoffen. So verschlimmert sich der sogenannte Treibhauseffekt. Denn wie das Glas in einem Treibhaus verhindern Gase in hohen Luftschichten, dass zu viel Wärme von der Erde in den eiskalten Weltraum abgestrahlt wird.

Eigentlich ist es für uns auf der Erde wichtig, dass nicht alle Wärme in den Weltraum entweicht, denn sonst wäre die Temperatur auf der Erde ständig minus 33 Grad. Aber: Etwas Wärme muss abstrahlen können, damit hier die Temperatur für die Menschen erträglich ist. Weil aber die Treibhausgase* durch die Schadstoffe immer undurchlässiger geworden sind, kann nicht genug Wärme abstrahlen und deshalb wird es auf der Erde immer wärmer. Computer haben die katastrophalen Folgen dieser Veränderung ausgerechnet. Die Gletscher werden schmelzen, auch die eisigen Polkappen der Erde. Das wird zu einem Anstieg des Meeresspiegels um einen Meter führen, und weite Küstengebiete in der Welt werden überschwemmt. Es wird zu starken Klimaveränderungen kommen, die schwere Auswirkungen auf die Gesundheit der Menschen und die Landwirtschaft haben.

** **Treibhausgase**
Dazu zählen im Wesentlichen Kohlendioxid (CO_2), Methan (CH_4) und Lachgas (N_2O). In Deutschland entfallen 88 Prozent der Treibhausgase auf Kohlendioxid, rund 6 Prozent auf Methan (25-mal so wirksam wie Kohlendioxid) und 4 Prozent auf Lachgas (rund 300-mal so wirksam wie CO_2).*

Wissenschaftler und Politiker in vielen Ländern wollen, dass man ganz schnell etwas dagegen tut. Deshalb hat sich eine Reihe von Staaten dazu verpflichtet – und dies in Verträgen zum Klimaschutz niedergeschrieben –, durch Gesetze da- für zu sorgen, dass weniger Schadstoffe in die Luft gelangen. [...]

Gerd Schneider/Christiane Toyka-Seid: Globale Erwärmung, Hanisauland, Bundeszentrale für Politische Bildung (Hg.), www.hanisauland.de/lexikon/g/globale_erwaermung.html (Zugriff: 7.12.2016, gekürzt)

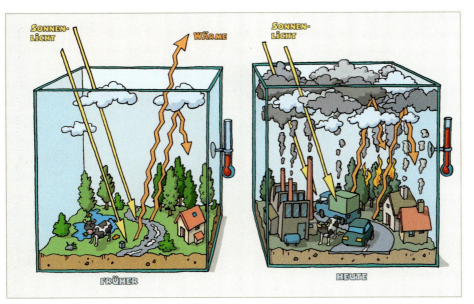

M 3 Der Treibhauseffekt – Der natürliche Energiekreislauf (links) und der Treibhaus-effekt (rechts)

M 4 Anstieg der Meere bedroht 760 Millionen Menschen

Der Meeresspiegelanstieg bedroht zahl-reiche Metropolen – selbst wenn es ge-länge, den Klimawandel auf zwei Grad zu begrenzen. Eine Klimaerwärmung um vier Grad Celsius wird einer Rechnung zufolge weltweit 470 bis 760 Millionen Menschen in Küstenregionen gefährden. Metropolen wie Shanghai oder Mumbai wären durch den Anstieg des Meeres-spiegels von Überflutung bedroht. [...]

Der globale Meeresspiegel steigt mit gut drei Millimetern pro Jahr. Hauptgründe sind die Erwärmung des Meereswassers, das sich dadurch ausdehnt, sowie das Schmelzen des Eises von Gletschern＊.

joe/dpa: Anstieg der Meere bedroht 760 Millionen Menschen, Spiegel-Online, 19.11.2015, www.spie-gel.de/wissenschaft/natur/klimawandel-meeres-spiegelanstieg-bedroht-kuestenmetropolen-a-1061778.html (Zugriff: 6.12.2016)

＊ **Gletscher**
In großen Eisflächen im Hochgebirge, am Südpol und auf Grönland sind gewaltige Wassermengen gespeichert. Wenn diese Gletscher ab-schmelzen, hat das Auswir-kungen auf den Meeresspie-gel. Wenn z. B. die Gletscher auf Grönland abtauen wür-den, stiege der Meeresspie-gel um mehrere Meter an, sagen Klimaexperten.

1 Betrachte die Karikatur **M 1**, lies den Text **M 2** und stelle zwischen beiden Materialien einen Bezug her.

2 Erklärt die Abläufe in der Grafik **M 3**.

3 Erstellt in Gruppen ein Lernplakat, das auf die Probleme der Küstenbewohnerinnen und -bewohner hinweist. Tipps gibt der Text **M 4**.

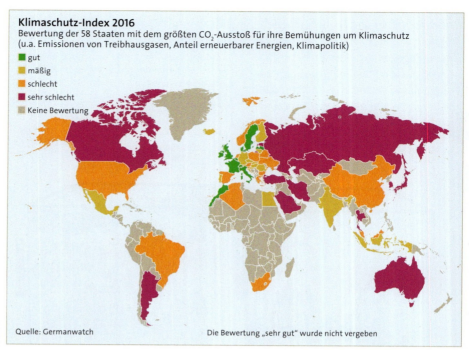

Klimaschutz-Index 2016
Bewertung der 58 Staaten mit dem größten CO_2-Ausstoß für ihre Bemühungen um Klimaschutz
(u.a. Emissionen von Treibhausgasen, Anteil erneuerbarer Energien, Klimapolitik)

- gut
- mäßig
- schlecht
- sehr schlecht
- Keine Bewertung

Quelle: Germanwatch

Die Bewertung „sehr gut" wurde nicht vergeben

M1 Die Staaten mit dem größten CO_2-Ausstoß

★ **Vereinte Nationen**
siehe Seite 44

Ein weltweites Klimaabkommen

Der Klimawandel betrifft alle Staaten der Erde. Deshalb haben sich die Vereinten Nationen★ schon vor Jahrzehnten des Themas angenommen. Vertreter aller Staaten trafen sich regelmäßig auf Konferenzen und berieten, wie das Klima geschützt werden kann.

Das wichtige Pariser Klimaabkommen trat dann im November 2016 in Kraft. 195 Staaten – auch China, die USA und Indien – haben ihm zugestimmt. Ziel des Klimaabkommen ist es, die durch Treibhausgase verursachte Erderwärmung auf deutlich unter zwei Grad im Vergleich zur vorindustriellen Zeit zu begrenzen. Angestrebt wird ein 1,5-Grad-Ziel. Jeder Staat soll versuchen, den Ausstoß von klimaschädlichen Gasen zu senken. Wer besonders viele davon in die Umwelt abgibt, muss sich besonders anstrengen, die Ziele zu erreichen. So auch Deutschland.

Der Klimawandel ist ungerecht

Die Hauptverursacher des Klimawandels waren und sind die Industriestaaten. Die Folgen des Klimawandels tragen aber alle Staaten. Gerade die ärmsten Länder treffen diese Veränderungen oft hart, weil sie sich Schutzmaßnahmen z.B. gegen Stürme oder Überschwemmungen nicht leisten können. Außerdem sind diese Länder von selbst erzeugten Nahrungsmitteln abhängig. Ernteausfälle durch Dürre oder Überschwemmungen können sie nur schlecht ausgleichen. So kann es zu Hungersnöten kommen.

Andererseits holen Länder wie China oder Indien in ihrem Energieverbrauch und damit der Produktion von schädlichen Klimagasen rasant auf. Heute tragen sie nicht unwesentlich zum Klimawandel mit bei. Es gibt deshalb viel Streit darum, wer wie viel CO_2 ausstoßen darf und wer die Kosten des Klimawandels tragen soll.

Wie sieht es bei uns aus?

In Deutschland werden zwar neue Technologien wie Solarstrom und Windkraftanlagen eingesetzt – gleichzeitig sind aber noch zahlreiche Kohlekraftwerke in Betrieb, die sehr viel CO_2 ausstoßen. In der Landwirtschaft entstehen zu viel klimaschädliches Methan und Lachgas.

M2 45 Staaten sagen nein zu Kohle, Öl und Gas

[...] Mindestens 45 Staaten möchten ihre Energieversorgung komplett auf erneuerbare Energien umstellen. Bis spätestens 2020 wollen sie ihre nationalen Klimaziele auf das Ziel hin umschreiben. Das Konzept [...] ist der bei weitem ehrgeizigste Klimaplan der Welt. Es handelt sich um ärmere Länder aus Afrika, Asien, der Karibik und der Südsee. [...] All diese Staaten eint die Sorge, besonders durch den Anstieg des Meeresspiegels, durch Dürren und Stürme bedroht zu sein, deren Auswirkungen sich aufgrund der erwarteten Erwärmung verschärfen könnten. „Das ist endlich eine Ansage ohne Hintertüren", kommentiert eine Klimaexpertin von „Brot für die Welt". [...]

Axel Bojanowski: 45 Länder wollen komplett auf Kohle, Öl und Gas verzichten, Spiegel-Online, 18.11.2016, www.spiegel.de/wissenschaft/natur/klimakonferenz-in-marrakesch-45-laender-verzichten-komplett-auf-kohle-oel-und-gas-a-1121838.html, Zugriff 12.12.2016, gekürzt

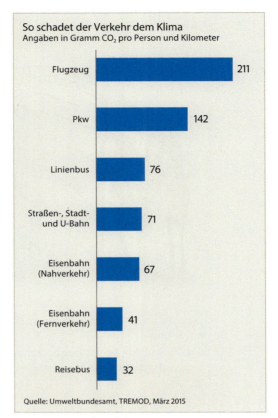

M3 Reisen und Treibhausgase

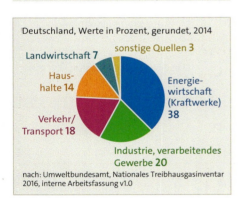

M4 Treibhausgas-Emissionen

M5 CO_2-Emissionen der privaten Haushalte

1 Vergleicht die Abbildung **M1** mit dem Text **M2**. Stellt Vermutungen an, zu welcher Kategorie die 45 Staaten zählen, die nur noch erneuerbare Energien einsetzen möchten.

2 Nennt Möglichkeiten und Probleme, die mit den weltweiten Verträgen zum Klimaschutz verbunden sind. Nehmt dazu den Text zu Hilfe.

3 Wertet in Kleingruppen Abbildung **M3** aus. Beurteilt, wie ein Beitrag zum Klimaschutz im Alltag oder auf Reisen geleistet werden kann.

4 Wertet die Grafiken **M4** und **M5** aus. Versetzt euch dann in die Lage eines Politikers oder einer Politikerin, der oder die entscheiden muss, in welchen Bereichen die Treibhausgas-Emissionen gesenkt werden sollen. Was schlagt ihr vor?

M1 Karikatur von Thomas Plaßmann

M2 Begriffe und ihre Bedeutung zuordnen

1	Suchmaschine		**A**	Prozentsatz der Zuschauer/-innen, die eine Sendung sehen
2	öffentlich-rechtliches Fernsehen		**B**	Diese Sender finanzieren sich allein aus Werbeeinnahmen
3	Privatsender		**C**	Diese Sender finanzieren sich aus Rundfunkgebühren
4	Medienkompetenz		**D**	Gespräch im Netz
5	Chat		**E**	Datenbank, die die Suche nach bestimmten Informationen im Internet ermöglicht
6	Einschaltquote		**F**	Was haben Zeitung, Fernsehsendung oder Radioprogramm gemeinsam? Sie sind …
7	Pressefreiheit		**G**	Die Fähigkeit, sich die Informationen aus Zeitung, Radio oder Fernsehen auswählen und beurteilen zu können
8	Massenmedien		**H**	Journalistinnen und Journalisten werden in der Berichterstattung nicht behindert.

CHECK UP

M 3 Projektideen zum Thema Umweltschutz

A Stellt euch einen Beschluss vor, den ihr getroffen habt, dass künftig weniger Müll
in eurer Klasse entsteht.

 1. Beobachtet über mehrere Tage, wie viel und welcher Müll sich in der Klasse
 sammelt.

 2. Unterbreitet Vorschläge, wie der Müll im Klassenraum vermindert werden kann.

 3. Versucht über mehrere Tage, eure Ideen in die Tat umzusetzen. Prüft, ob euer
 Vorhaben Erfolg hat.

B Entwickelt ein Energiesparprogramm für den Haushalt. Berücksichtigt dabei möglichst viele Bereiche wie heizen, kochen, Körperpflege, waschen, Nutzung technischer Geräte, Beleuchtung usw. Legt hierzu eine Prüfliste an.

M 4 Migration: Ursachen und Folgen

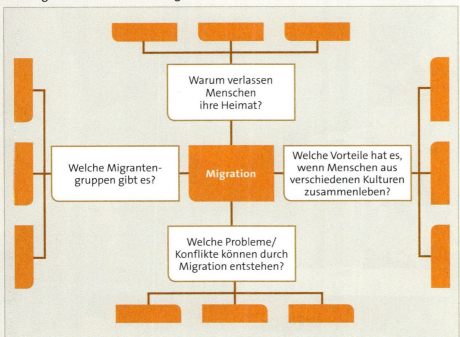

Sachkompetenz

1 Ordnet die Begriffe den Erklärungen zu (M 2)

2 Übertrage das Schema (M 4) in dein Heft. Ergänze und vervollständige es.

3 Stellt Ursachen und Folgen der Migration dar.

Methodenkompetenz

4 Deute die Karikatur (M 1) unter der Fragestellung „Chancen und Gefahren der digitalen
Gesellschaft".

Urteilskompetenz

5 Nenne Beispiele, wie Integration unterstützt werden kann.

6 Entwickle weitere Ideen, das Leben in einer globalisierten Welt zu fördern.

Armut und Reichtum

Ist jeder seines Glückes Schmied und für seinen Erfolg oder Misserfolg selbst verantwortlich oder muss der Staat dafür sorgen, dass im Ergebnis alle mehr oder weniger denselben Anteil am Wohlstand, an der sozialen Sicherung, an der Gesundheitsversorgung oder an der kulturellen Teilhabe, z.B. an der Bildung, besitzen? Während soziale Gleichheit gemessen und beschrieben werden kann, ist soziale Gerechtigkeit eine Frage der Bewertung.

In diesem Kapitel könnt ihr euch befassen mit

- *den Erscheinungsformen sozialer Ungleichheit,*
- *gesellschaftlichen Teilhabechancen.*

Was ihr sonst noch machen könnt ...

- *Erscheinungsformen sozialer Ungleichheit ermitteln und, wenn es möglich ist, mit Fotos dokumentieren.*
- *Ausgabestellen kostenloser Lebensmittel für Bedürftige (s. Foto) in einer Karte eures Schuleinzugsgebiets eintragen.*

M1 Luxus-Einkaufszentrum

M2 Flaschensammlerin

M3 Was bedeutet soziale Gerechtigkeit?

Ob und wie gerecht es in einem Land zugeht, darüber wird gerne und heftig diskutiert. In der Regel werden vielfältige Vermutungen angestellt, doch häufig fehlen die Belege, die die eine oder andere Sichtweise unterstützen. Laut einer Umfrage des Instituts für Demoskopie Allensbach aus dem Jahr 2012/2013 halten über zwei Drittel der Befragten die wirtschaftlichen Verhältnisse in Deutschland für ungerecht und knapp die Hälfte bezweifelt, dass die Aufstiegschancen in Deutschland gut sind. Trotzdem glaubt jeder Vierte, im sozial gerechtesten Land der Welt zu leben. [...] Um zu beurteilen, ob sich die Einschätzungen auch objektiv bestätigen lassen, müsste Gerechtigkeit messbar sein. Doch funktioniert das überhaupt? Das arbeitgebernahe Institut der deutschen Wirtschaft in Köln hat es versucht und ein Messsystem entwickelt, mit dem sich verschiedene Gesichtspunkte von Gerechtigkeit vergleichen lassen:

- Im Bereich der Einkommensgerechtigkeit landet Deutschland im hinteren Mittelfeld. Dass die skandinavischen Länder hier führen, hängt vor allem damit zusammen, dass dort schon immer mehr Wert auf staatlich gelenkte Umverteilung gelegt wird, während andere Länder den Grundsatz des Leistungsgedankens wichtiger nehmen. So finden sich Länder wie die USA, die Schweiz und Frankreich noch hinter Deutschland.

- Bei der Chancengerechtigkeit steht Deutschland vergleichsweise schlecht da. Auch beim Anteil der Bildungsausgaben an den gesamten Staatsausgaben wird Nachholbedarf bescheinigt. Trotzdem haben sich die Chancen für viele Bürgerinnen und Bürger in Deutschland verbessert, nicht zuletzt, weil seit längerer Zeit die Arbeitslosigkeit sinkt und die Jugendarbeitslosigkeit im Vergleich zu vielen anderen Ländern in Europa sehr niedrig ist.

- Bei der Leistungsgerechtigkeit lassen sich nur schwierig Schlussfolgerungen ziehen, denn die Messwerte hängen stark von der Situation des Arbeitsmarktes ab. Deutschland liegt in diesem Bereich im oberen Mittelfeld.

nach: Deutschland im Gerechtigkeitsvergleich, Institut der deutschen Wirtschaft Köln Medien GmbH (Hg.), Köln 11/2013, www.wirtschaftundschule. de/aktuelle-themen/staat-wirtschaftspolitik/soziale-gerechtigkeit/deutschland-im-gerechtigkeitsvergleich/ (Zugriff: 2.11.2016, gekürzt und sprachlich vereinfacht)

M4 Soziale Ungleichheit lähmt Deutschland

Die Kluft zwischen Arm und Reich ist in Deutschland besonders groß, größer als irgendwo sonst in der Eurozone. [...] Die reichsten fünf Prozent besitzen mehr als die Hälfte des gesamten Vermögens, die ärmsten 50 Prozent hingegen nur 2,5 Prozent. [...] Deutschland hat ein Gerechtigkeitsproblem. [...] Eine umfassende Vergleichsstudie belegt nun erneut Handlungsbedarf in Deutschland. [...] Besonders schlecht schneidet Deutschland ab bei:

- Steuern und Abgaben: In diesem für die Umverteilung besonders wichtigen Bereich belegt Deutschland lediglich Rang 27 von 30. Vor allem die hohe Belastung der Einkommen schlägt zu Buche. [...] Zudem werden niedrige und mittlere Einkommen im internationalen Vergleich wesentlich stärker belastet als hohe Einkommen. [...]
- Vermögensbildung: Hier schlägt vor allem zu Buche, dass relativ wenige Deutsche in den eigenen vier Wänden wohnen. Lediglich 53 Prozent der Bevölkerung besitzen demnach Wohneigentum. [...] Auch der Anteil der Arbeitnehmer, die Aktien besitzen, ist wesentlich niedriger als in den meisten anderen Industrieländern.

Überdurchschnittlich gut ist Deutschland hingegen bei:

- Beschäftigung und Arbeitsbedingungen: Die Arbeitslosigkeit ist in Deutschland relativ gering, die Jugendarbeitslosigkeit sogar sehr niedrig. [...]

- Zugang zum Bildungssystem: Hier kann Deutschland durch die lange Schulpflicht und hohen Standards in der beruflichen Bildung punkten. Das heißt allerdings nicht, dass das deutsche Bildungssystem zu Wohlstand und gerechter Verteilung beiträgt – im Gegenteil: Es ist im hohen Maße sozial selektiv*. Auch der Anteil der Abiturienten und Studenten ist unterdurchschnittlich.

Florian Diekmann: Soziale Ungleichheit lähmt Deutschland, Spiegel-Online, 7.9.2015, www.spiegel.de/wirtschaft/soziales/soziale-gerechtigkeit-und-wachstum-deutschland-mittelmaessig-a-1051414.html (Zugriff: 2.11.2016, gekürzt)

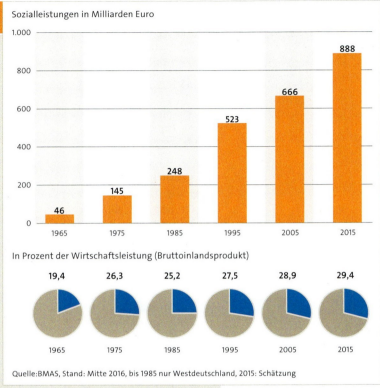

Sozialleistungen in Milliarden Euro

In Prozent der Wirtschaftsleistung (Bruttoinlandsprodukt)

1965	1975	1985	1995	2005	2015
19,4	26,3	25,2	27,5	28,9	29,4

Quelle: BMAS, Stand: Mitte 2016, bis 1985 nur Westdeutschland, 2015: Schätzung

M5 Ausgaben für Sozialleistungen in Deutschland

* **Bruttoinlandsprodukt**
der Wert, der in einem Jahr in Deutschland geschaffenen Waren und Dienstleistungen

* **selektiv**
auf einer Auswahl beruhend – z.B. durch die Herkunft

---

1 Lege eine Tabelle an, in der du die Aussagen von **M3** zur Einkommens-, Chancen- und Leistungsgerechtigkeit notierst.

2 Fasse mit deinen Worten die Entwicklung der Sozialleistungen in Deutschland (**M5**) zusammen.

3 Erkläre die Überschrift von **M4**: „Soziale Ungleichheit lähmt Deutschland."

4 Diskutiert in der Klasse, ob es in Deutschland gerecht zugeht.

Bevölkerung einer Großstadt

Die Zusammensetzung der Bevölkerung in einer Großstadt wie Berlin lässt sich auf unterschiedliche Art und Weise beschreiben. Alter und Herkunft, aber auch Merkmale wie Beruf, Bildung und Einkommen werden genutzt, um beispielsweise die soziale Lage der Bevölkerung in den verschiedenen Stadtteilen darzustellen. Unterschieden wird häufig nach der sozialen Stellung der Einwohner und Einwohnerinnen, und zwar nach hohem, mittlerem oder niedrigem Status*. Abhängig von den zugrunde gelegten Merkmalen lassen sich somit beispielsweise die Bezirke Berlins mit ihrer Bevölkerung und ihrer sozialen Zugehörigkeit abbilden. Dabei lässt sich feststellen, dass bei einer Beobachtung der Bevölkerungsentwicklung über viele Jahre einzelne Stadtviertel Veränderungen unterliegen, andere Stadtquartiere scheinen unverändert eine hohe Anziehungskraft zu besitzen, die sich wiederum auf den Bodenpreis oder die Mieten niederschlägt.

Durch Zuwanderungen, aber auch durch Umzüge kommt es in Großstädten häufig zu einer Entmischung der Gesellschaft. Menschen mit hohem Einkommen können sich das Wohnen in einem bevorzugten Stadtteil leisten, andere wiederum weichen hohen Mieten aus und ziehen in ein Wohngebiet, wo für sie Wohnungen bezahlbar sind.

Ziel der Stadtentwicklung ist es, sich um einen Ausgleich zwischen den Wohnbezirken zu bemühen und für eine Durchmischung der Bevölkerung nach ihrem sozialen Status zu sorgen. Maßnahmen des Wohnungsbaus, aber auch der Ausstattung der Wohnquartiere mit Grünflächen und öffentlichen Einrichtungen sind Möglichkeiten, einer Trennung der städtischen Bevölkerung nach ihrer sozialen Situation entgegenzuwirken.

* **Status**
Platz, den ein Mensch in der Gesellschaft einnimmt. Die Ausbildung, der Beruf und das Einkommen können den Status beeinflussen.

Einwohner 2014, Veränderung gegenüber 1992

Bezirk	Einwohner 2014	Veränderung
Marzahn	132.043	-32.864
Hohenschönhausen	101.979	-17.570
Schöneberg	144.909	-11.057
Hellersdorf	124.130	-8.961
Kreuzberg	151.618	-4.660
Wilmersdorf	143.629	-1.873
Charlottenburg	182.725	-1.264
Tiergarten	94.738	-801
Lichtenberg	166.486	+74
Reinickendorf	254.000	+359
Zehlendorf	100.683	+1.180
Tempelhof	190.858	+1.254
Mitte	88.267	+6.279
Wedding	173.501	+6.406
Steglitz	198.586	+9.167
Spandau	230.419	+11.523
Prenzlauer Berg	156.736	+11.654
Neukölln	325.716	+12.739
Köpenick	125.340	+17.082
Friedrichshain	124.173	+18.392
Treptow	124.100	+18.946
Weißensee	83.756	+32.010
Pankow	143.875	+37.260
Berlin gesamt	3.562.166	+105.275

Quelle: Amt für Statistik Berlin-Brandenburg, Potsdam

M1 Wo Berlin schrumpft und wächst

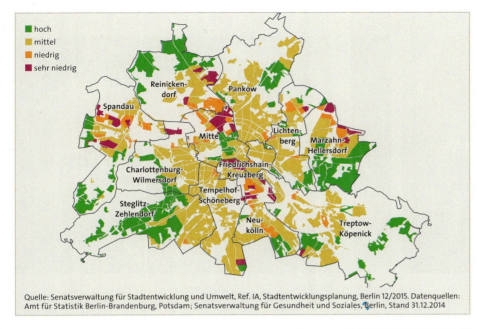

Quelle: Senatsverwaltung für Stadtentwicklung und Umwelt, Ref. IA, Stadtentwicklungsplanung, Berlin 12/2015. Datenquellen: Amt für Statistik Berlin-Brandenburg, Potsdam; Senatsverwaltung für Gesundheit und Soziales, Berlin, Stand 31.12.2014

M 2 Sozialer Status in Berlin 2015

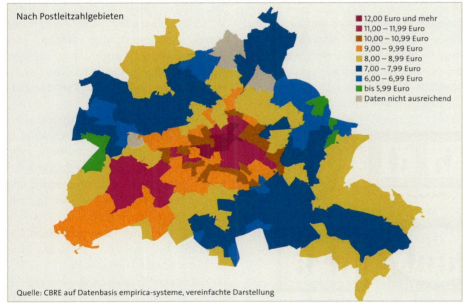

Quelle: CBRE auf Datenbasis empirica-systeme, vereinfachte Darstellung

M 3 Kaltmieten in Berlin 2015

1 Arbeitet in Gruppen und benennt Merkmale, die dazu dienen, die Bevölkerung einer Stadt nach ihrem sozialen Status einzustufen.

2 Nennt Bezirke mit einem eher hohen Status bzw. einem eher niedrigen Status der Wohnbevölkerung.

3 Ermittle Zusammenhänge zwischen dem sozialen Status der Bevölkerung und den Angebotsmieten.

4 Unterbreitet Vorschläge, wie einer sozialen Entmischung der Bevölkerung entgegengewirkt werden kann.

M1 Familie einst und jetzt

Kleinfamilie mit berufstätiger Mutter

Berliner Familie 1916

Familie gestern und heute

In der Kulturgeschichte spielt die Familie eine zentrale Rolle. Doch was zu welcher Zeit in welchem Kulturkreis unter dem Begriff Familie verstanden wurde, ist sehr unterschiedlich. Nach heutigem Verständnis ist eine Familie zunächst nur die Zwei-Generationen-Familie, also Vater, Mutter, Kinder – aber auch diese Vorstellung wandelt sich. Mehr oder weniger gleichberechtigt daneben stehen andere Familienformen: alleinerziehende Elternteile, Patchworkfamilien*, gleichgeschlechtliche Partnerschaften (Regenbogenfamilie).

Zu anderen Zeiten gehörten auch Großeltern, Geschwister, Tanten, Onkel zur Kernfamilie. Unterschiedliche Verwandtschaftsgrade, mütterliche und väterliche Herkunft spielten bei der Bedeutung des Wortes Familie ebenso eine wichtige Rolle. Auch als Wirtschaftseinheit wurde oftmals das Wort Familie verstanden, etwa alle Personen, die auf einem Bauernhof arbeiteten und lebten.

Grundlegend für das Verständnis von Familie ist die Bedeutung der Ehe als Rechtsbündnis zweier Parteien. Es unterliegt ebenso einem historischen Wandel wie die Rolle und Stellung der verschiedenen Familienmitglieder. Die Eheschließung ist heutzutage keine notwendige Grundlage mehr. Es gibt viele Alleinerziehende, aus Trennungen neu entstandene Stief- oder Patchworkfamilien, Wohn- und Hausgemeinschaften, auch mit älteren Mitgliedern, die der Großelterngeneration angehören.

M2 Lebensformen

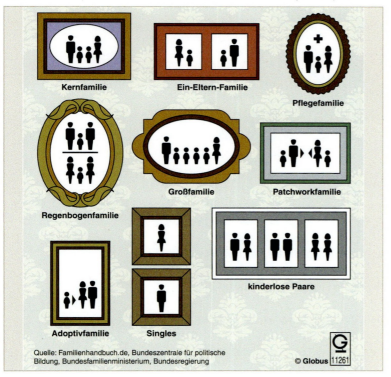

Kernfamilie

Ein-Eltern-Familie

Pflegefamilie

Großfamilie

Patchworkfamilie

Regenbogenfamilie

kinderlose Paare

Adoptivfamilie

Singles

Quelle: Familienhandbuch.de, Bundeszentrale für politische Bildung, Bundesfamilienministerium, Bundesregierung

© Globus 11261

Was bedeutet Familie?

Die Gründung einer Familie als Lebensziel hat in Deutschland unverändert einen hohen Stellenwert. Was unter einer Familie verstanden wird, ist dabei allerdings recht weit gefasst. Wie ein Meinungsforschungsinstitut in einer Umfrage ermittelte, verstehen über 90 Prozent der Befragten unter dem Begriff „Familie" immer noch das herkömmliche Bild des Zusammenlebens von Vater und Mutter mit einem oder mehreren Kindern. Zugleich gaben aber über 80 Prozent der Befragten an, dass es für sie auch eine Familie sei, wenn nur der Vater oder die Mutter den Nachwuchs aufzieht. Gleichberechtigte Lebensgemeinschaften, die ein Kind oder mehrere aufziehen, werden von mehr als zwei Dritteln als Familie bezeichnet. 40 Prozent der Befragten gaben zudem an, dass Paare ohne Kinder die Bezeichnung Familie nicht verdienen.

★ **adoptieren**
Wenn Erwachsene ein Kind annehmen, das nicht ihr leibliches Kind ist.

★ **Kernfamilie**
Ist ein anderer Name für die Kleinfamilie aus Vater, Mutter und Kind(ern).

★ **Patchworkfamilie**
Der englische Begriff Patchwork bedeutet Flickwerk. Eine Patchworkfamilie ist eine nach einer Trennung neu zusammengesetzte Familie. Eltern leben mit Kindern aus verschiedenen Beziehungen zusammen.

★ **ledig**
nicht verheiratet

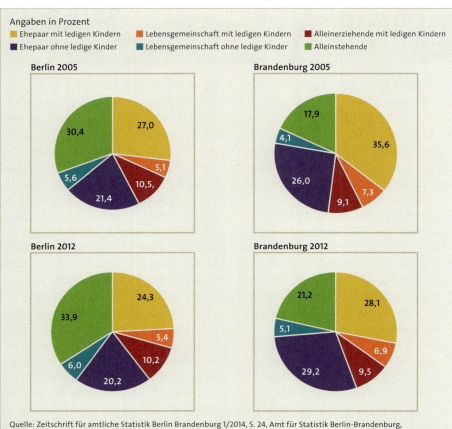

M3 Berlin und Brandenburg: Bevölkerung 2005 und 2012 nach Familien- und Lebensform

1 Arbeitet in Gruppen und berichtet über den Wandel des Begriffs Familie.
2 Wertet die Diagramme **M3** aus und vergleicht die Familien- und Lebensformen in Berlin und Brandenburg.
3 Diskutiert eure Ergebnisse aus Aufgabe 2 und stellt begründete Vermutungen an, warum bestimmte Lebensformen zunehmen.

M1 Graffiti an einer Hauswand

Förderung für Städte und Gemeinden

„Soziale Stadt" nennt sich ein Programm der Städtebauförderung, das die Bundesregierung eingerichtet hat, um benachteiligte Stadt- und Ortsteile zu fördern. Die Fördermaßnahmen können sehr vielfältig sein. Meist geht es um:

– die Verbesserung der Wohnverhältnisse und des Wohnumfelds, um die Wohn- und Lebensqualität für die Bewohner und Bewohnerinnen zu erhöhen, die Bildungschancen und die Wirtschaftskraft zu vergrößern und die Sicherheit und Umweltfreundlichkeit zu steigern

– die Verbesserung kinder-, familien- und altersgerechter Einrichtungen, um die Nutzungsvielfalt im Orts- oder Stadtteil zu erweitern und den Zusammenhalt unter den Bewohnerinnen und Bewohnern zu stärken

– die Eingliederung benachteiligter Bevölkerungsgruppen

– die Vorbereitung, Planung und Umsetzung der Maßnahmen, um die Beteiligung und Mitwirkung der Bürgerinnen und Bürger zu sichern

✱ **Migrant**
ist jemand, der seine Heimat verlässt und auswandert. Die Gründe für Migration können unterschiedlich sein: wirtschaftliche Not, Verfolgung, Unterdrückung von Minderheiten, Krieg, Umweltkatastrophen.

Gute Ideen sind gefragt

Seit 1999 wurden über 700 Vorhaben in mehr als 400 Städten und Gemeinden in das Programm aufgenommen. Allein im Jahr 2015 wurden für das Programm 150 Millionen Euro bereitgestellt. Damit wurden seit 1999 fast vier Milliarden Euro für das Programm aufgewendet. Rund 40 Prozent der Maßnahmen liegen in Großstädten, 60 Prozent verteilen sich auf Klein- und Mittelstädte sowie ländliche Gemeinden. Im Rahmen der Städtebauförderung soll das Programm „soziale Stadt" auch künftig fortgeführt werden.

In Berlin wurde zur Umsetzung des Programms ein sogenanntes Quartiersmanagement ins Leben gerufen, das die Aktivitäten der Beteiligten unterstützt, Ideen sammelt, die verschiedenen Initiativen miteinander verknüpft, um die Eigenverantwortung der Bewohnerinnen und Bewohner zu stärken.

Derzeit werden sowohl in der Innenstadt mit ihrer teilweise alten Wohnbebauung als auch am Stadtrand in Großwohnsiedlungen, die in den letzten Jahrzehnten entstanden sind, Projekte gefördert. Alle Vorhaben stellen sich den Herausforderungen eines Zusammenlebens in der Nachbarschaft unter nicht immer einfachen sozialen und wirtschaftlichen Bedingungen.

Wettbewerb „Soziale Stadt"

Seit dem Jahr 2000 findet für die Vorhaben der „sozialen Stadt" ein Wettbewerb in ganz Deutschland statt, bei dem Preise in verschiedenen Bereichen vergeben werden. Zu ihnen zählen die Bürgerbeteiligung und das Stadtteilleben ebenso wie Wirtschaft, Arbeit, Beschäftigung oder Bildung, Kultur und Gesundheit. Zwei Beispiele der „sozialen Stadt" aus Berlin und Potsdam werden hier vorgestellt.

M 2 Jugendliche wollen erfolgreich Leben

Der Verein „Kids und Co." aus Berlin Marzahn-Hellersdorf unterstützt Jugendliche beim Übergang von der Schule in den Beruf. Anknüpfend am Interesse an neuen Freizeitmöglichkeiten entwickeln Jugendliche eigene Ideen und werden beim Bau von Sportanlagen beraten. Eine große bisher ungenutzte Fläche wurde in einen sogenannten Bürgergarten verwandelt.

Die für das Bauen notwendigen Fertigkeiten erlernen die Jugendlichen in Werkstätten, die auf den Beruf vorbereiten sollen. Jugendliche übernehmen Verantwortung für den Betrieb und die Pflege der neuen Anlagen.

Dem Verein gelingt es, Jugendsozialarbeit mit Berufsorientierung und eigenständiger Gestaltung des Wohnumfeldes zu verbinden. Nicht nur die Verbesserung des Wohnumfeldes ist gelungen, sondern auch das Ziel, Jugendliche und junge Erwachsene in das Erwerbsleben einzugliedern. Von den rund 380 Teilnehmenden konnten durch das Projekt rund zwei Drittel einen Einstieg in das Berufsleben finden.

Jugendliche gestalten das Umfeld in ihrem Stadtteil. Hier pflanzen sie Bäume.

M 3 Stadtteilschule und Stadtteiltreffpunkt

In Brandenburgs Landeshauptstadt Potsdam wurde eine Grundschule im Stadtteil Drewitz durch Um- und Anbauten ergänzt und zu einer Stadtteilschule entwickelt. Im Gebäudeanbau wurde ein Begegnungszentrum errichtet, das besondere Angebote für Schüler und Schülerinnen und ihre Eltern anbietet. Grundschule und neu errichtetes Begegnungszentrum erarbeiten auch gemeinsame Angebote für die Bewohner und Bewohnerinnen des Stadtteils, in dem die Schule ihren Standort hat.

Die Schule ist eine Ganztagsschule mit den Schwerpunkten Umwelterziehung und Gesundheit, an der Kinder mit Förderbedarf, Kinder von Migranten * und Begabte gemeinsam lernen. Träger des Zentrums ist der Verein „Soziale Stadt Potsdam".

Verschiedene Handlungsfelder der „Sozialen Stadt" werden bei diesem Vorhaben miteinander verknüpft. Hierzu zählen Bildung, Gesundheit und Integration. Zudem wird die Zusammenarbeit einer Schule und eines Begegnungszentrums verwirklicht, aus dem vielfältige Angebote auch für einen Potsdamer Stadtteil hervorgehen.

Oskar – so heißt das neue Begegnungszentrum in Potsdam, das direkt neben der Stadtteilschule entstanden ist.

1 Berichte über die Zielsetzung des Programms der „sozialen Stadt".

2 Vergleiche die beiden Projekte des Wettbewerbs. An wen richten sie sich, welche Maßnahmen werden ergriffen, was soll erreicht werden? Lege hierzu eine Tabelle an.

3 a Arbeitet in Kleingruppen: Gibt es aus eurer Sicht Missstände dort, wo ihr lebt?
 b Entwickelt Ideen, wie diese Missstände beseitigt werden könnten.
 c Recherchiert, ob es bereits Projekte gibt, die sich mit euren Ideen befassen. Berichtet darüber.

M1 Verletztenversorgung durch das Jugendrotkreuz bei einer Übung der Jugendfeuerwehr

Ehrenamt – was ist das?

Wer etwas ehrenamtlich tut, der leistet freiwillig eine Arbeit. Für eine ehrenamtliche Tätigkeit erhält man meist kein Geld. In vielen Fällen gibt es noch nicht einmal eine Erstattung von Auslagen, es entstehen sogar Kosten. Zum Ehrenamt gehört das Führen einer Vereinskasse ebenso wie die Tätigkeit als Beisitzer oder Beisitzerin bei Gericht. Menschen setzen sich für Kranke ein, Eltern sitzen in Beiräten in der Schule.

Aber auch Klassensprecherinnen oder -sprecher bekleiden ein Ehrenamt. Jugendliche sind oftmals für Trainingsgruppen in Vereinen zuständig oder haben wichtige Funktionen in Jugendtreffs und Jugendorganisationen.

In Deutschland waren im Jahr 2016 rund 13,5 Millionen Menschen ehrenamtlich tätig. Viele Aktivitäten wären in Deutschland ohne Ehrenamtliche gar nicht möglich. Das gilt insbesondere im sozialen Bereich. Vollberufliche Angestellte kosten Geld und gerade im sozialen Bereich sind die Mittel in vielen Bereichen knapp.

Werbung für das Ehrenamt

Die Bemühungen um mehr öffentliche Anerkennung für eine ehrenamtliche Tätigkeit halten unvermindert an. Jeweils am 5. Dezember eines Jahres findet der internationale Tag des Ehrenamtes statt. Ziel des Tages ist die Anerkennung und Förderung ehrenamtlicher Tätigkeit. Der Tag wurde 1985 von den Vereinten Nationen beschlossen. Am internationalen Tag des Ehrenamts wird in Deutschland der Verdienstorden der Bundesrepublik Deutschland an besonders engagierte Personen vergeben, da das Ehrenamt von großer Bedeutung für den gesellschaftlichen Zusammenhalt und das Funktionieren des Gemeinwesens ist.

Auch Einrichtungen wie das freiwillige soziale Jahr* sollen attraktiver werden. Dazu gehört zum Beispiel eine Anrechnung bei der Berufsausbildung, Nutzen bei der Suche nach einer Ausbildungsstelle oder einem Arbeitsplatz. Kostenerstattung, besserer Versicherungsschutz, Anrechnung bei der Rente spielen ebenfalls eine Rolle.

* **freiwilliges soziales Jahr**
Das freiwillige soziale Jahr (FSJ) ist ein Freiwilligendienst. Junge Leute zwischen 15 und 26 Jahren arbeiten dabei in einer gemeinwohlorientierten Einrichtung mit. Sie tun dort etwas, das gut für das Zusammenleben aller Menschen in der Gesellschaft ist. Das FSJ dauert meist zwischen 6 und 18 Monaten. Für ihr Engagement erhalten die Freiwilligen ein Taschengeld.

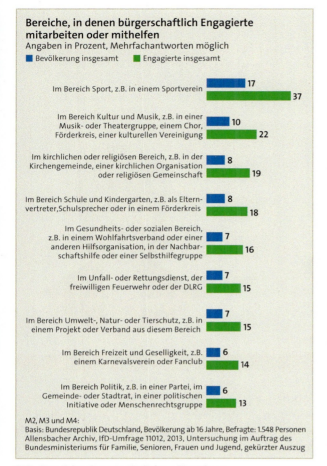

Bereiche, in denen bürgerschaftlich Engagierte mitarbeiten oder mithelfen
Angaben in Prozent, Mehrfachantworten möglich
■ Bevölkerung insgesamt ■ Engagierte insgesamt

Im Bereich Sport, z.B. in einem Sportverein — 17 / 37

Im Bereich Kultur und Musik, z.B. in einer Musik- oder Theatergruppe, einem Chor, Förderkreis, einer kulturellen Vereinigung — 10 / 22

Im kirchlichen oder religiösen Bereich, z.B. in der Kirchengemeinde, einer kirchlichen Organisation oder religiösen Gemeinschaft — 8 / 19

Im Bereich Schule und Kindergarten, z.B. als Elternvertreter, Schulsprecher oder in einem Förderkreis — 8 / 18

Im Gesundheits- oder sozialen Bereich, z.B. in einem Wohlfahrtsverband oder einer anderen Hilfsorganisation, in der Nachbarschaftshilfe oder einer Selbsthilfegruppe — 7 / 16

Im Unfall- oder Rettungsdienst, der freiwilligen Feuerwehr oder der DLRG — 7 / 15

Im Bereich Umwelt-, Natur- oder Tierschutz, z.B. in einem Projekt oder Verband aus diesem Bereich — 7 / 15

Im Bereich Freizeit und Geselligkeit, z.B. einem Karnevalsverein oder Fanclub — 6 / 14

Im Bereich Politik, z.B. in einer Partei, im Gemeinde- oder Stadtrat, in einer politischen Initiative oder Menschenrechtsgruppe — 6 / 13

M2, M3 und M4:
Basis: Bundesrepublik Deutschland, Bevölkerung ab 16 Jahre, Befragte: 1.548 Personen
Allensbacher Archiv, IfD-Umfrage 11012, 2013, Untersuchung im Auftrag des Bundesministeriums für Familie, Senioren, Frauen und Jugend, gekürzter Auszug

M2 Bereiche des persönlichen Einsatzes

Wie bürgerschaftlich Engagierte ihr Engagement erleben
Angaben in Prozent, Mehrfachantworten möglich
■ Bürgerschaftlich Engagierte insgesamt ■ Engagierte mit Amt oder fester Aufgabe

Ich habe über meine Mitarbeit viele nette Leute kennengelernt. — 69 / 75

Ich engagiere mich dort regelmäßig, arbeite regelmäßig mit. — 61 / 75

Ich werde für meine Arbeit geschätzt, fühle mich anerkannt. — 56 / 64

Viele Freunde und Verwandte finden es toll, dass ich mich so engagiere. — 40 / 45

Ich habe vor, mich dort längerfristig zu engagieren. — 38 / 45

Ich investiere viel Zeit in diese freiwillige Mitarbeit. — 30 / 39

M3 Erfahrungen mit dem persönlichen Einsatz

Motive für das bürgerschaftliche Engagement
Angaben in Prozent
■ Das steht für mich im Vordergrund ■ Das spielt auch eine Rolle
■ Das spielt keine Rolle ■ Keine Angabe

Weil es mir Freude macht. — 73 / 22 / 4 / 1

Weil ich etwas für andere tun, ihnen helfen möchte. — 54 / 32 / 13 / 1

Weil mir der Bereich bzw. die Gruppe, um die ich mich kümmere, besonders am Herzen liegt, z.B. die Umwelt, Kinder oder ältere Menschen. — 49 / 33 / 18

Weil ich das Gefühl habe, mit meiner Tätigkeit etwas zu bewegen. — 44 / 39 / 16 / 1

Um Leute zu treffen, Kontakte zu anderen zu haben. — 41 / 41 / 17 / 1

M4 Ursachen für den Einsatz

M5 Ehrenamt im Zeugnis

Auf Wunsch der betroffenen Schülerin, des Schülers oder der Erziehungsberechtigten sind ehrenamtliche Tätigkeiten ohne schulischen Bezug auf einem Beiblatt zum Zeugnis zu dokumentieren. Dies setzt die Vorlage einer entsprechenden Bescheinigung der Stelle, bei der die ehrenamtliche Tätigkeit durchgeführt wurde, voraus. [...] Dokumentiert werden können soziale, karitative oder kulturelle Tätigkeiten in den Bereichen Musik- und Denkmalpflege, Sport, Natur-, Landschafts- und Umweltschutz, freie Jugendarbeit, nicht jedoch in parteipolitischen und religiösen Organisationen. Darzustellen sind Art und Dauer der ehrenamtlichen Tätigkeit und die Aufgabengebiete.

Senatsverwaltung für Bildung, Jugend und Wissenschaft: Ausführungsvorschriften über Zeugnisse, Abschnitt IV, 13; Berlin, 31.7.2015

★ **Engagement**
persönlicher Einsatz, weil etwas wichtig ist

---

1 Berichte über Ehrenämter in eurer Umgebung (Familie, Verwandtschaft, Nachbarn).
2 Werte die Tabellen M2–M4 aus und fasse wichtige Informationen zu den Bereichen ehrenamtlicher Tätigkeit, zum Zeitaufwand, den Erfahrungen und Motiven ehrenamtlicher Tätigkeit zusammen.
3 Erarbeitet Vorschläge, wie ihr selbst für ehrenamtliche Tätigkeiten werben würdet.

M1 Zwei Aussagen

> Kinder und Jugendliche, denen wir jetzt nicht helfen, werden unsere zukünftigen Arbeitslosen und Sozialhilfeempfänger sein.

> Menschen dürfen gar nicht erst auf Tafeln oder ähnliche Hilfsangebote angewiesen sein. Ich finde, der Staat drückt sich vor seiner sozialen Verantwortung.

* **Subsidiarität**
siehe Seite 135, M 3

M 2 Bunte Vielfalt des Helfens

Soziales Engagement macht stark. Unter diesem Motto stand die Woche des bürgerschaftlichen Engagements im September 2016, die von der Bundesministerin für Familie, Senioren, Frauen und Jugend eröffnet wurde.

„Demokratie lebt von der gesamten Vielfalt freiwillig Engagierter. Angefangen von der einfachen Hilfe im Freundeskreis oder in der Nachbarschaft bis hin zu ehrenamtlichen Vereinen und Organisationen. Ich freue mich, dass die vom Bundesnetzwerk Bürgerschaftliches Engagement organisierte jährliche Aktions-

woche das großartige Engagement der vielen Tätigen sichtbar macht und ihre Verdienste anerkennt. Das macht auch anderen Menschen Mut und gibt ihnen Ideen, sich selbst für eine gute Sache zu engagieren."

Manuela Schwesig in: Freiwillig aktiv – für eine lebendige Demokratie, Bundesnetzwerk Bürgerschaftliches Engagement Geschäftsstelle gGmbH, Berlin, 12.9.2016, www.engagement-macht-stark.de/presse/detailansicht/artikel/freiwillig-aktiv-fuer-eine-lebendige-demokratie-12-woche-des-buergerschaftlichen-engagements-er/ (Zugriff: 2.11.2016)

M 3 Freie Wohlfahrtspflege

Für den Aufbau und Ausbau unseres sozialen Gemeinwesens ist das freiwillige soziale Engagement möglichst vieler Bürger unverzichtbar. In unterschiedlichen Formen (Selbsthilfegruppen, Nachbarschaftshilfe, ehrenamtliche Hilfe, bürgerschaftliches Engagement in kirchlichen oder anderen Vereinigungen) wird der Subsidiaritätsgedanke * mit Leben gefüllt. [...] Die Verbände der freien

Wohlfahrtpflege sind Sammelpunkte dieses Engagements und tragen in ihren Organisationsformen zur Unterstützung dieser Selbsthilfekräfte bei.

Bundesarbeitsgemeinschaft der Freien Wohlfahrtspflege e.V., Berlin: Selbstverständnis. Spitzenverbände der Freien Wohlfahrtspflege als Gemeinwohl-Agenturen, www.bagfw.de/ueber-uns/freie-wohlfahrtspflege-deutschland/selbstverstaendnis/, Zugriff 2.11.2016

M 4 Wer sind die Tafeln?

Die Tafeln sind mehr als 900 gemeinnützige Vereine in ganz Deutschland. Rund 60.000 ehrenamtliche Helferinnen und Helfer sammeln überschüssige, aber qualitativ einwandfreie Lebensmittel im Handel und bei Herstellern ein und verteilen diese unentgeltlich oder zu einem symbolischen Betrag an sozial und wirtschaftlich benachteiligte Menschen. Woche für Woche nutzen über 1,5 Mio. Menschen das Angebot der Tafeln, ein Drittel davon sind Kinder und Jugendliche.

Die eine Hälfte der Tafeln in Deutschland sind eingetragene Vereine, die andere Hälfte befindet sich in Trägerschaft von Wohlfahrtsverbänden, kirchlichen Einrichtungen und Stiftungen. [...]

Das Tafel-Motto lautet „jeder gibt, was er kann". Privatpersonen können (verpackte) Lebensmittel sowie Waren des täglichen Bedarfs oder Geld spenden oder als ehrenamtliche Helfer ihre Freizeit zur Verfügung stellen und bei den Tafeln vor Ort Lebensmittel einsammeln, verteilen oder in der Tafel-Verwaltung mitarbeiten. [...]

Bundesverband Deutsche Tafel e.V., Berlin, Zehn Fragen an die Tafel, www.tafel.de/10-fragen-an-die-tafeln.html (Zugriff: 2.11.2016, gekürzt)

Ausgabe von Lebensmitteln bei der Tafel in Cottbus

M 5 Die Arche

Leider bestimmt die soziale Herkunft in unserer Gesellschaft viel zu stark den Bildungserfolg von Kindern. Als Arche setzen wir uns dafür ein, dass sich das ändert! Wir begleiten Kinder, die in besonders herausfordernden Lebenszusammenhängen aufwachsen, zuverlässig durch ihre Schullaufbahn. [...]

Neben der regelmäßigen Hausaufgabenbetreuung bieten wir Kindern auch intensive Nachhilfe in den Lernbereichen, in denen sie besonderen Bedarf haben. Die Förderung der Sprachentwicklung liegt uns besonders am Herzen. Lesen und Vorlesen nehmen in unserem Alltag mit den Kindern einen wichtigen Platz ein.

Ehrenamtliches Engagement ist gerade in diesem Bereich unserer Arbeit eine wichtige Unterstützung, um unseren Kindern diese intensive Form von Lernbegleitung zu ermöglichen. [...]

Die Arbeit mit unseren Kindern ist auf Kontinuität und Nachhaltigkeit angelegt. Wir begleiten unsere Kinder und Jugendlichen bis zum erfolgreichen Schulabschluss. Sie können sich mit unserer Hilfe intensiv auf ihre Abschlussprüfungen vorbereiten.

„Die Arche" christliches Kinder- und Jugendwerk e.V., Berlin: Lernen, http://kinderprojekt-arche.eu/ueber-uns/angebote/lernen (Zugriff: 2.11.2016, gekürzt)

Essenausgabe in der Kids-Küche der Arche in Berlin

1 Stelle Argumente für bürgerschaftliches Engagement zusammen und prüfe, ob sie auf die Beispiele **M 4** und **M 5** zutreffen.

2 Finde heraus, ob es auch in deiner Nähe „Die Tafel" gibt. Welche Möglichkeiten gibt es, die Tafel zu unterstützen?

3 Nimm Stellung zu den Aussagen von **M 1**.

M 1 Tagung eines Jugendparlaments

„Ich kann offen meine Meinung äußern. Ich kann mich in die Politik einbringen. Ich finde Gehör." Wer kann das als Jugendlicher von sich sagen? Jugendliche im Bezirk Berlin-Mitte wollen eine Jugend-BVV gründen. Angesprochen werden Jugendliche zwischen 12 und 21 Jahren, die ein Interesse daran haben, politisch zu entscheiden, etwas zu verändern und ihre eigenen Ideen einzubringen.

Doch was ist das: Jugend-BVV? Ausgeschrieben heißt BVV Bezirksverordnetenversammlung, es ist sozusagen das Parlament eines Berliner Bezirks. Da Jugendliche unter 16 Jahren dort aber nicht hineingewählt werden können, will der Bezirk Mitte eine Jugend-BVV gründen. Im November 2016 sollte es dann endlich losgehen.

Aufgaben eines Jugendparlaments

Schon zehn Jahre zuvor hat in der Brandenburger Stadt Zossen die Stadtverordnetenversammlung eine Satzung für ein Jugendparlament beschlossen. Das Jugendparlament soll Interessenvertreter aller Kinder und Jugendlichen sein, für diese tätig und deren Sprachrohr sein. Das Jugendparlament soll die Beteiligung von Kindern und Jugendlichen an den Planungen und Entscheidungen zur Kinder- und Jugendarbeit organisieren und sicherstellen, die Verwaltung und die Stadtverordnetenversammlung auf Belange und Probleme der Kinder und Jugendlichen aufmerksam machen und sich in die politische Arbeit und Aufklärung einbringen.

Warum Jugendparlamente?

Folgende Überlegungen gaben den Ausschlag, Jugendparlamente zu gründen: Das fehlende Interesse Jugendlicher an der Politik kommt nicht von ungefähr. Wenn man erst im Alter von 16 Jahren bei Kommunalwahlen oder 18 Jahren bei Landtagswahlen oder Wahlen zum Berliner Abgeordnetenhaus an Entscheidungen beteiligt wird, ist es fast zu spät, das Mitentscheiden zu erlernen.

Je früher Jugendliche damit vertraut werden, selbst zu entscheiden, desto selbstverständlicher übernehmen sie auch später die Verantwortung für ihr eigenes Umfeld. Denn was man selbst entschieden und umgesetzt hat, das trägt man mit. Hierbei werden verschiedene Formen der Beteiligung unterschieden:

Mitsprache: Jugendliche erhalten Gelegenheit, ihre Meinungen, Interessen, Anliegen und Wünsche zu äußern.

Mitwirkung: Eine Beteiligung an den Beratungen über gemeinsame Angelegenheiten oder zu treffende Entscheidungen findet statt.

Mitbestimmung: Festgeschriebene Rechte auf eine Beteiligung bei Entscheidungen liegen vor.

M 2 Satzung des Jugendparlaments der Stadt Zossen

§ 2 Aufgaben

(1) Das Jugendparlament soll die Verwaltung der Stadt und die Stadtverordneten in Sachfragen beraten. Dazu zählen insbesondere:

- Spielplatzkonzeptionen
- Kinder- und Jugendveranstaltungen
- Gestaltung von Schulen
- Schulwegsicherungen
- Sport- und Freizeiteinrichtungen
- Kultur- und Sportveranstaltungen
- Jugendschutz und Jugendkriminalität
- Jugend- und Jugendsozialarbeit

M 3 Freude über neue Skateranlage

Mit einem Familienfest ist am Sonnabend das neue Element für Skater und BMX-Fahrer im Wohngebiet Hegermühle übergeben worden. Es ähnelt einem etwas tieferen Gartenteich, heißt deshalb auch Skatepool. Schon vor dem symbolischen Durchschneiden des Bandes war Betrieb, versuchten sich junge Leute aus verschiedenen Teilen der Stadt mit Boards, Mini-Rollern und Rädern. [...] Angestoßen hatte die 120.000 € teure Investition das Jugendparlament – bereits 2012. Vorsitzende Michelle Rother dankte Stadtverordneten, Verwaltung und Planerin Silke Cinkl für die Umsetzung des Wunsches. „Da hat die Jugend auch gesehen, dass es nicht so schnell geht in der Politik", erinnerte Bürgermeisterin Elke Stadeler unter anderem an die lange Diskussion über den Standort. „Hier in der Mitte der Stadt ist es genau richtig", befand sie. Im Herbst 2014 begannen die Bauarbeiten. Nun sind sie so gut wie beendet. [...]

Uwe Spranger: Jugend freut sich über neue Investition, Märkische Oderzeitung, 1.6.2015, www.moz.de/artikel-ansicht/dg/0/1/1394350 (Zugriff: 2.11.2016)

Skater in Aktion

Frage: Interessierst du dich ganz allgemein für Politik? Würdest du sagen, du bist stark interessiert, interessiert, wenig interessiert, gar nicht interessiert?
Interessiert oder stark interessiert, Angaben in Prozent, 1984 – 2015

Quelle: Shell Jugendstudie 2015 – TNS Infratest Sozialforschung

M 4 Politisches Interesse Jugendlicher im Alter von 15 bis 24 Jahren

1 Nenne Überlegungen, die dazu geführt haben, Jugendparlamente zu gründen.
2 Werte M 4 aus. Stimmt die Aussage: Jugendliche interessieren sich nicht mehr für Politik?
3 Mit welchen Themen aus eurer Umgebung müsste sich ein Jugendparlament befassen? Führt dazu eine Umfrage unter euren Mitschülern durch.

M1 Schüler und Schülerinnen beteiligten sich an einer Demonstration für Flüchtlingsrechte

Regeln für eine demokratische Schule

Schülerinnen und Schüler haben in der Schule Rechte und Pflichten. Sie sind im Schulgesetz zu finden. Im Schulgesetz sind auch eure Mitwirkungsmöglichkeiten festgelegt. Die gesetzlichen Regelungen sind in einer Demokratie auf Mitbestimmung angelegt. Zu den Rechten gehören auch die Wahlen von Sprecherinnen und Sprechern, die ihr schon kennengelernt habt. Diejenigen von euch, die dieses Amt schon einmal ausgeübt haben, konnten erste Erfahrungen sammeln. Eine wichtige Mitwirkungsmöglichkeit bietet die Schulkonferenz; dort können die Interessen der Lehrkräfte, Eltern und Schüler und Schülerinnen abgestimmt werden. In Deutschland erlässt jedes Bundesland sein eigenes Schulgesetz.

Gesetzestexte sind nicht immer einfach zu verstehen. Im Folgenden habt ihr die Möglichkeit, in ausgewählte Paragrafen, die euch betreffen, Einblick zu nehmen. Durch den Vergleich zwischen den Gesetzestexten aus Berlin und Brandenburg könnt ihr Unterschiede in der Schulgesetzgebung erkennen.

M2 Aus dem Berliner Schulgesetz

(2) Die Schülerinnen und Schüler sind verpflichtet, regelmäßig am Unterricht und an sonstigen verbindlichen Schulveranstaltungen aktiv teilzunehmen, die erforderlichen Arbeiten anzufertigen und die Hausaufgaben zu erledigen. [...] Die Schülerinnen und Schüler sind an die Vorgaben gebunden, die dazu bestimmt sind, das Bildungs- und Erziehungsziel der Schule zu erreichen sowie das Zusammenleben und die Ordnung in der Schule aufrechtzuerhalten.
(3) Die Schülerinnen und Schüler sind ihrem Alter entsprechend über die Unterrichtsplanung ihrer Lehrkräfte zu informieren und im Rahmen der geltenden Bestimmungen an der Gestaltung des Unterrichts und sonstiger schulischer Veranstaltungen zu beteiligen. In Fragen der Auswahl des Lehrstoffs, der Bildung von Schwerpunkten, der Reihenfolge einzelner Themen und der Anwendung bestimmter Unterrichtsformen ist den Schülerinnen und Schülern Gelegenheit zu Vorschlägen und Aussprachen zu geben. Soweit Vorschläge keine Berücksichtigung finden, sind den Schülerinnen und Schülern die Gründe dafür zu nennen.

Schulgesetz für das Land Berlin vom 26.1.2004 in der Fassung vom 12.10.2016, §46

Tagesordnung der SV-Sitzung 12. Mai

- rauchfreie Schule
- Kooperation Ghana
- Schulhofgestaltung
- Kommunikation Schuljubiläum

- Homepage
- Toilettensanierung

M 3 Tagesordnung der Sitzung einer Schülervertretung

M 4 Aus Schulgesetzen

Brandenburg

Jede Klasse ab Jahrgangsstufe 4 wählt zwei Klassensprecherinnen und Klassensprecher [...]. Die Sprecherinnen und Sprecher vertreten die Schülerinnen und Schüler in allen sie betreffenden Fragen der Schule und des Unterrichts.

[...] Den Klassen oder Jahrgangsstufen ist innerhalb des Unterrichts nach Abstimmung mit der Klassenlehrerin oder dem Klassenlehrer zumindest eine Stunde je Schulmonat die Beratung von Angelegenheiten der Schülerinnen und Schüler zu ermöglichen [...].

An jeder Schule der Sekundarstufe I und II wird eine Konferenz der Schülerinnen und Schüler gebildet. Mitglieder der Konferenz sind alle Sprecherinnen und Sprecher der Sekundarstufen I und II [...].

Gesetz über die Schulen im Land Brandenburg vom 2.8.2001, Fassung vom 25.1.2016, §83, 84

Berlin

Die Schülerinnen und Schüler einer Klasse wählen ab Jahrgangsstufe 3 spätestens einen Monat nach Beginn des Unterrichts im neuen Schuljahr zwei gleichberechtigte Klassensprecherinnen oder Klassensprecher [...].

[...] Den Klassen [...] ist innerhalb des Unterrichts nach Abstimmung mit der Klassenlehrerin oder dem Klassenlehrer mindestens eine Stunde je Schulmonat für die Beratung von Angelegenheiten der Schülerinnen und Schüler zu gewähren. [...]

An jeder Schule der Sekundarstufen I und II wird eine Gesamtschülervertretung gebildet. Stimmberechtigte Mitglieder der Gesamtschülervertretung sind alle an einer Schule gewählten Sprecherinnen und Sprecher. [...]

Schulgesetz für das Land Berlin vom 26.1.2004, Fassung vom 12.10.16, §§ 84, 85

---

1 Lege eine Tabelle an und notiere Rechte und Pflichten von Schülerinnen und Schülern (M 2, M 4).
2 Vergleiche die Schulgesetze aus Berlin und Brandenburg (M 4) und notiere Unterschiede.
3 Sollten weitere Rechte für Schülerinnen und Schüler im Schulalltag vorgesehen werden? Sammelt Vorschläge in der Klasse und diskutiert diese.

M1 Die Anzahl von Online-Petitionen nimmt zu, weil man sich leicht an ihnen beteiligen kann.

Vielfältige Möglichkeiten

Gemeindepolitik wird in Brandenburg nicht nur von der Bürgermeisterin oder dem Bürgermeister oder den Gemeinderäten gemacht. In Berliner Bezirken sind nicht nur die Stadträtinnen und Stadträte bzw. die Bezirksverordneten daran beteiligt. Alle Bürger und Bürgerinnen haben vielfältige Möglichkeiten, sich zu beteiligen. Für eine Gemeinde und ein lebendiges Gemeindewesen ist es sogar wichtig, dass möglichst viele mitmachen. Viele sollen die Gemeinde gestalten und nicht nur Kritik üben. Wenn Einzelne, eine Gruppe oder ein Verein Aufgaben freiwillig übernehmen, so muss sich die Gemeinde nicht darum kümmern.

Politische Parteien

Neben Vereinen und gesellschaftlichen Gruppen prägen politische Parteien das Gemeindeleben.

Als Mitglied einer politischen Partei besitzt man mehr Rechte in der Partei und wird sich in der Regel stärker politisch einmischen. Man entscheidet durch Wahlen bei der Aufstellung von Personen mit, die später ein Amt übernehmen wollen.

Viele Formen der Beteiligung

So können sich Bürger und Bürgerinnen in die Gemeinde- oder Bezirksarbeit einbringen:

- Teilnahme an öffentlichen Sitzungen der Gemeindevertretung, des Kreistages oder der Bezirksverordnetenversammlung und deren Fachausschüssen.
- Einsicht in Beschlussvorlagen der Tagesordnungspunkte: Jeder hat das Recht, sich die Beratungsunterlagen bereits vorher in Ruhe durchzulesen, über die bei den Sitzungen diskutiert und entschieden wird.
- Besuch der Einwohner- und Bürgerinnensprechstunde als Tagesordnungspunkt der öffentlichen Sitzungen. Einwohner und Einwohnerinnen einschließlich der Kinder und Jugendlichen können nicht nur Fragen stellen, sondern auch Vorschläge unterbreiten.
- Teilnahme an der Anhörung von Einwohnern und Einwohnerinnen, die von Beschlüssen betroffen sind.

Schließlich haben alle das Recht, sich mit Vorschlägen, Hinweisen und Beschwerden an die Gemeindevertretung, den Bürgermeister oder die Bürgermeisterin, den Kreistag oder den Landrat zu wenden. Gleiches gilt natürlich auch in den Berliner Bezirken und dem Land Berlin. Auch dort besteht die Möglichkeit, sich an den Bürgermeister oder die Bürgermeisterin, die Bezirksämter oder die Bezirksverordnetenversammlungen zu richten. Diese Eingaben werden auch Petitionen genannt.

Verfassung des Landes Brandenburg Art. 24	Gemeindeordnung Brandenburg § 21	Verfassung von Berlin Art. 34
Jeder hat das Recht, sich einzeln oder gemeinschaftlich mit Anregung, Kritik und Beschwerden an den Landtag, die kommunalen Selbstverwaltungskörperschaften und jede sonstige staatliche oder kommunale Stelle zu wenden. Es besteht Anspruch auf Bescheid in angemessener Frist.	Jeder hat das Recht, sich in Gemeindeangelegenheiten mit Vorschlägen, Hinweisen und Beschwerden einzeln oder gemeinschaftlich an die Gemeindevertretung oder den Bürgermeister zu wenden. Der Einreicher ist innerhalb von vier Wochen über die Stellungnahme zu den Vorschlägen, Hinweisen oder Beschwerden zu unterrichten. Ist dies nicht möglich, erhält er einen Zwischenbescheid.	Jeder hat das Recht, sich einzeln oder in Gemeinschaft mit anderen mit schriftlichen Anträgen, Anregungen oder Beschwerden an die zuständigen Stellen, insbesondere an das Abgeordnetenhaus, den Senat, die Bezirksverordnetenversammlungen oder die Bezirksämter zu wenden.

M 3 Online-Petition gegen Unterrichtsausfall

Elternvertreter aus dem Barnim wollen mit einer Online-Petition ein Zeichen gegen Unterrichtsausfall setzen. Auch wenn sich die Situation an einigen Schulen im Landkreis zuletzt entspannt hat, sehen sie weiterhin Verbesserungsbedarf.

Den vergangenen Herbst haben Sandra Lange und Lothar Clauder in keiner guten Erinnerung. Die beiden Elternvertreter, sie an der Grundschule in Lichterfelde, er an der Goethe-Oberschule in Eberswalde, fürchteten um den Lernerfolg vieler Kinder, weil Lehrer fehlten und massiv Unterricht ausfiel oder nicht fachgerecht vertreten wurde. In Lichterfelde halfen Eltern aus, um die Not zu lindern. Außerdem suchten Mütter und Väter über viele Kanäle Unterstützung. Einen Brief nach dem anderen schickten sie an Kommunal- und Landespolitiker, immer wieder gab es Gespräche mit dem Schulamt. […]

Die Elternvertreter bleiben skeptisch. „Es fehlen immer noch Lehrer – bei uns genauso wie an anderen Schulen", sagt Lothar Clauder. Deshalb erarbeiteten Mütter und Väter im Barnim derzeit eine Online-Petition, mit der sie unter anderem eine Erhöhung der Vertretungsreserve erreichen wollen, damit plötzlich entstehende Lücken schnell geschlossen werden können. Außerdem wurmt die engagierten Eltern, dass Vertretungsunterricht häufig „nicht fachgerecht" erteilt werde, zuweilen reine Beschäftigungstherapie sei. Hier wünsche man sich ehrlichere Zahlen. „Nicht fachgerecht erteilter Unterricht sollte wie Ausfall gewertet werden", sagt Lothar Clauder. Wäre diese Zahl publik, gäbe es noch eine ganz andere Dynamik in der Bildungsdebatte, glaubt er.

Mathias Hausding: Online-Petition gegen Unterrichtsausfall, Märkische Onlinezeitung, 25.4.2016, www.moz.de/artikel-ansicht/dg/0/1/1477438/ (Zugriff: 25.10.2016, gekürzt)

1 Erkläre den Begriff Petition.
2 Wie können Jugendliche sich in die Gemeinde- und Bezirkspolitik einmischen?
3 Erkundige dich in deinem Rathaus oder Gemeindeamt über Ort und Zeit der nächsten Bürgersprechstunde.
4 Begründe die Notwendigkeit, dass alle Bürgerinnen und Bürger die Möglichkeit haben, sich mit Vorschlägen, Hinweisen und Beschwerden an kommunale Einrichtungen und politische Vertretungen wenden zu können.

M1 Diese Dinge benötigt eine Schulanfängerin oder ein Schulanfänger.

Gericht stärkt Kinderrechte

Am Anfang stand ein Streit über Umfang und Höhe von Sozialleistungen für Kinder und Jugendliche aus Familien mit geringem Einkommen. Wie viel Geld benötigen Kinder und Jugendliche, um hinreichend an Bildungsangeboten teilnehmen zu können oder um Mitglied in Vereinen oder Jugendgruppen zu sein? Am Ende eines langen Klageweges stellte das Bundesverfassungsgericht im Jahr 2010 fest: Das im Grundgesetz verankerte Grundrecht auf ein menschenwürdiges Leben soll auch für ein Mindestmaß an Teilhabe am gesellschaftlichen und kulturellen Leben sorgen. Das Gericht führte aus, dass Kinder keine kleinen Erwachsenen sind. Ihr Bedarf habe sich an den kindlichen Entwicklungsphasen auszurichten und an dem, was für die Persönlichkeitsentfaltung eines Kindes erforderlich sei.

Das Bildungs- und Teilhabepaket

Ein Jahr nach diesem Gerichtsurteil hat die Bundesregierung das sogenannte Bildungs- und Teilhabepaket eingeführt. Die Leistungen dieses Gesetzes sollen dazu beitragen, Chancengerechtigkeit herzustellen.

In ihm wurden dabei bereits vorher bestehende Leistungen mit einzelnen neuen Leistungen verknüpft und unter dem neuen Namen zusammengefasst. Es wird davon ausgegangen, dass derzeit rund 2,5 Millionen Kinder und Jugendliche berechtigt sind, das Bildungs- und Teilhabepaket in Anspruch zu nehmen – aber nur wenige Familien machen von ihrem Recht Gebrauch.

Die Leistungen werden überwiegend als Sach- oder Dienstleistungen gewährt. Mit der Bezahlung haben die Familien grundsätzlich nichts zu tun.

Leistungen des Bildungspakets

- Tagesausflüge
- Klassenfahrten
- Schulbedarf in Höhe von 100 € jährlich
- Fahrten zur Schule
- Lernförderung
- Zuschuss zur Mittagsverpflegung
- Mitmachen in Kultur, Sport und Freizeit durch Erstattung z. B. von Vereinsbeiträgen von bis zu 10 € monatlich

M 2 Kritik am Bildungs- und Teilhabepaket

Das Bildungs- und Teilhabepaket sei fünf Jahre nach seiner Einführung als gescheitert anzusehen, kritisieren der Paritätische Wohlfahrtsverband und der Deutsche Kinderschutzbund Bundesverband. Die Leistungen seien in ihrer Höhe unzureichend und in der bestehenden Form nicht geeignet, Bildung und Teilhabe für benachteiligte Kinder und Jugendliche zu ermöglichen, so die ernüchternde gemeinsame Bilanz. [...]
Praktiker aus beiden Verbänden weisen darauf hin, dass das Bildungs- und Teilhabepaket bei einem großen Teil der Anspruchsberechtigten nicht ankomme. Mike Menke, Pädagogischer Koordinator am Kinder-Kiez-Zentrum in Berlin, kritisiert insbesondere den massiven bürokratischen Aufwand, der hohe Hürden für die Inanspruchnahme statt Teilhabe für alle schaffe.

Gwendolyn Stilling: Fünf Jahre Bildungs- und Teilhabepaket: Paritätischer und Deutscher Kinderschutzbund ziehen kritisch Bilanz, Deutscher Paritätischer Wohlfahrtsverband - Gesamtverband e. V., Berlin 7.4.2016, www.der-paritaetische.de/nc/pressebereich/artikel/news/fuenf-jahre-bildungs-und-teilhabepaket-paritaetischer-und-deutscher-kinderschutzbund-ziehen-kritis/ (Zugriff: 2.11.2016, gekürzt)

M 3 Wie teuer ist eine Schulausstattung?

Material	Kosten in Euro
2 Bleistifte	1,78
2 Fineliner	1,20
Lineal	...
Sportschuhe	...
Sporthemd	...
Sporthose	...
Frühstücksbox	...
Trinkflasche	...
...	...

M 4 Wer ist vor Ort zuständig?

Die Umsetzung des Bildungspakets wird vor Ort in den Kreisen und kreisfreien Städten organisiert [...]. Grundsätzlich gilt jedoch: Wer Arbeitslosengeld II oder Sozialgeld bekommt, wendet sich für Leistungen aus dem Bildungspaket in der Regel an das Jobcenter. Dort wird es von den Kreisen und kreisfreien Städten umgesetzt. Auch bei Fragen zu Arbeitslosengeld II oder Sozialgeld bleibt das Jobcenter Ihr Ansprechpartner. Dort stellen Sie Ihren Antrag. Für Familien, die Sozialhilfe, Wohngeld, den Kinderzuschlag oder Leistungen nach dem Asylbewerberleistungsgesetz erhalten, sind die Jobcenter nicht zuständig. Die Kreise oder kreisfreien Städte [...] nennen diesen Familien den richtigen Ansprechpartner.

Bundesministerium für Arbeit und Soziales: Die Leistungen des Bildungspakets, 2.10.2014, www.bmas.de/DE/Themen/Arbeitsmarkt/Grundsicherung/Leistungen-zur-Sicherung-des-Lebensunterhalts/Bildungspaket/leistungen-bildungspaket.html;jsessionid=61AE09997C4B7A9E3E51716EEBF46D2B (Zugriff: 2.11.2016)

Kinderfreizeit am Werbellinsee in Joachimsthal

1 Beschreibe die Ziele des Bildungs- und Teilhabepakets und die Angebote.
2 a Ermittle den Wert deiner kompletten Schulausstattung für ein Schuljahr – ohne Bücher. Lege dazu eine Liste an (vgl. M 3).
   b Werte M 4 aus und erkläre, wo du das Geld für den Schulbedarf beantragen kannst.
   c Überprüfe, ob aus deiner Sicht die Leistungen des Bildungspakets die gesetzten Ziele einlösen können.
3 Erkläre die Kritik, die am Bildungs- und Teilhabepaket von Sozialverbänden geübt wird (M 2).
4 Entwickelt gemeinsam eigene Vorschläge, wie Kindern und Jugendlichen aus Familien mit geringem Einkommen geholfen werden könnte.

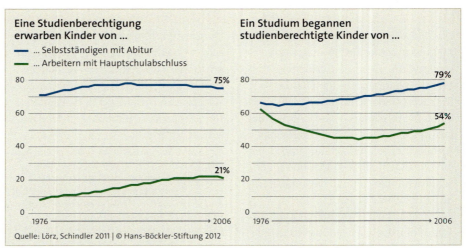

Eine Studienberechtigung erwarben Kinder von ...
— ... Selbstständigen mit Abitur
— ... Arbeitern mit Hauptschulabschluss

Ein Studium begannen studienberechtigte Kinder von ...

M1 Verschiedene Chancen

Quelle: Lörz, Schindler 2011 | © Hans-Böckler-Stiftung 2012

---

* **Akademiker/-in**
ist eine Person, die eine Hochschulausbildung abgeschlossen hat. Die Kinder von Akademikern werden hier in den Texten als Akademikerkinder bezeichnet.

* **Biografie**
ist die Lebensgeschichte eines Menschen. Zur Bildungsbiografie gehört alles, was mit Schule, Ausbildung, Studium usw. zu tun hat.

Aufstieg durch Bildung

In einem Beitrag für die Zeitschrift „Die Zeit" hat der Journalist Marco Maurer über seinen Bildungsverlauf von der Grundschule in seinen heutigen Beruf beschrieben, der unter den Leserinnen und Lesern ein großes Echo hervorrief. Mehrere Hundert Zuschriften erhielt er, aus denen ein Buch mit dem Titel entstand: „Du bleibst, was du bist – Warum bei uns immer noch die soziale Herkunft entscheidet", obgleich das Buch mit vielen Beispielen das Gegenteil belegt. Ungeachtet dessen warnt er vor einem Trugschluss und fasst das zentrale Ergebnis seiner Überlegungen wie folgt zusammen: „Mein Aufstieg (durch Bildung) war möglich, aber er war zu schwer."

M2 Ich Arbeiterkind

[...] „Ich bin jetzt 32 Jahre alt, und das Wort Arbeiterkind begleitet mich – Sohn eines Kaminkehrers und einer Friseurin – fast mein ganzes Leben lang. [...]
Zum ersten Mal begegnete mir Herr Proksch im Sommer 1991, auf der Hauptschule in Lauterbach, einem Dorf im bayerischen Teil von Schwaben. [...]
An einem Montag im Frühjahr 1992 empfing er dann meine Mama. Es war Elternsprechtag. [...] Es ging darum, auf welche weiterführende Schule ich gehen sollte: Real- oder Hauptschule. Die wenigen Gymnasiasten, die es in unserem Dorf gab, hatten uns nach der vierten Klasse verlassen.
„Marco sollte auf der Hauptschule bleiben, Frau Maurer, die Realschule ist nichts für ihn." Das war Herrn Prokschs erster Satz. [...]
„Meinen Sie wirklich, Herr Proksch?"
„Er hat im Zeugnis drei Dreien in den Kernfächern, das sind zwei Zweien zu wenig. Er wird das nicht schaffen." [...]
Von 100 Akademikerkindern * schaffen 71 den Sprung auf die Universität, von 100 Nichtakademikerkindern nur 24. Das ist die deutsche Wirklichkeit im 21. Jahrhundert. Diese Zahlen sind kein Resultat unterschiedlicher Intelligenz. Dutzende Studien belegen, dass Kinder von Fließbandarbeitern, Verkäuferinnen und Handwerkern, von Arbeitslosen, Hartz-IV-Empfängern und Migranten auch bei exakt gleicher Leistung schlechter benotet werden. Wo Akademikerkinder locker durchkommen, bleiben die anderen hängen. Sie stolpern in Prüfungssälen und Klassenräumen, Lehrerzimmern und Elternhäusern über unsichtbare Hindernisse. [...]

Marco Maurer: Ich Arbeiterkind, Die Zeit, 5/2013, 24.1.2013, www.zeit.de/2013/05/Arbeiterkind-Schulsystem-Aufstieg (Zugriff: 2.11.2016, gekürzt)

*Cem Özdemir, Bundesvorsitzender der
Partei Bündnis90/Die Grünen (2016)*

Mein Vater arbeitete in einer Feuerlöscherfabrik, meine Mutter als Änderungsschneiderin in Bad Urach. Als ich in die erste Klasse ging, sprach ich zwar das Schwäbische, das ich bei meinen Tageseltern und auf der Straße gelernt habe, aber mein Schriftdeutsch war katastrophal. Vielleicht lag das auch daran, dass unser Fernseher, wie in vielen Familien, auch bei uns manchmal wie ein weiteres Familienmitglied behandelt wurde.

Bereits in der ersten Klasse sagte meine damalige Grundschullehrerin auf einem Elternabend zu meiner Mutter: „Beim Cem ist es doch egal, ob er sitzen bleibt oder nicht. Den schicken Sie sowieso zurück in die Türkei." Meine Mutter war völlig hilflos in dieser Situation. [...] Im Gegensatz zu vielen meiner Mitschüler musste ich nach der Grundschulzeit auf die Hauptschule. Ich war von meinen Freunden getrennt und habe mich anfänglich sehr dafür geschämt. Doch dann traf ich erneut auf engagierte Menschen, die mich unterstützten. Ohne die hätte ich meinen Weg so nicht gehen können – solche Menschen sind nötig für einen sozialen Aufstieg. [...]

Cem Özdemir in: Marco Maurer: „Mein Aufstieg war möglich, aber zu schwer", Zeit-Online 1.4.2015, www.zeit.de/feature/bildung-aufstieg-karriere-chancen#kapitel7 (Zugriff: 25.10.2016, gekürzt)

Nina Sonnenberg ist Rapperin und Moderatorin

Meine Mutter war Sekretärin, mein Vater ein gelernter Kaufmann, der lange im Wollhandel gearbeitet hat. Beide haben nicht studiert. Deshalb war es für mich auch keine Selbstverständlichkeit, nach dem Abitur direkt auf die Uni zu gehen. Stattdessen machte ich eine Ausbildung, wurde Verlagskauffrau. Bei meinen Freundinnen aus dem Gymnasium war das anders. Ihre Eltern waren großenteils Akademiker. Da war es gar keine Frage, dass die studieren werden. [...] Zu den Freundinnen aus dem Gymnasium riss der Kontakt aber nicht ab und ich stellte fest, dass ich mit den gleichen Ansprüchen und Erwartungen groß geworden bin. [...] Und wenn wir zusammen waren, dann war klar, dass wir lasen und über bestimmte Themen sprachen, über die bei mir zu Hause nicht gesprochen wurde. Auf eine gewisse Art wollte ich also mithalten mit meinen Freundinnen. Dazugehören. Das war mein erstes Glück. Mein zweites Glück war, dass meine Eltern ein Grundvertrauen in mich gesetzt haben. Die haben mich machen lassen. Außerdem habe ich einen unglaublichen Ehrgeiz. [...]

Nina Sonnenberg in: Marco Maurer: „Mein Aufstieg war möglich, aber zu schwer", Zeit-Online 1.4.2015, www.zeit.de/feature/bildung-aufstieg-karriere-chancen#kapitel (Zugriff: 25.10.2016, gekürzt)

1 a Beschreibt den Bildungsweg von Marco Maurer (**M 2**). Arbeitet dabei in Kleingruppen.
  b Worin sieht er die Herausforderungen auf seinem Bildungsweg.
  c Erläutert die „unsichtbaren Hindernisse". Bezieht auch die Grafik **M 1** mit ein.
  d Begründet, warum Marco Maurers nach dem Artikel Hunderte Zuschriften erhielt.

2 Legt eine Tabelle an und ermittelt in **M 3** und **M 4** die Herkunft der Berichtenden, Stationen ihres Bildungswegs, Herausforderungen des Bildungsverlaufs, erhaltene Unterstützung und Hilfe.

3 Verfasse eine Bildungsbiografie zu einer Person aus deiner Familie, aus deinem Freundes- oder Bekanntenkreis.

M1 Soziale Gerechtigkeit

Einer für alle – alle für einen

Die Leistungen der Sozialversicherung werden aus den Beiträgen der Arbeitnehmerinnen und Arbeitnehmer sowie der Arbeitgeber* finanziert. Zusätzlich gibt der Staat Zuschüsse. Die Zuschüsse und alle anderen Sozialleistungen zahlt der Staat aus Steuermitteln. Die Sicherheit des Einzelnen wird also durch die Verantwortung und gemeinschaftliche Leistung aller Menschen der Gesellschaft ermöglicht, denn fast unser gesamtes gesetzliches Sozialsystem funktioniert nach einem Umverteilungsprinzip: Jeder finanziert nach seinen persönlichen Möglichkeiten den Staat mit, durch Sozialversicherungsbeiträge, direkte Steuern (z.B. Einkommenssteuer, Vermögenssteuer) und indirekte Steuern (Umsatzsteuern auf Waren und Dienstleistungen). Die Aufgabe des Sozialstaats ist es, einen Teil dieser Einnahmen umzuverteilen.

Art. 1 Grundgesetz
Die Würde des Menschen ist unantastbar. Sie zu achten und zu schützen ist Verpflichtung aller staatlichen Gewalt.

Art. 20 Grundgesetz
Die Bundesrepublik Deutschland ist ein demokratischer und sozialer Bundesstaat.

---

* **Arbeitgeber/-in**
Wer andere gegen Geld beschäftigt. Arbeitnehmer/-innen können Personen sein – aber auch Unternehmen, Behörden oder Vereine.

M 2 Sozialstaat und Sozialpolitik

Das Grundgesetz verpflichtet den Staat, für soziale Sicherheit und Gerechtigkeit zu sorgen. Im Alter, bei Krankheit oder Arbeitslosigkeit sollen die Bürger nicht allein gelassen werden. Dafür sorgt die gesetzliche Sozialversicherung.

Aber auch den Menschen, die sich nicht einmal mit dem Nötigsten selbst versorgen können, wird ohne Gegenleistung geholfen: Sie bekommen eine finanzielle Grundsicherung. Das gilt auch für alte Menschen, die eine zu geringe Rente erhalten.

Daneben gibt es zahlreiche Gesetze und Regelungen, mit denen der Staat den Schwachen und Schutzbedürftigen wie z. B. Müttern, Kindern und behinderten Menschen hilft.

Auch in der Arbeitswelt schützen Gesetze die Beschäftigten. Das gilt für den Arbeitsschutz als auch für den Kündigungsschutz.

Alles, was der Staat unternimmt, um die Lebenssituation der Bürgerinnen und Bürger zu verbessern, wird Sozialpolitik genannt. Was genau getan werden soll, muss immer wieder ausgehandelt werden. Das führt oft zu Streit zwischen den Parteien, weil die Positionen verschieden sind. Aber das ist in einer Demokratie normal.

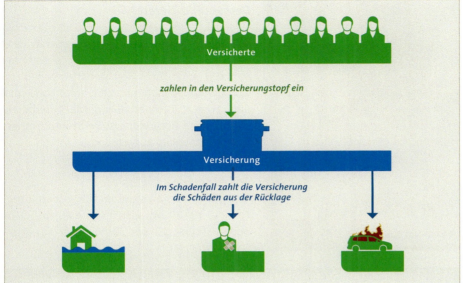

Viele Menschen zahlen einen Betrag in den Versicherungstopf ein. Da ein Versicherungsfall nur bei wenigen Menschen eintritt, kann der Schaden aus der Rücklage im Topf bezahlt werden.

M 3 Das Versicherungsprinzip

M 4 Was bedeutet Subsidiarität?

Der Staat handelt nach dem Subsidiaritätsprinzip. Subsidiarität (lateinisch) bedeutet „zurücktreten" oder „nachrangig sein", d.h., er tritt dann von einer Aufgabe zurück, wenn sie auch von einer „untergeordneten" Ebene erfüllt werden kann. Wer zahlt z.B. die Sozialhilfe aus? Ein Ministerium, also eine Bundesbehörde könnte das machen, tut es aber nicht. Das Ministerium sieht diese Aufgabe in der Gemeinde. Das Sozialamt der Stadt kann diese Aufgabe wahrnehmen, denn es ist besser für die Bürger und Bürgerinnen zu erreichen. Auch das Sozialamt muss nach dem Subsidiaritätsprinzip handeln. Es prüft daher zunächst, ob die Familien der Hilfebedürftigen helfen können.

nach: Gerd Schneider, Christiane Toyka-Seid, Begriff: Subsidiarität, Bundeszentrale für politische Bildung (Hg.), Bonn www.hanisauland.de/lexikon (Zugriff: 26.10.2016)

M 5 Das Fürsorgeprinzip

Eine finanzielle Unterstützung durch den Staat an Bedürftige, also an Menschen, die nicht in der Lage sind, selbst für ihr Leben aufzukommen, werden staatliche Sozialleistungen oder Transferleistungen genannt. Sie werden nach dem Fürsorgeprinzip gezahlt, d.h., dass keine Gegenleistung dafür verlangt wird. Dazu werden gezählt z.B. die Sozialhilfe, Kindergeld, Wohngeld, Ausbildungsförderung oder Hilfen für Behinderte, aber auch die Beiträge des Staates zur Sozialversicherung.

nach: Gerd Schneider, Christiane Toyka-Seid, Begriff: Sozialleistungen, Bundeszentrale für politische Bildung (Hg.), Bonn www.hanisauland.de/lexikon (Zugriff: 26.10.2016)

1 Nenne Ziele der Sozialpolitik.

2 Erkläre den Unterschied zwischen dem Fürsorgeprinzip (**M 5**) und dem Versicherungsprinzip (**M 3**).

3 Gelegentlich wird unser Sozialsystem mit einem Netz verglichen, das Menschen bei einem Absturz vor einem zu tiefen Fall schützen soll. Diskutiert in der Klasse, ob das Bild vom Netz stimmt und wie das Netz beschaffen ist.

Die amerikanische Debatte

Besser diskutieren

Über politische Sachverhalte wird häufig heftig diskutiert. Das bedeutet, dass es gegensätzliche Standpunkte zu einem Thema gibt. In der sogenannten amerikanischen Debatte werden in Gruppen die Argumente – die dafür sowie die die dagegen sprechen – dargestellt und zwischen den Befürwortern/Befürworterinnen und Ablehnenden ausgetauscht.

Zeitbedarf:

Ungefähr 30 bis 40 Minuten zur Vorbereitung, etwa 15 bis 20 Minuten für die eigentlichen Debatte, rund 15 bis 20 Minuten zur Auswertung.

M1 Schüler und Schülerinnen diskutieren

* **kontrovers**
  (lat.: contra = gegen; versus = gerichtet)
* **Plenum**
  (aus der lateinischen Sprache = voll) Gesamtheit

M 2 Checkliste für eine amerikanische Debatte

1. Schritt: Vorbereitung
- Formuliert eine strittige Frage, die mit „ja" oder „nein" zu beantworten ist (z. B.: Soll man mit 16 wählen dürfen?).
- Bildet zwei Gruppen. Die eine Gruppe trägt Pro-Argumente, die andere Kontra-Argumente zusammen.
- Notiert eure Argumente in Stichwörtern auf Karteikarten (für die anschließende Debatte).
- Jede Gruppe bestimmt mehrere Diskutierende, die sich an einem Tisch oder an zwei Tischen gegenübersitzen.

2. Schritt: Durchführung
- Die/der Diskussionsleiter/-in eröffnet die Debatte, indem sie/er einer Seite das Wort erteilt, um ihre Argumente vorzutragen.
- Nach Ablauf einer vorgegebenen Zeit (30 Sekunden bis eine Minute) ist die andere Seite an der Reihe. Dieser Wechsel wiederholt sich so lange, bis beide Seiten alle Argumente ausgetauscht haben.
- Die Diskussionsleiterin bzw. der Diskussionsleiter hat streng darauf zu achten, dass die Redezeiten eingehalten werden.

3. Schritt: Auswertung
Am Ende der Debatte findet eine Besprechung im Plenum* statt. Gemeinsam soll ausgewertet werden,
- wie sich die Teilnehmer/-innen in ihren Rollen fühlten,
- wie das Diskussionsklima war,
- welche Seite aus Sicht der Beobachter/-innen besonders überzeugend war und aus welchen Gründen (Argumente? Vortrag der Diskutierenden? usw.).

Spielleitung

Pro

Kontra

METHODE

Ein Grundeinkommen für alle Bürgerinnen und Bürger: Macht das Sinn?

Wenn es um die Zukunft das Sozialstaats geht und die künftige Ausgestaltung der sozialen Sicherung, wird in fast allen politischen Parteien regelmäßig die Idee eines bedingungslosen Grundeinkommens aufgegriffen und gegensätzlich diskutiert. Dabei geht es um Folgendes:

- Alle Bürger und Bürgerinnen würden einen Grundbetrag mit darin erhaltener Krankenversicherung erhalten, unabhängig davon, wie alt oder wie jung, arm oder reich sie sind. Im Gespräch sind Beiträge zwischen 700 und 1.500 € monatlich.
- An die monatliche Zahlung würde keinerlei Bedingung oder Gegenleistung geknüpft werden.
- Auch eine vorherige Bedürftigkeitsprüfung entfiele bei diesem Modell.
- Andere Sozialleistungen (Rente, Arbeitslosengeld usw.) könnten abgeschafft werden.
- Das Grundeinkommen könnte über Steuern ermöglicht werden.
- Allen wäre es freigestellt, weiteres Einkommen hinzuzuverdienen.

Dieses Riesenplakat warb für das Grundeinkommen bei einer Abstimmung in der Schweiz im Jahr 2016. Die Übersetzung des Plakattextes lautet: Was würdest du tun, wenn für dein Einkommen gesorgt wäre?

Pro

> Niemand hätte mehr Angst vor Arbeitslosigkeit.

> Arbeitnehmer und Arbeitnehmerinnen wären bei einem Grundeinkommen nicht mehr auf miese Jobs angewiesen.

> Man könnte vielen Beschäftigten im öffentlichen Dienst sinnvollere Aufgaben geben als Anträge zu prüfen.

> Die Löhne in einfachen Berufen würden steigen.

Kontra

> Unternehmen, die schlechte Arbeitsbedingungen bieten, hätten Probleme Leute für die Arbeit zu finden.

> Das Grundeinkommen ist ungerecht: Es belohnt jene, die nicht arbeiten wollen. Man muss doch unterscheiden, ob eine Person nicht arbeiten will oder kann.

> Solange kein konkreter Vorschlag für die Finanzierung des Grundeinkommens gemacht wird, ist die ganze Pro-Kontra-Diskussion sinnlos.

> Wer an der Regierung ist, legt die Höhe des Grundeinkommens einfach fest. Wenn das Geld beim Staat knapp ist, sinkt das Grundeinkommen. Das geht doch nicht.

1 Bildet Gruppen und sammelt Argumente für und gegen das garantierte Grundeinkommen.
2 Führt dann eine amerikanische Debatte durch.

Die Sozialversicherung

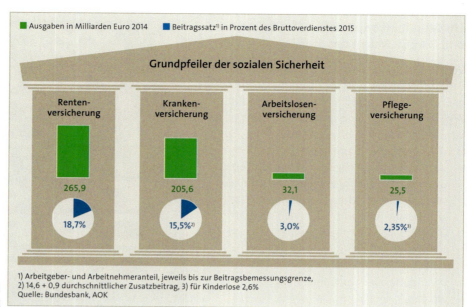

■ Ausgaben in Milliarden Euro 2014   ■ Beitragssatz[1] in Prozent des Bruttoverdienstes 2015

Grundpfeiler der sozialen Sicherheit

Renten-versicherung	Kranken-versicherung	Arbeitslosen-versicherung	Pflege-versicherung
265,9	205,6	32,1	25,5
18,7%	15,5%[2]	3,0%	2,35%[3]

1) Arbeitgeber- und Arbeitnehmeranteil, jeweils bis zur Beitragsbemessungsgrenze,
2) 14,6 + 0,9 durchschnittlicher Zusatzbeitrag, 3) für Kinderlose 2,6%
Quelle: Bundesbank, AOK

M1 Die wichtigsten Säulen der sozialen Sicherung

Die Sozialgesetzgebung Bismarcks

Der rasche Wandel der Lebens- und Arbeitsverhältnisse löste während der Industrialisierung im 19. Jahrhundert viele Menschen aus ihren sozialen Bindungen in der Landwirtschaft, im Handwerk oder im Heimgewerbe. Die Menschen waren nun von der Lohnarbeit abhängig und in wirtschaftlichen Krisenzeiten war ihr Arbeitsplatz unsicher. Die Arbeitsbedingungen in den Fabriken waren aus heutiger Sicht kaum zumutbar und die Wohnbedingungen in den schnell wachsenden Industriestädten schlecht.

Die soziale Frage

Stärker als früher waren die Menschen jetzt auf sich allein gestellt, wenn es darum ging, für Arbeitslosigkeit, Krankheit, Unfall und Alter vorzusorgen. Die fehlende soziale und wirtschaftliche Sicherheit in großen Teilen der Bevölkerung führte zu Diskussionen in Staat und Gesellschaft über die sogenannte soziale Frage, wie die Folgen der Industrialisierung für die Arbeiterschaft zusammenfassend genannt wurden.

Die staatliche Sozialgesetzgebung sollte diese Probleme grundlegend lösen. Die von Reichskanzler Otto von Bismarck (1815–1898) zwischen 1883 und 1889 in mehreren Schritten durchgesetzten Sozialgesetze zur Kranken-, Unfall- und Rentenversicherung milderten die sozialen Notlagen, konnten sie aber nicht beheben. 1927 kam die Arbeitslosenversicherung hinzu, 1995 die Pflegeversicherung für die häusliche Pflege. Die großen vier Versicherungen (**M1**) funktionieren nach dem Solidarprinzip und sie bilden noch heute die Säulen der Sozialversicherung. Daneben gibt es noch die Unfallversicherung, die bei Wege- und Arbeitsunfällen einspringt. Der Staat zahlt zusätzlich hohe Zuschüsse aus Steuermitteln in die Kassen der Sozialversicherungen.

★ **Solidarprinzip**
Das Prinzip funktioniert so. Ein Beispiel: Die Gesunden zahlen für die Kranken, die Jungen für die Alten, die Alleinstehenden für die Familien und die Einkommensstarken für die Einkommensschwachen. Jeder zahlt nach seiner Leistungsfähigkeit ein, aber erhält Leistungen nach seiner Bedürftigkeit.

M2 Die Sozialversicherung heute

Die Sozialversicherung umfasst fünf Versicherungen, die vom Gesetz vorgeschrieben sind. Sie sollen die Arbeitnehmerinnen und Arbeitnehmer vor den Folgen von Krankheit und Alter, aber auch vor Einkommensverlusten bei Arbeitslosigkeit schützen: Dies sind die gesetzliche Krankenversicherung, Pflegeversicherung, Unfallversicherung, Renten- sowie Arbeitslosenversicherung.

Alle Arbeitnehmer und Arbeitnehmerinnen müssen monatlich einen Betrag, der von der Höhe ihres Einkommens abhängig ist, in diese Versicherungen einzahlen. Weil dies eine gesetzliche Pflicht ist, nennt man die Versicherung auch „Pflichtversicherung". Einen weiteren Anteil zahlen die Arbeitgeber/-innen. Deren Beitrag ist in den meisten Fällen genauso hoch wie der der Arbeitnehmer/-innen. Ein Sonderfall ist die Unfallversicherung. Die muss der Arbeitgeber für seine Beschäftigten alleine zahlen. Hinter der Sozialversicherung steht der Gedanke, dass die Gemeinschaft der versicherten Arbeitnehmer/-innen dem Einzelnen hilft, wenn er oder sie in Not gerät, krank oder arbeitslos wird, einen Unfall erleidet oder im Alter pflegebedürftig ist.

Beamte und Beamtinnen sind nicht in der gesetzlichen Sozialversicherung. Sie sind nach einem besonderen Versorgungsrecht abgesichert. Auch Selbstständige wie zum Beispiel Rechtsanwälte oder niedergelassene Ärztinnen sind nicht in der gesetzlichen Sozialversicherung.

Gerd Schneider/Christiane Toyka-Seid, Begriff Sozialversicherung, Bundeszentrale für politische Bildung (Hg.), Bonn, www.hanisauland.de/lexikon/s/sozialversicherung.html (Zugriff: 2.11.2016)

M 3 Fallbeispiele

1. Die Altersgrenze wird erreicht Frau Beimer freut sich. Endlich kann sie in ihrem Beruf aufhören und ihre Rente genießen. 45 Jahre arbeitete sie als Verkäuferin an der Kasse.	**2. Abschluss trotz Behinderung** Im Unterricht sitzt neben Martin eine Betreuerin, eine Schulhelferin. Sie ist dazu da, ihn im Schulalltag zu unterstützen. So kann Martin trotz seiner körperlichen Behinderung an einer Regelschule seinen Abschluss erwerben.
3. Erziehungshilfe Herr Steinmann war mit der Erziehung seiner Kinder überfordert. Jetzt kommt wöchentlich eine Sozialarbeiterin vom Jugendamt zu ihm in die Wohnung, um den alleinerziehenden Vater zu beraten und ihm bei der Erziehung seiner Kinder zu helfen.	**4. Hilfe nach der Operation** Herr Alphons ist 75 Jahre alt. Nach einer Operation muss seine Wunde einige Wochen lang täglich versorgt und der Verband gewechselt werden. Zum Glück kann dies seine Frau erledigen, die Krankenschwester war. Somit können sie auf die Hilfe des Pflegedienstes verzichten. Die Pflegeversicherung zahlt dem Ehepaar dafür eine Entschädigung.

Die soziale Sicherung besteht aus der:

Vorsorge
Leistungen: z.B. Gesundheitsvorsorge, Altersrente
Finanzierung: Versicherungsbeiträge, Steuern

Versorgung
Leistungen: z.B. Kindergeld, Wohngeld
Finanzierung: Steuern

Fürsorge
Leistungen: z.B. soziale Grundsicherung, Jugendhilfe, Sozialhilfe
Finanzierung: Steuern

1 Berichte über Anfänge und Hintergründe der gesetzlichen Sozialversicherung. Nutze dazu auch dein Geschichtsbuch.

2 Finde drei Beispiele für das Solidaritätsprinzip.

3 Erläutere am Beispiel von **M 2**, wie die Finanzierung der Sozialversicherung und anderer Sozialleistungen organisiert ist. Erstelle hierzu ein Schaubild.

4 Entscheide mithilfe des Textes, ob es sich in den Fallbeispielen **M 4** jeweils um eine Vorsorge-, Versorgungs- oder Fürsorgeleistung handelt.

Wer hilft bei Krankheit? 🔗

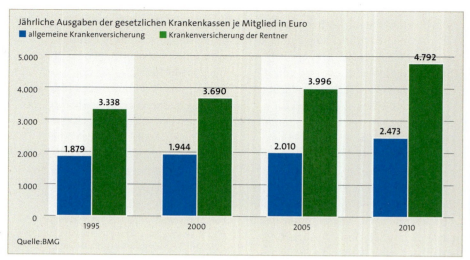

Jährliche Ausgaben der gesetzlichen Krankenkassen je Mitglied in Euro
- ■ allgemeine Krankenversicherung ■ Krankenversicherung der Rentner

Jahr	allgemeine Krankenversicherung	Krankenversicherung der Rentner
1995	1.879	3.338
2000	1.944	3.690
2005	2.010	3.996
2010	2.473	4.792

Quelle: BMG

M 1 Die Jüngeren sorgen für die Älteren

Eine Pflichtversicherung für fast alle

Die gesetzliche Krankenversicherung hat rund 70 Millionen Mitglieder, das entspricht 85 Prozent der Bevölkerung. Dazu gehören Arbeitnehmer/-innen, Arbeitslose, Rentner und Rentnerinnen, Kinder, Ehepartner, denen gegenüber eine Unterhaltspflicht besteht. Die Versicherten dürfen die gesetzliche Krankenkasse selbst wählen. Hier sind grundsätzlich alle Beschäftigten pflichtversichert. Selbstständige, Beamte sowie Arbeitnehmer oder Arbeitnehmerinnen, die jährlich 56.250 € oder mehr verdienen (Stand 2016), sind von der Versicherungspflicht befreit. Sie dürfen freiwillig in der gesetzlichen Krankenversicherung bleiben oder zu einer privaten Krankenversicherung wechseln.

Seit 2011 liegt der Beitrag zur gesetzlichen Krankenversicherung bei durchschnittlich 15,5 Prozent des Bruttoeinkommens. Es gibt leichte Abweichungen, je nachdem, welcher Krankenkasse man angehört.

Eine Versicherung für wenige

Die Höhe der Beiträge in der privaten Krankenversicherung wird nach dem persönlichen Risiko der Mitglieder berechnet. Dabei spielen das Alter, das Geschlecht sowie Vorerkrankungen und mögliche Krankheitsrisiken eine Rolle. Auch sind Tarife für eine Mitgliedschaft von weiteren Merkmalen abhängig, z. B. von Umfang und Art der Versicherung.

M 3 Solidarausgleich

Das Solidarprinzip ist in der gesetzlichen Krankenversicherung besonders deutlich ausgeprägt: Kinder, Jugendliche und Studenten sind kostenfrei über ihre Eltern versichert. Ebenso sind nicht erwerbstätige Ehepartner mitversichert. Für die Höhe des Beitrags spielt es keine Rolle, ob man Kinder hat oder verheiratet ist. Alleinstehende zahlen bei gleichem Bruttogehalt den gleichen Beitrag. Versicherte mit einem geringen Einkommen und entsprechend geringem Beitrag erhalten bis auf das Krankengeld die gleichen Leistungen wie Versicherte mit höheren Einkommen.

M 2 Leistungen der gesetzlichen Krankenversicherungen

- Arzt- und Zahnarztbehandlungen
- Arznei-, Verbands-, Heilmittel
- Krankenhausbehandlung
- Nachsorgebehandlung
- Mutterschaftshilfe
- Krankengeld, wenn aufgrund einer längeren Erkrankung kein Lohn mehr gezahlt wird

Lebenserwartung nach Geburtsjahr in Deutschland
— Männer   — Frauen

Von 1871 bis 1932: Deutsches Reich, von 1949 bis 19989 nur Westdeutschland
Quelle: Statistisches Bundesamt, 2015

M 4 Die Menschen werden älter

M 5 Die Gesundheitsreform

In den letzten Jahren konnten die Krankenkassen mit den eingenommenen Beiträgen nicht immer ihre Ausgaben decken. Mit verschiedenen gesetzlichen Maßnahmen versucht der Gesetzgeber, den Anstieg der Gesundheitskosten zu drosseln und Versicherungsbeiträge nach Möglichkeit zu senken. Im Zuge der Gesundheitsreform werden dabei immer wieder verschiedene Reformen diskutiert. Quer durch alle Parteien, aber auch innerhalb der Parteien bestehen unterschiedliche Auffassungen über mögliche Wege zur sozialen Gerechtigkeit im Gesundheitswesen.

Alle im Zuge der Reformen vorgestellten Versicherungs- und Finanzierungsmodelle sind darauf ausgerichtet, dass Arbeitgeber/-innen und Arbeitnehmer/-innen sozial gerecht behandelt und Beiträge gesenkt werden. Was allerdings als sozial gerecht angesehen wird, ist vom politischen Standpunkt der Parteien, von der Sichtweise der Gesundheitseinrichtungen und vom persönlichen Empfinden der betroffenen Bürger und Bürgerinnen abhängig.

Alle Reformmodelle halten bei der Beitragsfestsetzung am Solidaritätsprinzip fest. Seit 2009 werden Beiträge nicht mehr direkt an die Krankenkassen, sondern in einen Gesundheitsfonds gezahlt, der sie an die Krankenkassen weiterleitet. Neben den Beiträgen der Versicherten wird ein Anteil an dem Gesundheitsfonds aus Steuermitteln bezahlt, um Beiträge der Versicherten zu senken. Die jüngsten Neuregelungen im Bereich der Gesundheit und Pflege, die seit 2016 in Kraft gesetzt wurden, zielen u.a. auf die Qualität der Versorgung in Krankenhäusern, die Sicherstellung einer gut erreichbaren Versorgung für alle, eine verbesserte Notfallversorgung und Übergangspflege nach einem Krankenhausaufenthalt.

1 Beschreibe den Unterschied zwischen einer gesetzlichen und einer privaten Krankenversicherung.

2 Erkläre, was unter Solidarausgleich zu verstehen ist.

3 Erläutere unter Einbeziehung von **M 1** und **M 4**, vor welchen Herausforderungen das Gesundheitswesen steht.

4 Begründe Erwartungen an das Gesundheitswesen aus verschiedener Sicht, z. B. der arbeitenden Bevölkerung, der Kinder, der Arbeitgeber/-innen, der Krankenkassen oder der Beschäftigten im Gesundheitswesen.

M1 Karikatur von Klaus Stuttmann

Der Generationenvertrag

Die gesetzliche Rentenversicherung bildet die Grundlage für die Versorgung von über 90 Prozent der älteren Menschen im Ruhestand. Sie haben sich die Rentenansprüche erworben, indem sie während ihrer Berufstätigkeit in die gesetzliche Rentenversicherung Beiträge eingezahlt haben. Ausbezahlt werden ihnen jedoch nicht ihre angesparten Beiträge, denn das heutige Rentenmodell beruht auf dem Generationenvertrag. Dieser verpflichtet die heutigen Beitragszahler und -zahlerinnen, mit ihren Beiträgen die heutigen Renten zu bezahlen. Die eingezahlten Beiträge werden im gleichen Jahr in vollem Umfang an die Rentner ausbezahlt. Es werden keine Gelder für die Zukunft angespart. Die Rente wird von dem im Berufsleben stehenden Teil der Bevölkerung finanziert, die nachrückende Generation zahlt also für ihre Eltern oder Großeltern.

★ **Gesetzliche Rente**
Rund 75 % aller Erwerbstätigen sind in der gesetzlichen Rentenversicherung. Wer aufgrund seines Alters, wegen einer schweren oder chronischen Krankheit nicht mehr oder nur noch stundenweise arbeiten kann, erhält eine gesetzliche Rente.

★ **Private Rente**
Jeder kann eine private Altersvorsorge treffen, indem er mit einer Versicherung oder einer Bank einen Vertrag über eine private Rente abschließt. Der Staat fördert dies durch Zuschüsse und Steuererleichterungen.

★ **Betriebliche Rente**
In vielen Betrieben besteht die Möglichkeit, eine betriebliche Rente abzuschließen: Arbeitgeber behalten einen Teil des Lohns oder Gehalts ein, geben einen eigenen Anteil hinzu und sparen beides gewinnbringend an. Gehen Beschäftigte in Rente, wird die Summe ausgezahlt.

M2 Die Versicherungspflicht

In der gesetzlichen Rentenversicherung sind fast alle Arbeitnehmer und Arbeitnehmerinnen zur Mitgliedschaft verpflichtet. Bei Beamtinnen und Beamten sorgt der Staat für Pensionen (Versorgungsprinzip), Selbstständige können sich privat versichern.
Beiträge: 2016 lag der Beitrag bei 18,7 % des Bruttoeinkommens.
Leistungen: Wie viel Rente man im Alter bekommt (Rentenanspruch), hängt ab von der:

- Höhe des Einkommens und somit der Höhe der geleisteten Versicherungsbeiträge während der Erwerbszeit
- Dauer der Einzahlung (Anzahl der Versicherungsjahre)
- Entwicklung der durchschnittlichen Löhne und Gehälter der arbeitenden Generation

Ziel ist es, die Renten jährlich an die Einkommensentwicklung anzupassen. Für die Erziehung von Kindern werden Versicherungsjahre angerechnet (Kindererziehungszeiten).

Der demografische Wandel

Während die Weltbevölkerung dramatisch wächst (1950: 2,5 Mrd. Menschen, 2050: voraussichtlich 9,3 Mrd. Menschen), hat Deutschland das gegenteilige Problem. Aufgrund niedriger Geburtenraten (1860 bekam in Deutschland eine Frau durchschnittlich fünf Kinder, heute sind es statistisch nur 1,3) droht die Bevölkerungszahl zu schrumpfen. Der zahlmäßige Rückgang der Bevölkerung wird allerdings durch Zuzüge in den letzten Jahren weitgehend ausgeglichen. Eine andere Herausforderung ist die Erhöhung des Durchschnittsalters der Bevölkerung, wofür unter anderem bessere Ernährung und Wohnverhältnisse sowie die medizinische Versorgung verantwortlich sind.

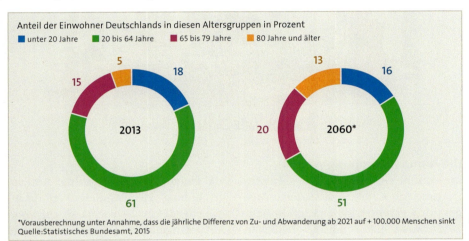

Anteil der Einwohner Deutschlands in diesen Altersgruppen in Prozent
■ unter 20 Jahre   ■ 20 bis 64 Jahre   ■ 65 bis 79 Jahre   ■ 80 Jahre und älter

2013: 5, 18, 15, 61

2060*: 13, 16, 20, 51

*Vorausberechnung unter Annahme, dass die jährliche Differenz von Zu- und Abwanderung ab 2021 auf + 100.000 Menschen sinkt
Quelle:Statistisches Bundesamt, 2015

M3 Eine Bevölkerungsprognose *

* **Prognose**
Vorhersage einer zukünftigen Entwicklung. Je weiter in die Zukunft eine Prognose reicht, desto ungenauer sind die Ergebnisse.

M4 Rente mit 67 beschlossen

Der Bundestag hat im Dezember 2011 die Rente mit 67 Jahren beschlossen. Sie wird stufenweise ab 2021 eingeführt.
Über das Für und Wider der Rente mit 67 Jahren ist ausführlich gestritten worden, die Argumente seien hier kurz wiederholt: Befürworter verweisen darauf, dass die Deutschen länger leben und damit auch länger Rente bekämen, dass zugleich aber die Zahl der Beitragszahler rapide abnehme. Also sei es eine Sache der Generationengerechtigkeit, für einen späteren Einstieg in den Ruhestand zu sorgen.

Die Gegner finden, dass die Folgen der demografischen Entwicklung überschätzt würden und durch Wachstum, eine hohe Produktivität und eine steigende Erwerbstätigkeit wettgemacht werden könnten. Überdies sei nicht garantiert, dass jeder, der jenseits der 65 arbeiten soll, auch arbeiten kann – und deshalb die Rente mit 67 nichts anderes sei als ein verschleiertes, gleichwohl massives Rentenkürzungsprogramm.

Christian Tenbrock: Alt werden im Job, Die Zeit, 29.12.2012, www.zeit.de/2012/01/Rente-mit-67 (Zugriff: 2.11.2016)

---

1 Zeige verschiede Möglichkeiten der Altersvorsorge auf.
2 Erläutere den Generationenvertrag.
3 Erkläre die Aussage der Karikatur **M 1**.
4 Beschreibe Folgen der Bevölkerungsentwicklung in Deutschland für die Renten- und Pflegeversicherung.
5 Bewerte die Aussagen im Beitrag **M 4**.

M1 Karikatur von Thomas Plaßmann

Sozialgesetzbuch § 1 XII
Aufgabe der Sozialhilfe ist es, dem Empfänger der Hilfe die Führung eines Lebens zu ermöglichen, das der Würde des Menschen entspricht.

★ Armut
Wenn in Deutschland von Armut gesprochen wird, dann von relativer Armut. Sie wird im Verhältnis der durchschnittlichen Lebensverhältnisse bestimmt. Davon zu unterscheiden ist die absolute Armut, wie sie in armen Ländern der Welt auftritt. Dort mangelt es der Menschen am lebensnotwendigsten.

Die Armutsbedrohung wächst

Die Anzahl der Menschen in Deutschland, die von Armut★ oder sozialer Ausgrenzung betroffen sind, steigt. Im Jahr 2015 waren hier rund 16,5 Millionen Menschen von Armut oder sozialer Ausgrenzung bedroht. Das sind 20 Prozent der deutschen Bevölkerung.

Von Armut oder von sozialer Ausgrenzung bedroht ist, auf den mindestens eines der folgenden Merkmale zutrifft:

– Das Einkommen liegt unterhalb der Armutsgefährdungsgrenze.
– Der Haushalt ist von erheblicher materieller Entbehrung betroffen.
– Die Personen, die in einem Haushalt leben, haben keine oder eine schlecht bezahlte Arbeit.

Eine Armutsdefinition

Nach Definition der Europäischen Union gilt eine Person als armutsgefährdet, wenn sie über weniger als 60 Prozent des mittleren Einkommens der Gesamtbevölkerung verfügt. Experten sprechen von einem „Schwellenwert der Armutsgefährdung". 2015 lag dieser Wert für Alleinlebende in Deutschland bei rund 1.000 € monatlich. Für eine vierköpfige Familie mit zwei Erwachsenen und zwei Kindern unter 14 Jahren lag der Schwellenwert bei 2.000 € im Monat.

Weitere fünf Prozent der in Deutschland lebenden Menschen waren von erheblicher materieller Entbehrung, dem zweiten Kriterium für die Einordnung als von Armut oder sozialer Ausgrenzung bedroht, betroffen. Das bedeutet, dass ihre Lebensbedingungen aufgrund fehlender finanzieller Mittel eingeschränkt waren, wenn z. B. Rechnungen nicht bezahlt werden konnten, beim Heizen gespart werden musste oder für Freizeitaktivitäten kein Geld zur Verfügung stand.

Das dritte Merkmal, das Leben in einem Haushalt mit keinem oder zu wenig Arbeitseinkommen, trifft auf zehn Prozent der in Deutschland lebenden Personen unter 60 Jahren zu.

Leistungen der Grundsicherung und der Sozialhilfe

Die Leistungen hängen davon ab, wie viel Geld jemand tatsächlich benötigt. Eine Mutter mit vier Kindern braucht natürlich mehr Geld als eine Mutter, die nur ein Kind hat. Grundsätzlich zählt der grundlegende Bedarf an Essen, Kleidung, Wohnung, Hausrat und Körperpflege, Hilfe zur Pflege und Unterstützung bei Krankheit, Krankheitsvorsorge, Obdachlosigkeit und Behinderung.

Der Regelsatz (2016) liegt für Alleinlebende bei 404 €, für Kinder bis zur Vollendung des sechsten Lebensjahres bei 237 €, von Beginn des siebten Lebensjahres bis zur Vollendung des 13. Lebensjahres bei 270 € und für Kinder ab dem 14. Lebensjahr bei 306 €. Volljährige Partner erhalten 364 €.

Zusätzlich Geld gibt es für die Wohnung und es kann bei besonderen Ausgabenbelastungen ein Zuschlag (Mehrbedarf) beantragt werden.

Außerdem übernimmt der Staat die Zahlung der Sozialversicherungsbeiträge. Neben Geld- oder Sachleistungen sind auch Beratungsangebote möglich. Zuständig für die Auszahlung sind die Jobcenter oder die Sozialämter. Die Leistungen müssen beantragt werden.

* Hilfen nach Bedarf
Wer in einer Notlage ist oder droht in eine zu geraten und von keiner anderen staatlichen Stelle Unterstützung erhält, hat Anspruch auf Grundsicherung oder Sozialhilfe: Wer arbeitsfähig ist, erhält Arbeitslosengeld II (Hartz IV), wer erwerbsunfähig oder bereits Rentner ist, bekommt Sozialhilfe.

M 4 Mehr arme Kinder in Berlin, weniger in Brandenburg

Die Armut bei Kindern entwickelt sich in der Region unterschiedlich. In Berlin ist sie weiter besorgniserregend. Nirgendwo in Deutschland wohnen anteilig gesehen mehr arme Kinder und Jugendliche als in der Hauptstadt. Zwar ging die Armutsquote hier in den vergangenen Jahren leicht von 33,7 auf 32, 2 Prozent zurück. [...] Zugleich nahm aber die Zahl armer Kinder und Jugendlicher zu, weil insgesamt mehr Kinder in der Hauptstadt leben. Fast jeder dritte Unter-18-Jährige lebt mit seiner Familie demnach von Sozialleistungen.

In Brandenburg dagegen ist die Zahl der armen Kinder und Jugendlichen rückläufig. Laut [einer Studie der Bertelsmann-Stiftung] gab es 2015 rund 62.000 Minderjährige, die in ihren Familien von Sozialleistungen lebten. [...] Der Anteil sank damit von 19,3 % auf 17 %. Damit liegt Brandenburg bundesweit im Mittelfeld. Doch auch in Brandenburg gibt es regionale Unterschiede: Besonders viele arme Kinder wurden in Brandenburg an der Havel, Frankfurt (Oder) und im Landkreis Uckermark registriert.

Bundesweit stieg der Anteil der von Sozialleistungen lebenden Kinder leicht auf 14,7 Prozent. Besonders betroffen von Armut sind Familien mit alleinerziehenden Eltern und solche mit drei und mehr Kindern. Während bundesweit vor allem jüngere Kinder betroffen sind, ist der Studie zufolge die Kinder- und Jugendarmut in Berlin in allen Altersklassen etwa gleich groß.

Rundfunk Berlin-Brandenburg, rbb-Online: Mehr arme Kinder in Berlin, weniger in Brandenburg, 12.9.2016, www.rbb-online.de/politik/beitrag/2016/09/berlin-brandenburg-armut-kinder.html (Zugriff: 2.11.2016)

Hilfsbedürftige Kinder erhalten gespendete Zuckertüten zum Schulanfang.

1 Nenne Merkmale von Armut.
2 Definiere den Begriff Armutsgefährdung.
3 Begründe den Satz: „Sozialhilfe ist kein staatliches Almosen, sondern ein Rechtsanspruch."
4 Setzt euch mit der Situation von Armut bedrohten Kindern in Deutschland auseinander.
5 Entwickelt Ideen, wie in der Öffentlichkeit auf die Situation armer Kinder hingewiesen werden könnte.

M 1 Persönliches Nettoeinkommen nach Lebensformen und Geschlecht in Berlin 2012

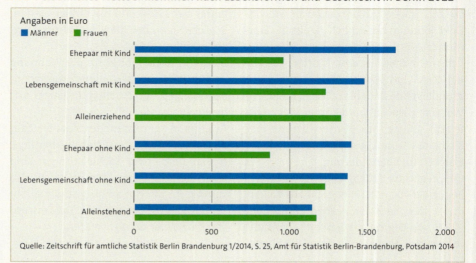

Angaben in Euro
■ Männer ■ Frauen

- Ehepaar mit Kind
- Lebensgemeinschaft mit Kind
- Alleinerziehend
- Ehepaar ohne Kind
- Lebensgemeinschaft ohne Kind
- Alleinstehend

0   500   1.000   1.500   2.000

Quelle: Zeitschrift für amtliche Statistik Berlin Brandenburg 1/2014, S. 25, Amt für Statistik Berlin-Brandenburg, Potsdam 2014

M 2 Berlin und Brandenburg belohnen Ehrenamtliche mit Rabatten

Ehrenamtliche teilen Essen an Obdachlose aus, spielen Fußball mit Geflüchteten, helfen alten Menschen im Alltag – und managen viele andere Dinge, ohne dafür bezahlt zu werden. Dieses Engagement belohnen Berlin und Brandenburg jetzt. Berlin und Brandenburg führen eine neue, gemeinsame Karte für Ehrenamtliche ein. Mit der Karte erhalten verdiente Ehrenamtler Vergünstigungen bei rund 140 Partnern in der Region. Damit erkennen die Länder langfristiges, freiwilliges Engagement an. […]

Mit der Karte können die Ehrenamtlichen dann Ermäßigungen bekommen – zum Beispiel für den Filmpark Babelsberg, im Berliner Bröhan-Museum, bei Hertha BSC, in Theatern, Kabaretts und Konzerthäusern wie dem Potsdamer Hans-Otto-Theater, dem Deutschen Theater, den Wühlmäusen und den Uckermärkischen Bühnen Schwedt. […] Einige freiwillige Helfer selbst sehen die Ehrungen jedoch skeptisch. […] Einerseits sei es schön, dass es Menschen gibt, die freiwillige Arbeit als Arbeit anerkennen. Andererseits: „Das Ehrenamt muss als Lückenfüller herhalten, wenn der Staat versagt […]"

rbb-online, 11.1.2017, http://www.rbb-online.de/panorama/beitrag/2017/01/Neue-Ehrenamtskarte-fuer-Berlin-und-Brandenburg.html (Zugriff: 12.1.2017, gekürzt)

Ein ehrenamtlicher Rikscha-Fahrer chauffiert Senioren durch Berlin.

M 3 Rechte und Pflichten der Schülerinnen und Schüler

Aktive Teilnahme am Unterricht

Information über die Unterrichtsplanung

Teilnahme an verbindlichen Schulveranstaltungen

Beteiligung an der Gestaltung schulischer Veranstaltungen

Anfertigung der Hausaufgaben

Bildung einer Gesamtschülervertretung

Vorschläge zu Schwerpunkten und Reihenfolge der Unterrichtsthemen

Unterrichtszeit für die Beratung von Angelegenheiten der Schülerinnen und Schüler

Wahl von Klassensprecherinnen und Klassensprechern

Erforderliche Arbeiten für die Schule

M 4 Was macht das Jugendamt?

Das Jugendamt unterstützt Eltern und Erziehungsberechtigte bei der Erziehung, Betreuung und Bildung von Kindern und Jugendlichen. [...] Die Aufgaben reichen von der [...] Kinderbetreuung über die Erziehungsberatung und den Schutz des Kindeswohls bis hin zur Förderung von Angeboten für Jugendliche und zur Schaffung einer kinder- und familienfreundlichen Umwelt.

Bundesarbeitsgemeinschaft Landesjugendämter: Das Jugendamt. Unterstützung, die ankommt, Mainz 2011, S. 4

Sachkompetenz

1 Lege eine Tabelle an und ordne die Text-Kästchen (**M 3**) den Begriffen „Rechte" und „Pflichten" von Schülerinnen und Schülern zu.

2 Ermittle Gemeinsamkeiten und Unterschiede in den Aufgaben eines Jugendamtes und den Zielen des Programms der „sozialen Stadt".

Methodenkompetenz

3 Werte das Diagramm (**M 1**) unter der Themenstellung „soziale Ungleichheit" aus.

Urteilskompetenz

4 Beurteile die unterschiedlichen Einschätzungen zur Einführung der „Karte für Ehrenamtliche" (**M 2**).

Brainstorming

1. Schritt: Gedankensturm

Jede/-r Einzelne lässt die Gedanken zu einem Thema/Stichwort wenige Minuten (2–3) „stürmen" (brainstorming = engl.: Gedankensturm).

2. Schritt: Gruppenbildung

Aufteilung der Klasse in mittelgroße Gruppen (fünf bis zehn Personen).

3. Schritt: Austausch und Aussortieren

In den Gruppen werden die Einzelergebnisse zusammengetragen und verglichen. Gedanken werden zu Einheiten zusammengefasst/sortiert.

4. Schritt: Zusammenführung und Zielsetzung

Das Brainstorming ist ein erster spontaner Zugang zu einem Thema. Dabei wird davon ausgegangen, dass schnelle gedankliche Reaktionen ungefiltert erfolgen und so bereits eine aussichtsreiche Einstimmung auf ein Thema möglich ist. Am Ende eines Brainstormings sollte entschieden werden, in welche Richtung ein Thema verfolgt und bearbeitet wird.

Kartenabfrage

1. Bestimmt in der Klasse ein Thema, zu dem ihr eine Kartenabfrage durchführen wollt. Schreibt das Thema groß in die Mitte der Tafel.
2. Teilt euch in Gruppen zu etwa vier Schülerinnen und Schülern ein. Schreibt eure Gedanken auf Karten auf. Immer ein Gedanke pro Karte – schreibt groß und deutlich!
3. Wählt ein Moderatorenteam (zwei bis drei Personen). Dieses Team sammelt nach etwa fünf bis zehn Minuten die Karten ein und heftet sie an die Tafel.
4. Sortiert nun gemeinsam die Karten. Findet Doppelungen und legt die Karten nach Unterthemen zusammen, denen ihr Überschriften gebt.
5. Mit dem Ergebnis könnt ihr nun weiterarbeiten: Ihr könnt zum Beispiel die einzelnen Themen in Gruppen genauer untersuchen.

Flyer erstellen

Inhalte (z.B. eines Projekts) lassen sich sehr gut in Form eines Flyers präsentieren. Ihr könnt dabei so vorgehen:

1. Legt fest, wie viele Seiten der Flyer haben soll, und teilt anschließend Gruppen ein, die sich jeweils um eine Seite/ein Thema kümmern.
2. Verfasst kurze, informative Texte und erstellt, wenn möglich, kleine Darstellungen zum Text (z.B. Mindmap).
3. Fügt die einzelnen Seiten (z.B. mithilfe eines Computerprogramms) zusammen.

Gallery Walk

Ein **Gallery Walk** (Galerierundgang) eignet sich gut zum Präsentieren von Arbeitsergebnissen, beispielsweise einer Gruppenarbeit.

1. Die Ergebnisse werden im Klassenzimmer aufgehängt. In einem ersten Rundgang können sich alle Schülerinnen und Schüler einen Überblick über die Arbeitsergebnisse verschaffen.
2. In einer zweiten Phase können Gruppen gebildet werden, wobei jeweils ein Experte oder eine Expertin aus jeder Gruppe das Arbeitsergebnis den anderen Gruppen präsentiert.

ANHANG

Ideenkarussell

Mit einem Ideenkarussell könnt ihr viele Gedanken zu einem Thema in der Gruppe sammeln. Geht dabei wie folgt vor:

> Ohne Autos werden wir ...
> Energie gewinnen wir dann aus ...
> Wenn es kalt wird, werden wir ...

1. Schreibt Satzanfänge zum Thema an die Tafel.
2. Schreibt weitere Satzanfänge hinzu.
3. Ergänzt sie, sodass vollständige Sätze entstehen. Wenn schon Ergänzungen da sind, lest diese, bevor ihr selbst schreibt.
4. Sprecht über die entstandenen Sätze.

Wir halten einen Kurzvortrag (ein Kurzreferat)

Ein Kurzvortrag ist eine mündliche Form der Präsentation, also der Darstellung eines Themas. Ein Kurzvortrag ist in drei Abschnitte (Schwerpunkte) gegliedert: Einleitung – Hauptteil – Schluss. Wenn ihr einen Kurzvortrag zu einem bestimmten Thema halten sollt, beachtet folgende Schritte:

1. Das Thema/Problem erfassen: Wie genau lautet das Thema eures Vortrages? Formuliert eine passende Überschrift oder Fragestellung.
2. Informationen recherchieren, sammeln und ordnen: Informationsquellen können euer Schulbuch, weitere Bücher aus Bibliotheken/Büchereien oder das Internet sein. Angesichts der Fülle der Informationen müsst ihr Schwerpunkte festlegen und das vorhandene Material sortieren.
3. Erstellt eine Gliederung für euer Referat. Bedenkt, dass es sich um einen kurzen Vortrag handelt (etwa fünf bis zehn Minuten).
4. Ihr könnt bei eurem Vortrag auch Anschauungsmaterial einsetzen: Bilder, Gegenstände, Tabellen, ein Poster oder Ähnliches sowie Schlüsselwörter an die Tafel schreiben.
5. Referate sollen frei vorgetragen werden. Dabei hilft euch eine Zusammenstellung der wichtigsten Stichwörter auf Karteikarten. Achtet dabei auf eine gut lesbare und große Schrift. Beschränkt euch auf das Wesentliche. Vermeidet komplizierte und verschachtelte Sätze.

6. Damit euer Minireferat gelingt, müsst ihr den Vortrag üben. Es empfiehlt sich, erst einmal alles einem Freund oder einer Freundin oder der Familie vorzutragen.
7. Tipps für den eigentlichen Vortrag:
   - Stellt euch so hin, dass euch alle sehen können.
   - Versucht, frei zu sprechen.
   - Orientiert euch an euren Stichwörtern.
   - Schaut beim Sprechen die Zuhörerinnen und Zuhörer an.
8. Nach dem Vortrag können die Zuhörer und Zuhörerinnen Rückfragen stellen, um Begriffe und Sachverhalte zu präzisieren.

Lernpartnerschaft

Schritt 1: Geh beispielsweise mit deiner Nachbarin oder deinem Nachbarn zusammen und teilt euch die Arbeit auf.
Schritt 2: Lies dir zunächst dein Material durch und schreibe dir wichtige Informationen heraus.
Schritt 3: Befragt euch nun gegenseitig.
Schritt 4: Trefft euch danach noch mit weiteren Interviewpartnerinnen und -partnern aus eurer Klasse, um zu überprüfen, ob eure Antworten vollständig sind.
Schritt 5: Formuliert nun wieder zu zweit schriftlich ein Ergebnis, bei dem ihr auch die Antworten der anderen Interviewpartnerinnen und -partner berücksichtigt. Präsentiert eure Ergebnisse vor der Klasse.

Leserbrief

Wer ist der Empfänger?

Ein Leserbrief richtet sich wie jeder andere Brief oder eine E-Mail an einen bestimmten Empfänger, oder eine Empfängerin. Das kann eine Person in der Redaktion einer Zeitung sein oder beispielsweise ein anderer Leserbriefschreiber bzw. eine -schreiberin. Deswegen müsst ihr in der Anrede klarstellen, an wen sich euer Brief richtet. Kennt man den Namen nicht schreibt man „Sehr geehrte Damen und Herren".

Worum geht es?

Macht in einem nächsten Schritt klar, um welches Thema es euch geht. Nehmt ihr beispielsweise Bezug zu einem Zeitungsartikel oder einem anderen Leserbrief, dann schreibt genau, um welchen Titel und welchen Verfasser oder welche Verfasserin es geht und an welchem Tag dieser Text erschienen ist. Geht es ganz allgemein um ein Thema, solltet ihr dies auch nennen.

Welche Argumente des Journalisten oder des Leserbriefschreibers findet ihr nicht überzeugend?

Schreibt diese auf.

Welche Position habt ihr?

Jetzt kommen eure eigenen Argumente. Was haltet ihr für richtig? Wie begründet ihr eure Aussage? Gibt es vielleicht ein gutes Beispiel, an dem man eure Position darstellen kann?

Schlussformel

Das Ende eines Briefes bildet immer eine Schlussformel. Bei so förmlichen Briefen, bei denen man den Adressaten nicht persönlich kennt, schreibt man meistens „Mit freundlichen Grüßen" und unterschreibt mit seinem Vor- und Zunamen.

Mindmap

Eine Mindmap (= Gedankenkarte) anfertigen ist eine Arbeitstechnik, um ein Thema zu strukturieren und Zusammenhänge aufzuzeigen.
Gehe dazu folgendermaßen vor:

1. Verwende ein Blatt im Querformat.
2. Schreibe das Thema groß in die Mitte des Blattes.
3. Sammle alle Ideen, die dir zum Thema einfallen, zunächst auf einem Schmierzettel.

4. Welche dieser Ideen sind besonders wichtig? Notiere die wichtigsten Hauptideen in Druckbuchstaben auf Linien (= Zweigen), die direkt vom Thema weggehen. Verwende dabei möglichst nur Stichwörter (Schlüsselbegriffe) oder kurze Formulierungen.
5. Füge für Unterpunkte eines Hauptastes weitere Nebenzweige ein.
6. Gestalte deine Mindmap durch Symbole, kleine Zeichnungen, Farben, unterschiedliche Schrift.

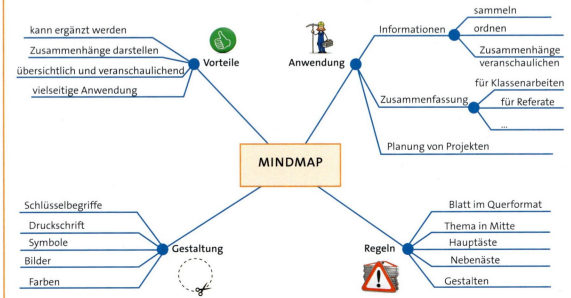

Pro-und-Kontra-Diskussion

Eine Diskussion oder eine Erörterung ist ein Gespräch zwischen zwei oder mehreren Partnern. Eure verschiedenen Positionen stehen einander gegenüber und müssen durch passende Argumente begründet werden. Folgende Punkte gilt es zu beachten:

- Genaues Zuhören, Wiedergeben und Kommentieren der Aussagen eines Gesprächspartners.
- Der Austausch von Argumenten soll den Gesprächspartner von der anderen Meinung überzeugen und die strittige Frage bzw. das Problem lösen.
- Die Einigung geschieht meist durch einen Kompromiss, den beide Gesprächsgruppen anerkennen.
- Für eine gute Diskussion müsst ihr die Regeln der Gesprächsführung beachten (höflich sein, andere Meinungen zulassen, ausreden lassen, ...).

Zur Durchführung einer Diskussion solltet ihr folgende Schritte beachten:

1. Legt eine strittige Frage oder ein Problem, welches verschiedene Meinungen bietet, fest.
2. Bildet Gruppen für die beiden verschiedenen Ansichten. Eine Gruppe vertritt die Pro-Seite, die andere die Kontra-Seite.
3. Sammelt Informationen und Argumente für eure Positionen. Je nach Thema bieten sich dafür verschiedene Wege an.
4. Ordnet und systematisiert eure Argumente. Dafür bietet sich an: ▶ Mindmap
5. Führt die Diskussion in der Klasse durch. Vielleicht schreibt ihr die Argumente noch einmal an die Tafel. Am Ende der Diskussion sollte es zu einer Einigung kommen.

Rede

Zunächst solltest du ein paar grundsätzliche Fragen klären:

- Wer ist der Adressat deiner Rede, zu wem sprichst du also?
- Was willst du erreichen?
- Wie ist deine Position zum Thema?
- Wie lang darf/sollte die Rede höchstens/mindestens sein?

Dann erstellst du eine **Stoffsammlung** zum Thema. Eventuell musst du auch noch manches recherchieren. Ordne anschließend die Thesen, Argumente und Beispiele, die du aufnehmen möchtest – am besten nach Wichtigkeit und Überzeugungskraft.

Aufbau einer Rede:

- Begrüßung der Zuhörer – auf passende Anrede achten!
- Einleitung – Hinführung zum Thema/zur Fragestellung, du musst Interesse wecken!

- Hauptteil – hier legst du deine Gedanken zum Thema begründet dar! Achte auf klare Thesen, überzeugende Argumente und anschauliche Beispiele!
- Schluss – knappe Zusammenfassung deiner Position, eventuell Ausblick oder Aufruf zu etwas!

Verabschiedung und Dank an die Zuhörer

Begriffe	Erklärung
Abonnent	Das Wort bezieht sich ursprünglich auf Zeitungs-Abonnenten, also Personen, die täglich eine bestimmte Zeitung zugeschickt bekommen. Dies nennt man auch ein Abonnement. Heutzutage versteht man darunter aber auch Personen, die beispielsweise bei einem Internet-Blog oder einem Nachrichtendienst eingewilligt haben, dass man über alle neuen Nachrichten sofort informiert wird. Man verfolgt also die Informationen dieser Seiten. Darum bezeichnet man diese Personen auch mit dem englischen Begriff „Follower".
Abschiebung	Ist ein Asylantrag unberechtigt oder wird er abgelehnt, droht den Antragstellerinnen bzw. Antragstellern eine Ausweisung in das Herkunftsland.
Armut	– absolute Armut: Der Begriff bezeichnet die existenzgefährdende Armut. Die lebensnotwendige Versorgung mit Nahrung, Kleidung, Wohnung und medizinischer Grundversorgung ist nicht mehr gewährleistet. Ein Mensch benötigt mindestens 1,90 US-Dollar pro Tag zum Leben, hat die Weltbank ermittelt. Das entspricht etwa 1,80 Euro. Eigentlich dürfte es in Deutschland keine absolute Armut geben, aber einige Menschen können die staatlichen Leistungen nicht beanspruchen oder sie nehmen sie nicht in Anspruch. – relative Armut: In Deutschland wird Armut am Lebensstandard der Gesellschaft bemessen. Als arm gelten demnach Personen, Familien oder Personengruppen, die über so wenig Einkommen verfügen, dass sie von der Lebensweise ausgeschlossen sind, die als Minimum annehmbar ist.
Agenda-Setting	Der Begriff kommt aus dem Englischen und bedeutet das Setzen von Themenschwerpunkten.
Asyl	Zuflucht für politisch Verfolgte. Nach Artikel 16a Grundgesetz hat jeder Mensch die Möglichkeit, in Deutschland einen Antrag auf Asyl zu stellen. Jedoch nur, wer politisch verfolgt wird, hat Aussichten, dass sein Antrag auch Erfolg hat.
Bewährung	In manchen Fällen, zum Beispiel, wenn jemand noch nicht oft straffällig geworden ist, muss eine Strafe nicht im Gefängnis abgesessen werden. Sie kann zur Bewährung ausgesetzt werden. Man darf aber während der Bewährungszeit nicht wieder straffällig werden und muss sich regelmäßig bei der Polizei melden oder andere Auflagen erfüllen.
Bildungspaket	Eine finanzielle Unterstützung vom Staat für bedürftige Kinder und Jugendliche von Langzeitarbeitslosen, Geringverdienerinnen/Geringverdienern und Wohngeldempfängern/-innen. Auf Antrag werden bestimmte Leistungen wie z. B. Mittagessen in Schule oder Hort, Zuschüsse für Klassenfahrten und Schulausflüge übernommen.
Bürgersprechstunde	Viele Bürgermeisterinnen oder Bürgermeister bieten eine regelmäßige Sprechstunde an, in der alle Bürgerinnen und Bürger Bitten, Fragen, Anregungen usw. vortragen können.
Delikt	Das ist eine Handlung, die gegen das Gesetz verstößt, also strafbar ist.
demokratische Wahl	Wahlen in Deutschland verlaufen nach vorgeschriebenen Regeln. Diese sind im Grundgesetz Artikel 28 und Artikel 38 festgelegt und gelten für alle in Deutschland abgehaltenen Wahlen. Die Regeln sind in diesen fünf Wahlgrundsätzen zusammengefasst: allgemein, gleich, geheim, frei und unmittelbar.
Drittland	Das sind die Länder, über die Flüchtende zu uns kommen. Das sind also nicht das Herkunftsland und nicht das Zielland. Man unterscheidet sichere Drittländer, das sind eigentlich die meisten europäischen Staaten, und unsichere Drittländer.
Duldung	Das ist eine vorübergehende Aussetzung der Abschiebung von ausreisepflichtigen Ausländerinnen und Ausländern. Das kann an einer Erkrankung liegen oder weil bei einer Abschiebung Gefahren drohen.

Begriffe	Erklärung
Dunkelziffer	Nicht jedes Vergehen wird angezeigt oder überhaupt entdeckt, d. h., es bleibt verborgen bzw. im Dunkeln. Die Dunkelziffer bezeichnet also eine Schätzung von Vergehen.
Ein-Eltern-Familie	Jede fünfte Familie in Deutschland ist eine Ein-Eltern-Familie. Sie bezeichnet das Zusammenleben eines einzigen Elternteils mit mindestens einem Kind. Wenn nur ein Elternteil das Sorgerecht hat, nennt man das alleinerziehend.
Entwicklungstheorie	Entwicklungstheorie und Sozialisationstheorie versuchen zu erklären, warum manche Jugendliche in die Kriminalität abgleiten. Dabei beschreiben die beiden Theorien nur bestimmte Risiken, denen Jugendliche ausgesetzt sind. Jeder Mensch kann seinen Weg durch eigene Entscheidungen selbst beeinflussen.
Flüchtlinge	Als Flüchtlinge bezeichnet man Menschen, die aufgrund von Kriegen, Hungersnöten, politischer Verfolgung oder wirtschaftlicher Not ihre Heimat verlassen müssen.
Großfamilie	Familienverband, der mit drei oder mehr Generationen in einem Haushalt lebt.
Grundgesetz	Die Verfassung Deutschlands. In dem Gesetz sind die Grundrechte sowie die wichtigsten Grundregeln des Staates festgelegt.
Hartz IV	Dieser Begriff bezeichnet ein Gesetz, das den Bezug von Arbeitslosengeld II regelt. Anspruch auf diese Sozialleistungen haben arbeitsfähige Personen, die arbeitslos sind und nicht Arbeitslosengeld I erhalten.
Infotainment	Eine Mischung aus Information und Entertainment (= Unterhaltung). Die Nachrichten sollen das Publikum auf unterhaltsame Art und Weise informieren.
Inklusion	Dieser Begriff beschreibt den Versuch, alle Menschen in das gesellschaftliche Leben mit einzubeziehen, unabhängig von Alter, Geschlecht, Bildung, Herkunft, Religion oder einer eventuellen Behinderung. So sollen behinderte Kinder mit Gleichaltrigen die gleiche Schule besuchen können.
Instanz	Die für ein gerichtliches Verfahren zuständige Stufe der Gerichtsbarkeit, also z. B. Amts- oder Landgericht.
Integration	Der Begriff bedeutet, alle Menschen, die dauerhaft in Deutschland leben, in die Gesellschaft einzubeziehen. Dabei spielt das Erlernen der Sprache und Kenntnisse über die Kultur und die Verhaltensweisen eine große Rolle. Integration bedeutet aber nicht, dass man seine eigene Sprache und Kultur aufgibt.
Intensivstraftäter	Bezeichnung für Mehrfach- bzw. Wiederholungstäterinnen und -täter. Sie treten in kurzer Zeit mehrfach kriminell in Erscheinung. Sie unterscheiden sich von nur gelegentlich kriminell handelnden oder rückfällig werdenden Täterinnen und Tätern durch eine besonders hohe Gefährlichkeit für die Gesellschaft durch die Art, Schwere und Häufigkeit der verübten Straftaten.
Jugendhilfe	Hilft und unterstützt Jugendliche und deren Familien bei Fragen und Problemen der Erziehung, Bildung und Entwicklung.
Karikatur	Das Wort kommt aus dem Italienischen (caricare) und bedeutet überladen bzw. übertreiben. Eine Karikatur ist eine komische, übertriebene Darstellung, meist mit politischem Hintergrund. Die Zeichnerin bzw. den Zeichner einer Karikatur nennt man Karikaturist/-in.
Kernfamilie	Bezeichnet das Zusammenleben von Vater, Mutter und den gemeinsamen, eigenen Kindern, die in einem Haushalt zusammenleben. Diese Lebensform ist die häufigste in Deutschland.

Begriffe	Erklärung
Korrespondenten	Berichterstatterin oder Berichterstatter, die meistens vor Ort aus aller Welt berichten und eine vertiefte Sachkenntnis zu einem bestimmten Thema haben.
Mauerbau	Nach dem Zweiten Weltkrieg wurde Deutschland in zwei Staaten getrennt: in die Bundesrepublik Deutschland und die Deutsche Demokratische Republik (DDR). Die Staaten standen sich feindlich gegenüber. 1961 wurden die Grenzanlagen von der DDR so verstärkt, dass eine Flucht aus der DDR nach Westen nahezu unmöglich wurde. In Berlin wurde zwischen dem Ostteil und dem Westteil der Stadt eine stark befestigte Mauer errichtet, die den Bevölkerungsverlust stoppen sollte. Das Überklettern der Mauern oder der Grenzzäune war verboten, auf Flüchtende wurde geschossen.
Migration	Migration bedeutet Wanderung von Menschen. Sie gibt es weltweit. Die Bundesrepublik Deutschland ist seit dem Zweiten Weltkrieg stark von Zuwanderung geprägt. Rund drei Millionen Menschen zogen vor dem Bau der Mauer 1961 von der DDR nach Westdeutschland. Von 1963 bis 1973 wurden sogenannte Gastarbeiter angeworben, weil in der Industrie Arbeitskräfte fehlten. Diese Arbeitsmigranten und -migrantinnen kamen überwiegend aus Griechenland, Italien, Spanien und der Türkei. Die Mehrzahl lebt heute mit ihren Familien hier. Außerdem kamen seit den 1950er-Jahren rund viereinhalb Millionen deutschstämmige Aussiedlerinnen und Aussiedler aus Osteuropa und der ehemaligen Sowjetunion in die Bundesrepublik. Diese Personen erhielten die deutsche Staatsbürgerschaft. Heute kommen zahlreiche Flüchtlinge und Asylsuchende nach Deutschland. Außerdem zieht es viele Bürgerinnen und Bürger aus anderen EU-Staaten hierher, weil sie hier hoffen, besser bezahlte Arbeit zu finden.
Migrationshintergrund	Man muss keine eigene Migrationserfahrung haben, also nicht selber zugewandert sein, um zu den Personen mit Migrationshintergrund zu gehören. Hierzu zählen: – in Deutschland Geborene mit deutscher Staatsangehörigkeit, bei denen mindestens ein Elternteil selbst zugewandert ist oder als Ausländerin bzw. Ausländer in Deutschland geboren wurde, – alle Zugewanderten, d.h. im Ausland Geborenen, unabhängig von ihrer Nationalität (auch Deutsche, Spätaussiedlerinnen bzw. Spätaussiedler), – die ausländische Bevölkerung, – die in Deutschland als Ausländerinnen und Ausländer geborene Bevölkerung, die später eingebürgert wurde.
multikulturelle Gesellschaft	Wenn in einem Staat Menschen aus vielen verschiedenen Kulturen zusammen leben, spricht man von einer multikulturellen Gesellschaft. Die Zugewanderten bringen ihre Sprachen, Traditionen und Lebensweisen mit, die sich mit denen der einheimischen Bevölkerung mehr oder weniger vermischen.
Nachrichtenagentur	Ein Unternehmen, das Nachrichten sammelt und an Zeitungen, das Radio oder an Fernsehsender weiterverkauft. Beispiele: dpa (Deutsche Presse-Agentur), sid (Sport-Informations-Dienst), AP (Associated Press), Reuters.
§	Dieses Zeichen bedeutet Paragraf. In Kombination mit einer Zahl dient es der Kennzeichnung von Gesetzestexten und Verträgen.
Patchworkfamilie	Damit wird eine Familie bezeichnet, bei der mindestens ein Elternteil Kinder aus einer früheren Beziehung mit in die neue Familie gebracht hat. Patchwork bedeutet so viel wie „Flickwerk". Wie bei Patchworkdecken, die aus verschiedenen Teilen zusammengenäht werden, besteht die Patchworkfamilie auch aus verschiedenen Teilen.

Eegriffe	Erklärung
Persönlichkeitsschutz	Jeder Mensch hat das Recht, dass man nicht zu viel über ihn erfährt. Auch Straftäterinnen und Straftäter haben dieses Recht. Nur so kann es gelingen, dass man im Leben eine zweite Chance erhält. Außerdem soll verhindert werden, dass z. B. Familienmitglieder von der Öffentlichkeit belästigt werden.
Pull-Faktoren	Der Begriff ist vom englischen Wort ziehen (pull) abgeleitet. Er bezeichnet beim Thema Migration alle Aspekte, die Menschen dazu bringen, in eine andere Region oder ein anderes Land auszuwandern. Bessere Lebensbedingungen, Sicherheit, Arbeitsplätze, die Möglichkeit auf Schulbildung oder die Aussicht, mit Familienmitgliedern zusammenzuleben, sind wichtige Gründe, die einen Menschen fortziehen können.
Push-Faktoren	Der Begriff ist vom englischen Wort drücken/drängen (push) abgeleitet. Er bezeichnet beim Thema Migration die Gründe, die Menschen dazu bringen, ihre Heimat zu verlassen. Häufig sind das politische Gründe wie Unterdrückung oder Krieg. Es gibt aber auch wirtschaftliche Gründe wie Arbeitslosigkeit, Armut oder Hunger. Die Zerstörung der Heimat durch Umweltkatastrophen gehört ebenfalls du diesen Faktoren, die Menschen aus ihrer Heimat drängen.
Regenbogenfamilie	Unter einer Regenbogenfamilie versteht man eine Familie, in der Kinder mit zwei lesbischen Müttern oder zwei schwulen Vätern leben.
Selbstjustiz	Eine nicht erlaubte Handlung, bei der das Opfer oder Freunde des Opfers den Täter – oder wen sie dafür halten – selbst bestrafen.
seriöse Quelle	Im Internet gibt es viele „Fake News", also Falschmeldungen. Bei Meldungen im Internet sollte man überprüfen, wer die Informationen schreibt, da häufig falsche Informationen verbreitet werden. So kann man vorgehen: Gibt es auf der Website ein Impressum? Sind dort eine richtige Adresse genannt und stehen dort die Namen der für den Inhalt verantwortlichen Personen? Man sollte auch den Bildern nicht trauen. Ist es wirklich ein aktuelles Foto, das zum Inhalt passt?
Sozialabgaben	Diese Abgaben teilen sich Arbeitgeber/-in und Arbeitnehmer/-in. Dazu gehören Beiträge zur gesetzlichen Kranken-, Renten- und Arbeitslosenversicherung.
soziale Gerechtigkeit	Es gibt unterschiedliche Vorstellungen darüber, was als gerecht oder ungerecht zu bezeichnen ist. Sollen die Unterschiede in den Einkommen gering sein, oder sollen die Einkommensunterschiede ausdrücken, wie wichtig oder angesehen ein Beruf ist? Wie steht es um die soziale Gerechtigkeit, wenn die Bildungschancen von Kindern von ihrer sozialen Herkunft abhängen? Bei uns muss immer wieder ausgehandelt werden, was als sozial gerecht gilt. Die verschiedenen Parteien haben dazu unterschiedliche Vorstellungen, wie auch die Bürgerinnen und Bürger.
Teen Courts	Teen Courts sind Schülergerichte. Die hier mitwirkenden Schülerinnen und Schüler sind in der Regel zwischen 14 und 19 Jahre alt. Die Beteiligung ist freiwillig und ehrenamtlich, sie erhalten aber eine Schulung. Die verhandelten Fälle müssen bestimmte Voraussetzungen erfüllen: Der jugendliche Straftäter muss zwischen 14 und 18 Jahre alt sein, die kriminelle Handlung darf nur einen minder schweren Fall darstellen, der Täter muss geständig und der Tathergang genau geklärt sein und das Einverständnis zur Verhandlung vor dem Schülergericht muss vom jugendlichen Straftäter und seinen Erziehungsberechtigten erteilt worden sein.
Volksverhetzung	Wer andere zum Hass gegen bestimmte religiöse Gemeinschaften, gegen Volksgruppen oder gegen Ausländer anstachelt, begeht unter Umständen eine Straftat, die man Volksverhetzung nennt.

Register

Fotos und Illustrationen:

8/9: Shutterstock / Lisa S.; **10** *M1* alle: Shutterstock; **11** *M4*: Shutterstock / Monkey Business Images; **12** *M1*: Shutterstock / Lisa S.; **12** *M2*: Shutterstock; **15** *M4*: Shutterstock / Celso Diniz; **16** *M1*: Shutterstock / LuckyImages; **16** *M2*: Shutterstock / Valentyn Volkov; **16** *M3*: Shutterstock / Andrey Burmakin; **17** *M4*: Shutterstock / ra2studio; **18** *M1*: Thomas Plaßmann; **18** *M3* links: picture-alliance / dpa; **18** *M3* rechts: picture-alliance / ZB; **20** *M1*: Shutterstock / Photographee.eu; **22** *M1*: picture-alliance/ ZB; **23** *M4*: picture-alliance / dpa; **25**: picture-alliance / dieKLEINERT.de / Martin Guhl; **26**: I Love Images / F1online; **28** *M1*: picture-alliance / dpa; **33** *M3*: picture-alliance / dpa; **34** *M2*: picture-alliance / dpa; **38/39**: laif / Wolf Heider-Sawall; **40** *M1*: picture-alliance / AP Photo; **46** *M1*: ddp images/Timm Schamberger; **47**: Cornelsen / Raimo Bergt; **48** *M1*: Fotolia / william87; **50** *M1*: picture-alliance / dpa; **51** *M3*: Shutterstock / Herrndorff; **52** *M1 oben links*: Fotolia / Atelier 211; **52** *M1 oben mitte*: Shutterstock / Rehan Qureshi; **52** *M1 rechts*: ddp images; **52** *M1 unten links*: Fotolia / rocketclips; **54** *M1*: picture-alliance / dpa; **55** *M3 alle*: Cornelsen / Raimo Bergt; **57** *M2 links*: Fotolia / Matthias Enter; **57** *M2 oben rechts*: Fotolia/ Trueffelpix; **57** *M2 unten rechts*: Fotolia / Trueffelpix; **57** *M1*: Gerhard Mester; **58** *M1*: Marcus Gottfried; **59** *M6*: Fotolia / Elnur; **60** *M2*: Cornelsen / Raimo Bergt; **61** *M3*: Klaus Stuttmann; **62/63**: Paul Bradbury / caiaimages / FOTOFINDER; **66** *M1 links*: picture-alliance; **66** *M1 oben rechts*: picture-alliance / dpa; **66** *M1 unten rechts*: picture-alliance; **67** *M2*: picture-alliance / dpa; **69** *M3 links*: picture-alliance / Patrick Pleul; **69** *M3 rechts*: picture-alliance / dpa; **70** *mitte*: picture-alliance / ZB; **70** *unten*: action press / OT IBRAHIM; **72** *unten*: imago / epd; **73** *unten links*: GEPA-The Fair Trade Company; **73** *unten rechts*: Fairtrade Deutschland; **75**: epd-bild / Udo Gottschalk; **76**: Fotolia / georgerudy; **78** *oben*: Fotolia / Myst; **78** *links*: Fotolia / Sergey Nivens; **78** *rechts*: Fotolia / daviles; **80**: dpa / rtn - radio t; **81**: ddp images / stoccy; **82**: Cornelsen / Raimo Bergt; **83** *oben*: picture-alliance / dpa; **83** *mitte*: Fotolia / Andrey Popov; **83** *unten*: Fotolia / bilderstoeckchen; **84** *M1*: blickwinkel / Anton Luhr; **85** *M4*: mauritius images / Alamy / Richard Levine; **86** *M1*: Fotolia / mitrija; **87** *links*: RTL II / Andreas Freude; **87** *rechts*: Tagesschau.de/dpa/picture-alliance; **88** *oben*: dpa / Metodi Popow; **88** *unten links*: dpa / ZB; **88** *unten rechts*: Fotolia / IvicaNS; **89** *oben links*: dpa / Marcel Mettelsiefen; **89** *mitte links*: Shutterstock / bofotolux; **89** *unten links*: Fotolia / Goss Vitalij; **89** *oben rechts*: Fotolia / elnariz; **89** *unten rechts*: Fotolia / Robert Kneschke; **90**: MAZ, Berliner Zeitung, Märkische Oderzeitung; **92** *M1*: rtv media group; **94** *M2*: imago / imagebroker; **96** *M1*: Jupp Wolter / Haus der Geschichte Bonn; **97** *M2*: picture-alliance / ZB; **101**: Umweltbundesamt; **104** *M1*: Thomas Plaßmann; **105** *M3*: Stefan Eling / bpb; **108** *M1*: Thomas Plaßmann; **110**: Jens Gyarmaty / VISUM; **112** *M2*: picture-alliance / dpa; **112** *M1*: picture-alliance / DUMONT Bildarchiv; **116** *M1 links*: Fotolia / Westend61 / Klaus Mellenthin; **116** *M1 rechts*: akg-images; **118** *M1*: picture-alliance / Wolfram Steir.; **119** *oben*: Lutz Märker / Kids & Co.; **119** *unten*: oskar. Begegnungszentrum; **120** *M1*: picture-alliance / Benjamin Beyt; **122** *links u. rechts*: Cornelsen / Matthias Pflügner; **123** *unten*: Amin Akhtar/laif; **123** *oben*: picture-alliance / ZB; **124** *M1*: picture-alliance / dpa; **125** *M3*: picture-alliance / dpa; **126** *M1*: picture-alliance/Geisler-Fotopress; **128** *M1*: picture-alliance / dpa; **130** *M1*: picture-alliance / Sueddeutsche; **131** *M4*: picture-alliance / dpa; **133** *M3 oben*: picture-alliance / Sven Simon; **133** *M3 unten*: POP-EYE/Gabsch; **134** *M1*: Klaus Stuttmann; **136** *M1*: Shutterstock / Sergey Nivens; **137**: picture-alliance / dpa; **142** *M1*: Klaus Stuttmann; **144** *M1*: Thomas Plaßmann; **145** *M4*: picture-alliance / ZB; **146** *M2*: picture-alliance / dpa;

Grafiken:

15, **19** *M4*, **19** *M5*, **21** *M3*, **28** *M2*, **29** *M3*, **30** *M2*, **31** *M3*, **32** *M1*, **36** *M1*, **41** *M5*, **42** *M2*, **43** *M5*, **45** *M3*, **48** *M3*, **49** *M4*, **49** *M5*, **53** *M4*, **53** *M5*, **64** *M1*, **65** *M2*, **68** *M1 links*, **68** *M1 rechts*, **70** *M1*, **71** *M2*, **72** *M1*, **73** *M2*, **77** *M2*, **91** *M3*, **93** *M2*, **93** *M3*, **94** *M1*, **97** *M4*, **98** *M1*, **99** *M2*, **102** *M1*, **103** *M4*, **103** *M3*, **106** *M1*, **107** *M3*, **107** *M4*, **107** *M5*, **113** *M5*, **114** *M1*, **115** *M2*, **115** *M3*, **117** *M3*: Cornelsen / Erfurth Kluger Infografik; **116** *M2*: picture-alliance/ dpa-infografik; **121** *M2*, **121** *M3*, **121** *M4*, **125** *M4*, **132** *M1*, **135** *M3*, **138** *M1*, **140** *M1*, **141** *M4*, **143** *M3*, **146** *M1*: Cornelsen / Erfurth Kluger Infografik